esotera

Taschenbücherei
im Verlag Hermann Bauer

W0069576

Mit dieser Reihe macht der Verlag Hermann Bauer dem interessierten Leser bedeutende Werke aus Bereichen der Esoterik und Grenzwissenschaften zu ungewöhnlich günstigen Preisen zugänglich. Der Schwerpunkt bei der Auswahl für die *esotera-Taschenbücherei* liegt auf Titeln, die dem Leser auf leicht faßliche und umfassende Weise esoterisches Wissen vermitteln. Die Auswahl der Werke erfolgt in enger Zusammenarbeit mit der Redaktion der in Europa führenden grenzwissenschaftlichen Zeitschrift *esotera*.

Arnaud Desjardins

In Liebe
gemeinsam wachsen

Verlag Hermann Bauer
Freiburg im Breisgau

CIP-Titelaufnahme der Deutschen Bibliothek

Desjardins, Arnaud:
In Liebe gemeinsam wachsen / Arnaud Desjardins. [Dt. von
Luise Haller]. – Freiburg im Breisgau : Bauer, 1989
(esotera-Taschenbücherei)
Einheitssacht.: Pour un vie réussie ⟨dt.⟩
ISBN 3-7626-0650-1

Die französische Originalausgabe erschien 1985
unter dem Titel
Pour une vie réussie un amour réussi
bei La Table Ronde, Paris.
© 1985 by Les éditions de La Table Ronde, Paris.

Deutsch von Luise Haller.

Das Foto auf dem Umschlag »Couple Holding Hands«
stammt von Al Satterwhite.
© by Image Bank, München.

Die *esotera-Taschenbücherei* erscheint im
Verlag Hermann Bauer KG, Freiburg im Breisgau.

1989
© für die deutsche Ausgabe 1989 by
Verlag Hermann Bauer KG, Freiburg im Breisgau.
Alle Rechte der deutschen Ausgabe vorbehalten.
Satz: G. Scheydecker, Fotosetzerei, Freiburg im Breisgau.
Druck und Bindung: May + Co, Darmstadt.
Printed in Germany.

ISBN 3-7626-0650-1

Inhalt

Und Gott schuf den Menschen nach seinem Bilde,
nach dem Bild Gottes schuf er ihn;
als Mann und Weib schuf er sie.

(Genesis 1, 27)

Einleitung

Vor fünfzehn Jahren, als meine Fernsehsendungen ein großes Echo hervorriefen, besuchte mich eine Dame, die noch mehr über die tibetanischen Meister wissen wollte.

Sie war ungefähr fünfzig Jahre alt und sehr elegant gekleidet. Ich bemerkte schnell, daß sie es vermied, mir in die Augen zu sehen, ihre Beine häufig übereinanderschlug und ihre Sätze mit »nicht wahr?« oder »wenn Sie so freundlich wären« beendete. Wo lag die Ursache für ihr Unbehagen?

Im Verlauf unseres Gesprächs erfuhr ich, daß sie zahlreiche Bücher über die verschiedensten spirituellen Richtungen gelesen hatte und bei den meisten der in Frankreich bekannten »Meistern« gewesen war. Doch hatte sie keine einzige Lehre befriedigt, und sie war besonders enttäuscht gewesen von den Menschen, die sich um diese Gurus scharten, vor allem von den Frauen, die ihnen am nächsten zu stehen schienen.

»Dennoch zählt für mich einzig und allein die Suche nach Gott«, beharrte sie, wobei sie ihre Stimme anhob, als wollte sie mich dadurch noch besser überzeugen, und von einem plötzlichen Gefühl überwältigt rief sie: »Man muß mir glauben, ich habe nie etwas anderes als das Wissen gesucht, nicht irgendein Wissen, nein, das wahre Wissen, das Wissen mit einem großen A.« Sie verstummte schlagartig.

Freud selbst hätte sich keinen so verräterischen – wie schmerzhaften – Versprecher erträumen können.

Ich bat sie, das gerade Gesagte zu wiederholen, doch sie konnte sich nicht mehr daran erinnern.

Als ich ihr andeutete, daß sie von einem »Wissen mit einem großen A« gesprochen hatte, stritt sie dies freilich entschieden

7

ab; um ihre Worte zugeben zu können, fehlte es ihr an dem Vertrauen, das sie in mich zu haben vorgab. Und als ich ihr vorschlug, nach einem Wort zu suchen, das man mit einem großen A schreibt, fiel ihr überhaupt keines ein. Angesichts ihrer Ratlosigkeit zäumte ich das Pferd sozusagen am Schwanze auf: »Madame, es ist sicherlich nicht für alle dasselbe Wort. Ein junger Mensch träumt vom Abenteuer, ein alter Kämpfer von der Anarchie. Wenn Sie das Wort finden, das Sie betrifft, dann können Sie gern wieder zu mir kommen.«

Ich habe nie wieder etwas von ihr gehört. Später erzählte ich diese Geschichte einer Frau, die sich der kleinen Gruppe von Personen angeschlossen hatte, die ich auf dem »Weg der Weisheit« führte, um ihnen bei der Bewußtwerdung ihrer wahren Sehnsüchte zu helfen. Sie hörte sehr aufmerksam zu, und als ich meinen Bericht beendet hatte, fragte sie gespannt: »Und, wie lautet das Wort?«

Die Erinnerungen an das viele Leid, das sich mir im Laufe der Tage und Jahre nach und nach enthüllte, habe ich in den gedruckten Unterhaltungen, aus denen sich das vorliegende Buch zusammensetzt, gesammelt, überarbeitet und verbessert. Diese wurden mit kleinen Gruppen in einer vertrauensvollen Atmosphäre geführt, mit Männern und Frauen, die ich persönlich kannte und die alle ein bereits erwachtes Interesse an dem hatten, was man allgemein als »Spiritualität« oder die »traditionellen Lehren« bezeichnet. Ich habe in diesem Buch den freien Stil der Unterhaltungen beibehalten.

Nach zehn Jahren »Arbeit an sich selbst« in den Gurdjieff-Gruppen, haben weitere fünfzehn Jahre lange Reisen in Asien mir die Möglichkeit gegeben, bei hinduistischen und tibetanischen Meistern, bei Zen-Meistern und Sufis zu studieren, ohne daß ich jemals meine christliche Taufe verleugnen mußte. Der Weise jedoch, der meine Schritte am nächsten auf den *»Weg«* gelenkt hat, dessen Worte die meinen am stärksten inspirierten, war ein Inder, Sri Swami Prajnanpad (»Swamiji« im Text) aus dem Channa Ashram, nicht weit von Burdwa in Bengalen entfernt. Der Leser, der mit der vedantischen Lehre nicht vertraut ist, soll sich nicht wundern, wenn er auf den folgenden Seiten einige Sanskritwörter findet, die ich oft für jene angeführt habe, die bereits persönliche Erfahrungen mit der hinduistischen spirituellen Disziplin *(sadhana)* gemacht haben – vor allem für diejenigen, die Yoga praktizieren.

In der Einleitung zu meinem Buch *Pour une mort sans peur* (»Für einen Tod ohne Angst«) habe ich angekündigt, daß diesem ein weiteres mit dem Titel *Pour une vie réussie* (»Für ein erfülltes Leben«) folgen wird, und weiter angeführt: »Wir sind um so mehr bereit, diese Erde zu verlassen, je besser wir von der ›irdischen Nahrung‹ bewußt zu profitieren wußten.« Ein schöner Tod ist die Krönung eines erfüllten Lebens. Und ein erfülltes Leben benötigt nur wenig für seinen »Erfolg«, gleichgültig, ob in beruflicher, weltlicher oder finanzieller Hinsicht.

Ein erfolgreiches Leben ist ein glückliches, ausgefülltes Leben. Diese Fülle hängt mehr davon ab, was wir sind, als davon, was wir haben.

Jedoch trägt auch das, was das Leben uns schenkt, uns verweigert, uns wegnimmt, zu unserer Entwicklung bei. Es wäre verlogen, wollten wir dies im Namen der Religion in Abrede stellen. Geld ist nicht das allein Seligmachende, doch wissen das nur die Reichen. Die »Befreiung« (im östlichen, metaphysischen, wörtlichen Sinne) wird nie aus der Enttäuschung hervorgehen.

Nun hat mir meine persönliche Erfahrung, die Erfahrung eines Menschen, dem Hunderte von Menschen die Geheimnisse ihrer Herzen offenbart haben, Jahr für Jahr gezeigt, daß die Ursache für die tiefe Frustration meiner Mitmenschen, ob versteckt oder klar ersichtlich, vor allem in gescheiterter Liebe und Sexualität zu finden ist. Aus der trostlosen Einsamkeit und dem Groll uneiniger, schlecht zusammenpassender Paare habe ich fast täglich die Worte zerbrochener Hoffnungen herausgehört. Darüber hinaus haben Männer und Frauen, deren Sexualleben normal zu sein schien und die es auch selbst für normal hielten, mir nach und nach gestanden, daß es dennoch ihren Erwartungen nicht entsprach.

Wenn auch der »Geist« des Menschen komplex und sogar recht kompliziert ist – die Wahrheit ist einfach. Die sexuelle Anziehung ist ein fundamentales, universelles Gesetz. Keiner entkommt ihr, nicht einmal ein Mönch oder eine Nonne. Diese allem innewohnende treibende Kraft lenkt die Welt, doch kann sie verfeinert und umgewandelt werden. Diese Umwandlung vollzieht sich jedoch selten. Meist bleibt es bei der Rationalisierung von Fehlern. Die Wahl ist ebenfalls einfach: entweder ein normales, natürliches, ungezwungenes, von Liebe erfülltes Leben oder ein streng diszipliniertes, lebendiges und ebenfalls entwicklungsförderndes Leben oder die Neurose, eine leichte vielleicht, aber ausreichend, um nicht mehr von einem erfüllten Leben sprechen zu können – sei es das Leben unseres Mitmenschen, der den größten »Erfolg« in anderen Bereichen seines Lebens hat.

Viele Männer und Frauen, die an den sogenannten esoterischen Lehren interessiert oder von ihnen überzeugt sind, sehnen sich nach der Verwirklichung eines übernatürlichen Bewußtseins, wobei sie jedoch übersehen, wie die ganz einfache Normalität sie im Stich läßt. Besser lieben, besser miteinander schlafen, jeder stimmt dem zu. Doch *wer* liebt? *Wer* vollzieht den Geschlechtsakt? Die Verbindung eines Mannes mit einer Frau könnte ein unaufhörliches Fest sein. Aber wer kann wieder wie ein kleines Kind werden, ohne dabei infantil zu sein? Betrachtet man das Leben als ein immerwährendes Fest, auf dem man ständig Neues, Unvorhergesehenes entdeckt und des Staunens nie müde wird, so erfordert dies das Herz eines Kindes, verbunden mit der reifen Persönlichkeit eines Erwachsenen, der imstande ist zu verstehen und zu handeln.

Mehr als alles andere führt die schlichte Ungezwungenheit einer erfolgreichen Beziehung zwischen Mann und Frau zu einem erfüllten Leben. Diese Erfüllung lohnt sich. Die Unterhaltungen, die in diesem Buch zusammengestellt sind, können demjenigen helfen, der glücklich sein möchte und begreift, daß er das Schicksal – und *nur* das – anzieht, das seinem wirklichen, tiefen Wesen entspricht. Jeder von uns ist mehr oder weniger augenscheinlich mit der Entwicklung der Sexualität befaßt. Das »Geschlecht« bezieht sich auf die Genitalien und die erogenen Zonen, doch betrifft es vor allem das menschliche Wesen in seiner Ganzheit, mit Körper, Kopf und Herz, ein menschliches Wesen, dem es bestimmt ist, zu empfangen, zu geben und jegliche Dualität zu transzendieren.

Und noch etwas: Die Achtung vor der Wahrheit drängt mich zu sagen, daß dieses Buch über das ideale Paar nicht meine Beziehung zu Denise Desjardins beschreibt. Es stellt eine Hommage an Swami Prajnanpad dar, der im traditionellen Indien geboren und aufgewachsen ist und in so bewundernswerter Weise ein Bild der Ehe zu zeichnen wußte, die im Westen immer mehr verkannt wird.

Kapitel 1

Be happy

Sie alle haben schon verschiedene Gebote gehört wie: »Du sollst nicht töten«, »du sollst nicht begehren deines Nächsten Hab und Gut«. Neben den zehn Geboten des Alten Testaments gibt es noch viele andere in den verschiedenen Religionen. Ein sehr erstaunliches Gebot hörte ich jedoch eines Tages von Swami Prajnanpad, und zwar gegen Ende meines ersten Aufenthalts bei ihm, im März 1965. 1959 hatte ich Indien für mich entdeckt und im November 1964 die tibetanische Welt. Ich war damals im Begriff, einige Zeit bei tibetanischen Meistern (Rimpoches) zu verbringen, als ich nach verschiedenen Anzeichen, besonders während einiger Tage bei Ma Anandamayi, das Gefühl hatte, daß der Augenblick gekommen sei, mich jenem Swami anzuschließen, dessen Adresse ich bereits zwei anderen Personen gegeben, mich jedoch bis dahin gehütet hatte, selbst zu ihm zu gehen. Vorher hatte ich sechzehn Jahre lang verschiedene Formen des Yoga, der Meditation, der Wachsamkeit praktiziert. Der erste Aufenthalt bei Swamiji war ziemlich kurz, nur zwei Wochen, aber da er allein im Ashram war, empfing er mich jeweils eine dreiviertel Stunde vormittags und eine dreiviertel Stunde nachmittags.

Ich hatte mir in den Kopf gesetzt, daß man, wenn man seinen Guru getroffen hat (und nicht nur den Segen eines Weisen empfangen hat), dieser einem eine echte und angemessene Einweihung und vor allem ein »Mantra« geben muß, wie René Guénon es in seinen Büchern beschreibt. Das war meine Vorstellung: Ich muß von Swamiji als Schüler anerkannt werden. Es erübrigt sich, Ihnen zu sagen, daß es vor allem der Infantilismus des Egos war, das einen Guru wollte, um sich stolz als »Schüler« betrachten zu können.

Swamiji war meinen diesbezüglichen Bemühungen jedoch ausgewichen, also versuchte ich es auf andere Weise und bat ihn: »Ich möchte gerne, daß Swamiji mir anstelle eines Mantras eine Formel gibt, die in wenigen Worten seine ganze Lehre enthält.« Er antwortete: »Einverstanden, wenn Sie abreisen, wird Swamiji Ihnen die Formel geben.« (Wie viele hinduistische Weise sprach Swami Prajnanpad von sich in der dritten Person.) Ah! Ich war zufrieden. Als der Tag der Abreise gekommen war, ging ich nach dem Frühstück zu Swamiji, um mich von ihm zu verabschieden. Ich ar sehr beeindruckt, einen Weisen kennengelernt zu haben, der Englisch sprach, meine Fragen beantwortete und mich so detailliert und methodisch unterrichtete. Und Swamiji kündigte mir an: *»Now Swamiji will give you the formula«*, »Jetzt wird Swamiji Ihnen die Formel geben«. Er sah mich an und sagte sehr feierlich, doch lächelnd: *»Be happy, Arnaud«* was soviel heißt wie »Seien Sie glücklich, Arnaud«. Das ist alles. *Be happy, Arnaud.*

Ich war zu diesem Zeitpunkt nicht besonders unglücklich gewesen, mein berufliches Leben hatte sich nach einigen ziemlich harten Jahren wesentlich verbessert; mich begeisterten meine langen Reisen in Asien und die Dreharbeiten, ich liebte mein abenteuerliches und freies Leben als Regisseur und Forscher, aber dieses *»Be happy, Arnaud«* ließ mich in heftiges Schluchzen ausbrechen. Diese Worte waren so einfach, so stark, so schrecklich, daß ich sie wie ein feierliches Gebot empfand, so wie jene, die Christus seinen Schülern geben konnte, oder jene, die Gott für das hebräische Volk an Moses weitergab. Und ich war so niedergeschlagen, als ich sah, an welchem Punkt ich grundsätzlich nicht imstande war, glücklich zu sein.

Ich hatte, das muß ich zugeben, das spirituelle Leben nie auf so direkte und so einfache Weise betrachtet. Ich konzentrierte mich vor allem auf die höheren Bewußtseinszustände, die *samadhis*. Ich habe im Verlauf meiner Beziehung zu Ma Anandamayi einige Male recht außergewöhnliche Erfahrungen gemacht, die jedoch nicht von Dauer waren. Seit sechzehn Jahren hatte ich das Ziel, meiner selbst gegenwärtig, aufmerksam, bewußt, eine in mir geschlossene Einheit zu sein, aber jene Worte *»Be happy, Arnaud«*, »Seien Sie glücklich, Arnaud«, trafen mich völlig unerwartet. Mir wurde plötzlich bewußt, daß ich nicht glücklich war – wenn ich mich auch überhaupt nicht unglücklich fühlte, nachdem ich in verschiedenen Phasen meines Lebens mehr als genug gelitten hatte –, daß ich nicht glücklich war und auch völlig unfähig, es wirklich zu sein. Das Ziel der Spiritualität ist ebenso einfach wie dieses Gebot. Ich konnte ihm weder entkommen noch konnte ich mich darum herummogeln. Wenn ich Swamiji ernst nahm – und ich nahm ihn ernst –, konnte ich seine Worte nicht mehr vergessen.

Ich weiß nicht, ob Sie es wie ich verstehen und empfinden, doch wenn ein Guru, den Sie achten, Sie auffordert »Seien Sie glücklich«, so ist dies das schrecklichste aller Gebote. Ich werde es Ihnen auf meine Weise erklären, doch weichen Sie nicht aus, geben Sie sich keinen Illusionen hin und betrügen Sie sich nicht. In einem meiner Bücher *(Un grain de sagesse)* behaupte ich, daß der Sinn und Zweck von Erziehung nicht darin liegt, das Kind zu einem wohlerzogenen oder gebildeten Kind zu machen, das die Gebräuche und Gepflogenheiten der Welt kennt, sondern zu einem glücklichen Kind. Das ist alles. Alles andere hängt davon ab. Alle Schwierigkeiten, die Eltern mit ihren Kindern haben können, kommen einfach daher, daß die Kinder nicht glücklich sind. Und eine Erziehung, die Kinder nicht glücklich macht, ist eine verfehlte Erziehung, selbst wenn die Kinder mit achtzehn Abitur machen.

Dieses Glücklichsein ist aber nicht nur das Ziel der Erziehung, sondern auch das Ziel des *Weges*. Dies ist eine sehr einfache, eingängige Betrachtungsweise dessen, was Sie als spirituelles Leben bezeichnen. Das ist auch die Funktion eines Ashrams.

Be happy, Arnaud. Ich hatte nie darüber als solches nachgedacht. Ich glaubte sogar, daß Glücklichsein etwas sehr Profanes sei und daß nur Egoisten und Genußmenschen danach trachten, glücklich zu sein. Ein Mensch, der ein spirituelles Leben führt, so dachte ich, muß danach streben, aufmerksam zu sein, zu meditieren, seine verschiedenen Neigungen in Einklang zu bringen, verborgene Energien in sich zu wecken.

Jetzt verstehe ich auch Swamijis Worte, die mir damals nicht sofort einsichtig waren. Er sagte auf englisch *»so miserable, so miserable«*, so elend, so bedauernswert. *»When Swamiji saw that you were so miserable ...«*, »als Swamiji sah, daß Sie so bedauernswert, so unglücklich waren ...« Tatsächlich empfand ich zu jener Zeit anstelle von Glück nur Freude oder Befriedigung, die von irgend etwas abhingen, vom Erfolg meiner Filme, von meinen momentanen Finanzquellen, von den Bedingungen und Umständen, auf die ich traf.

Doch handelte es sich dabei um ein leicht vergängliches und verletzliches Gefühl der Erfüllung, und im tiefsten Herzensgrunde wußte ich sehr wohl, daß es täglich bedroht war von unvorhersehbaren, aber nicht unmöglichen Ereignissen, und daß ich nur aufgrund dieser Bedingungen, von denen ich abhängig war, Frieden und Sicherheit empfinden konnte. Unter diesen Umständen kann man wirklich nicht sagen, daß man glücklich ist; man fühlt sich höchstens beruhigt, von Freude überwältigt, durch die Begeisterung während einer Tätigkeit in Hochspannung versetzt.

Seien Sie glücklich. Dachte ich an das Evangelium: »Liebe Gott, deinen Herrn, von ganzem Herzen, von ganzer Seele und mit all deinen Gedanken«, das erste der großen Gebote, und an das zweite, das ganz ähnlich ist: »Liebe deinen Nächsten wie dich selbst«, so stiegen in Verbindung mit der Aufforderung *»be happy«* oft diese Worte in mir auf: »Dies ist das große Gebot.« Dies ist das große Gebot: »Seien Sie glücklich.« Es bedurfte der ganzen Überzeugungs- und Ausstrahlungskraft Swamijis, um mich davon zu überzeugen und dieses Gebot tatsächlich zu meinem Lebensziel zu machen, nachdem ich in mir auf großen Widerstand und auf alle möglichen heimtückisch trügerischen Argumente gestoßen war, mit denen ich versuchte, dieses Gebot zu umgehen, als ob dieses Ziel nicht erhaben genug sei: Der erstbeste kann glücklich sein, und wir haben im Französischen den Ausdruck »ein glücklicher Dummkopf«.

Es ist lächerlich, ein spirituelles Leben führen zu wollen und dabei der einfachen Frage des Glücklichseins auszuweichen. Lächerlich und trügerisch. Sie können großartigere Begriffe wie Glückseligkeit, Wonne, *ananda* oder mehr philosophische

Begriffe wie heitere Gelassenheit verwenden; das ist nur ein Spiel mit Worten. Wir leben in einer Zivilisation, in der der Begriff Glück entstellt und mißbraucht wird. Zwar wird das Wort benutzt und bei jeder Gelegenheit verwendet, jedoch immer im Sinne eines abhängigen Glücks, und wenn eine Schlagzeile im *France Dimanche* lautet: »Ich werde mein neues Glück verteidigen, sagt Sheila« – oder Caroline –, so hat dies offensichtlich nichts mit dem *»be happy«* zu tun, von dem der Swamiji sprach. Oftmals habe ich sogar gehört, daß es nicht möglich sei, gleichzeitig intelligent und glücklich zu sein. Man gewinnt den Eindruck, daß eine Person, Jean-Paul Satre oder Simone de Beauvoir beispielsweise, sich um so mehr abquälen muß, je intelligenter sie ist. Dies bedeutet überdies, sämtlichen spirituellen Lehren den Rücken zu kehren.

In Wirklichkeit ist das Ego völlig unfähig, glücklich zu sein. Das Gefühl des Glücks, das von nichts abhängig ist, wächst in dem Maße, in dem das Ego kleiner wird. Betrachten Sie den Begriff des Ego nicht nur im technischen Sinne des *ahamkara*, das Bewußtsein, eine getrennte Persönlichkeit zu sein, so, als handle es sich um eine hochesoterische Wissenschaft. Das englische *ego* und *ahamkara* im Sanskrit bezeichnen das »Ich« und stehen ganz einfach für die Ichbezogenheit. Doch das Wort »glücklich« ist dem Ego nicht anerkennend genug. Das Ego möchte weise sein, das Ego will meditieren, das Ego möchte transzendentale Erfahrungen machen, das Ego will in dem einen oder anderen Bereich etwas zustande bringen, und warum nicht mehr im spirituellen Bereich als im Studium, im Sport oder in der beruflichen Karriere. Wenn man dem Ego jedoch einfach vorschlägt »be happy«, »sei glücklich«, so kann es dies nicht verstehen.

Es war bedauerlich für mein Ego, daß ich diese Worte an jenem Tag nicht begriff, so daß ich in heftiges Schluchzen ausbrach. Ich stellte fest, wie unwohl ich mich immer noch in meiner Haut fühlte, wobei ich dies nicht als einen Anlaß empfand, mich zu beklagen oder mich interessant zu machen, sondern als einen Grund, mich zu schämen. Nach sechzehn Jahren verschiedenster Studien trat nun meine Bedeutungslosigkeit zutage. Nachdem ich sogar zwei Bücher über Ma Anandamayi,

Ramdas und die hinduistischen Ashrams geschrieben hatte, war ich immer noch nicht richtig glücklich. Im tiefsten Inneren trug ich einen verborgenen Schmerz mit mir herum, unterdrückt und momentan betäubt durch die freudige Erregung über den beruflichen Erfolg. Meine großen Expeditionen, das Leben in den Ashrams, die Entdeckung tibetanischer Meister, mein Erfolg bei Frauen, all dies ließ mich vergessen, daß ich nicht glücklich war. Das Leben so vieler Menschen besteht darin, daß sie ihre Frustrationen hinter Arbeit, Abenteuer, Erfolg in dem einen oder anderen Bereich verbergen, doch ist das alles keine echte Befreiung von dem Leid, das man in seinem tiefsten Inneren mit sich herumschleppt.

Mir schien es sogar, als sei Leiden etwas Großartiges, Edles. Es gibt so viele unbewußte, von Psychologen ausführlich studierte Beweggründe, die uns zum Leiden drängen. Es ist eine fest verwurzelte, kindliche Vorstellung in uns, daß wir, wenn wir nur genug leiden, die Aufmerksamkeit unserer Eltern auf uns lenken, die uns nicht genügend lieben, uns nicht genug beachten oder schlimmer noch, unseren kleinen Bruder oder unsere kleinere Schwester mehr bewundern als uns. Dieser Schrei des Herzens »und ich, und ich, ich auch, ich auch« ist immer mit der Überzeugung verbunden, daß das Leiden uns etwas einbringt. Aber das ist ein Thema, das ich nicht näher ausführen möchte, weil man Swamiji nicht besuchen muß, um es zu vertiefen und um den Widerspruch zu studieren zwischen dem jedem Lebewesen innewohnenden fundamentalen Bedürfnis, sich wohl, zufrieden und glücklich zu fühlen, und dem unbewußten Wunsch zu leiden, als ob uns das irgendeinen Vorteil bringen würde.

Doch spürte ich an jenem Tag auch, daß dieser Satz, der mit so viel Liebe ausgesprochen worden war, eine Hoffnung enthielt, eine große Hoffnung, die Swamiji mir mit seinen Abschiedsworten bot, obgleich ich selbst nie darüber gesprochen hatte. Ich hatte ihm Fragen gestellt über das Atman, die Meditation, die Wachsamkeit, die Konzentration an sich und auf sich selbst, den Geist, Gedankenverbindungen, aber keine Frage über das Glücklichsein. Und Swamiji schenkte mir diese letzten Worte »Be happy, Arnaud«, als sei dies das Wichtigste, das ich vergessen hatte. Das ist es, was Swamiji Ihnen anbietet, Arnaud. Es war ein sublimes Geschenk, aus dem sich alle seine und meine Bemühungen für meinen weiteren Weg ergeben sollten. Und gleichzeitig war es von seiner Seite aus ein Befehl, ein heiliges und feierliches Gebot.

Ich habe mich oft an diesem Ausspruch Swamijis gemessen, denn ich habe zehn Jahre gebraucht, um glücklich zu sein, völlig unabhängig von irgend etwas glücklich zu sein. Wie oft war, selbst nachdem ich Swamiji kennengelernt hatte, die Überzeugung wiedergekehrt, daß ich unglücklich sei oder daß ich leide, um mich aufs neue zu überfallen. Dabei konnte ich mich jedoch einem Gefühl des Scheiterns nicht mehr entziehen – einem Scheitern, das selbst durch Erfolge auf anderen Gebieten nicht ausgeglichen werden konnte. Zwischen 1965 und 1973 hatte ich Erfolg in profanen Bereichen, jenen Erfolg, der einem von Wahrsagern versprochen wird, doch was das Glücklichsein anging, versagte ich. Ramdas war glücklich. Swamiji ist es zweifellos. Und ich bin es nicht.

Für Sie alle ist es notwendig, diese Worte zu hören und darüber nachzudenken, daß unglücklich zu sein Ihnen weder Ruhm noch Ansehen bringt oder Sie in irgendeiner Weise adelt. Es bedeutet lediglich ein Scheitern. Hier haben Sie das beste Kriterium, um Ihre Fortschritte auf dem *Weg* zu messen. Nähere ich mich dem Augenblick, wo ich sagen kann: »Ja, ich bin glücklich«? Ja oder nein? Alles andere sind nur Betrugsmanöver des Ego. Ich kann mich besser konzentrieren, habe eine größere Fähigkeit erlangt, meine Aufmerksamkeit auf die Gegenwart meines Selbst gerichtet zu halten, ich bin wachsamer, und ich habe Zugang zu meinem Unterbewußtsein. Alles, was Sie sagen könnten, würde jedoch nie die einfache Frage verbergen: Bin ich glücklich? Und sogar: Habe ich einfach Lust, glücklich zu sein, oder gibt es noch einen Teil in mir, der irgend etwas Großartiges an der Tatsache des Leidens findet, der glaubt, daß es mich interessant macht und daß sich daraus mein Wert ergibt?

In den *Fragments d'un enseignement inconnu* (dt. Ouspensky, Peter D.: *Auf der Suche nach dem Wunderbaren. Fragmente einer unbekannten Lehre*, O. W. Barth Verlag, München 1978) sagt

Gurdjieff: »Versuchen Sie, das offensichtliche Paradox zu begreifen: Ohne Leid kann nichts erworben werden, doch gleichzeitig müssen Sie Ihr Leid opfern. Und dies zu opfern sind die Menschen am wenigsten bereit.« Diesen Satz aus den »Fragments« kannte ich seit 1950, und auch über ihn mußte ich viel nachdenken, schon bevor ich nach Indien ging. Ich ermaß, wie wenig bereit ich war, das Leid loszulassen, an das ich mich so klammerte. In der *Hochzeit des Figaro* von Beaumarchais singt Chérubin: »Ich will meinen Schmerz erleiden und mich nicht über ihn hinwegtrösten.« Ich will meinen Schmerz erleiden und mich nicht über ihn hinwegtrösten. Alles ist darin enthalten. Ich will mein Leid nicht opfern. Gurdjieff hat recht.

Im Laufe der Jahre hatte ich mich von Gurdjieffs Lehre abgewandt und bei Ma Anandamayi so außergewöhnliche, höchste Freuden erlebt, wie ich sie nie zuvor gekannt hatte. Im Verlauf meines ersten Aufenthalts bei ihr (1959) erfuhr ich viele, vor allem berufliche Befriedigungen, die mir das Leben bis dahin verweigert hatte. Der Gedanke Gurdjieffs – daß wir am wenigsten dazu bereit sind, unser Leid zu opfern – war an die zweite Stelle gerückt. Doch wie in jenen sehr intensiven Augenblicken des Lebens, wo man innerhalb einer Sekunde so viele verschiedene Tatsachen erkennt, kam auch bei diesem *»be happy«* von Swamiji alles wieder zurück. Nein, Swamiji, nein. Verlangt das nicht von mir. Es ist schrecklich, was Ihr von mir fordert.

Wenn Sie auf den tiefsten Grund Ihres Herzens blicken, werden Sie einen Teil von sich entdecken, der die Vorstellung, endlich glücklich zu sein, schlicht und einfach ablehnt, auch wenn Sie ganz ehrlich versichern, das Leiden endgültig satt zu haben. Aber wenn es Ihnen wirklich reicht, so kann ich Ihnen versichern, daß Sie nicht mehr leiden werden. Wenn Sie weiter leiden, so liegt dies daran, daß Aspekte Ihrer Persönlichkeit fest im *chitta*, der Geistmaterie, verwurzelt sind, die ohne Ihr Wissen, ohne Rücksicht auf Ihren oberflächlichen Wunsch nach Glück, weiterhin seufzen und stöhnen wollen. Deshalb ist dieser Ausspruch ein Versprechen und gleichzeitig ein phantastisches Geschenk, das Swamiji gemacht hat – und ein Gebot, ein Gebot, dem wir nicht entkommen können.

Sollten Sie ein anderes Ziel auf Ihrem *Weg* verfolgen, so versichere ich Ihnen, daß Sie mogeln. Dies ist entschuldbar, und Sie sind alle entschuldigt, aber dennoch mogeln Sie. Die *samskaras* früherer Leben oder in jedem Fall dieses jetzigen Lebens, Verletzungen, Fehler Ihrer Eltern und tragische Ereignisse haben ihre Spuren in Ihnen hinterlassen, und Sie haben Ihr inneres Gleichgewicht, Ihre innere Welt durch das Leiden wiederhergestellt. Sie haben sich an das Leid angepaßt, sich fest in ihm verankert, so daß es Ihnen unvorstellbar scheint, das Leiden vollkommen aufzugeben.

Und noch eine Illusion zerbrach. Ich hatte nicht einmal die Eigenschaften, die ein Schüler traditionellen Anforderungen gemäß besitzen mußte. Ich hatte einfach zu viele, ganz und gar menschliche Interessen, als daß ich würdig gewesen wäre, als Schüler betrachtet zu werden. Sicherlich, ich bin seit meinem Eintritt in die Gurdjieff-Gruppen im Alter von vierundzwanzig Jahren vom Gegenteil überzeugt worden, und ich benötigte drei oder vier Jahre bei Swamiji, um dies zu erkennen, ganz einfach, weil es wahr war. Ein Schüler ist ein Mensch, der vollkommen und ausschließlich damit beschäftigt ist, das höchste Ziel zu verfolgen und der nicht, wie ich, so viele Wünsche daran knüpft. Swamiji sagte übrigens, daß es keine Schüler gibt, sondern lediglich Schüler, die in die Lehre gehen. Einmal fragte ich ihn: »Aber warum hat Swamiji mich als Schüler angenommen?«, denn selbst wenn ich kein Schüler war, so war er dennoch ein Guru. Worauf er mir zunächst antwortete: *»Because you came«,* »weil Sie gekommen sind«. Das war richtig, wenigstens hatte ich diesen einen Verdienst: Ich bin zu ihm gekommen, während Hunderte oder Tausende anderer Menschen, die Indien bereisten, nicht gekommen waren; wir selbst ziehen die Ereignisse unseres Lebens an, und sie hatte das Ereignis, von Swamiji zu hören, nicht angezogen.

Because you came. Ich bin gekommen, ja. Ich war allein im Ashram, sehr allein, den größten Teil des Tages in regungsloser Betrachtung des Horizonts versunken, »kontemplierend«, wie manche Hindus es nennen. Und dazu gab Swamiji mir noch fol-

gende Antwort: »*When Swamiji saw that you were so miserable* ...«
Wie bitte? Ich war fast verärgert. Was soll das heißen? Im ersten
Teil des Abendprogramms laufen Filme von mir im Fernsehen,
ich habe jeweils eine Doppelseite im *Télé 7 Jours*, ich verdiene
genügend Geld, meine Expeditionen in Asien interessieren mich
sehr, ich liebe meine beiden Kinder ... »Als Swamiji sah, daß Sie
so bedauernswert waren ...« Später haben mich diese Worte
sehr berührt. Swami Prajnanpad war vierundsiebzig Jahre alt,
als ich ihm begegnete, und in den letzten Jahren seines Lebens
hat er die Last von neun Männern und Frauen aus dem Westen
auf seine Schultern genommen. »Als er sah, wie bedauernswert,
wie arm Sie waren, hat dieser alte Mann Mitleid verspürt. Er
konnte sich nicht weigern, Ihnen zu helfen.«

Jetzt weiß ich sehr wohl, daß der schimmernde Lack an der
Oberfläche, der Glanz des Erfolgs, der glühende Eifer für meine
Arbeit nicht verdecken konnten, daß sich unter dieser Oberfläche ein konfliktbeladenes, verletztes Wesen befand, das schnell
bereit war, sich entmutigen zu lassen, und daß mich die Tatsache, daß alles gut ging, allem Anschein nach einfach nicht
glücklicher machte. Sobald sich die Ereignisse erneut zu meinem
Nachteil entwickelten, fühlte ich mich wieder elend. Swamiji hat
dies sofort erkannt. Die Energie, die ich damals hatte, konnte
die verdrängte Frustration und Angst nicht vor seinen Augen
verbergen. Dies sind wohl die »verblichenen Grabstätten«, von
denen Christus sprach.

Auf dem *Pfad* oder dem *Weg* können Sie sich ganz einfach,
ehrlich und vollkommen vom Leid befreien, um endlich glücklich zu sein. Glücklich jedoch nicht, nur weil Sie beruflich erfolgreich sind, weil Sie Ihre große Liebe gefunden haben, weil
Ihnen das Geld in den Schoß fällt oder weil Sie verschiedene
Sicherheiten zu haben glauben. Dieses Glück ist so abhängig,
daß die fundamentale Angst vor seinem Verlust nicht unterdrückt werden kann. Die Angst ist lediglich mehr oder weniger
ruhiggestellt. Swamiji sagte *stupefied*, betäubt, wie durch irgendein Morphin oder Dämpfe, womit man Bienen einschläfert, um
ihnen den Honig stehlen zu können. Nein. Es geht darum, das
Leiden und selbst die Möglichkeit des Leidens völlig auszu-
rotten.

Sie können das auf allen Ebenen heraushören, von dem Begriff *ananda*, Glückseligkeit, über *amrit*, was manchmal mit Unsterblichkeit aber auch mit höchster Glückseligkeit übersetzt wird, bis hin zu einem so einfachen und starken Wort wie *ateaseness* (das ebenfalls von Swamiji stammt): sich wirklich gut, vollkommen entspannt und wohl in seiner Haut fühlen. Das alles wird Ihnen angeboten. Es sei denn, Sie versuchen zu mogeln, indem Sie das wahre Ziel ablehnen und Ihr Ego statt dessen versucht, im Ashram etwas Interessantes zu finden, das es zu seiner eigenen Verherrlichung verwenden kann.

Ich muß Ihnen auch erzählen, daß ich jahrelang so sehr mit meinen Leiden oder mit meinem Leid beschäftigt war, daß mir das Leid anderer überhaupt nicht bewußt wurde. Wenn man unglücklich ist, hat man den Eindruck, daß alle anderen glücklich seien. Ich glaubte, daß alle, die interessante Beiträge für das Fernsehen machten, glücklich seien, daß all jene, die wenigstens ihren Lebensunterhalt verdienten, glücklich seien und so weiter. Spätere Erfolge und verschiedene Unternehmungen begeisterten mich so sehr, daß ich noch blinder für das Leid meiner Mitmenschen wurde. Die Stürme und Qualen, die dann folgten, habe ich jedoch mit Swamijis Hilfe auf eine neue Weise bewältigt, mit dem Verständnis und der Fähigkeit, mich dank der Prüfungen weiterzuentwickeln. Aber das Schlachtfeld des Lebens, um es mit den Worten der *Gita* auszudrücken, das Feld, auf dem ich gegen die »Gedanken« kämpfte, auf dem ich erworbene Erfahrungen in die Praxis umsetzte, hielt mich vollkommen in seinem Bann. Mein Egoismus und meine Egozentrik traten mir immer klarer und schmerzhafter vor Augen, doch war ich mir der Menschen um mich herum nicht wirklich bewußt. Ich, ich, ich, Sie wissen, daß dies das Leitmotiv des Egos ist.

In dem Maße, in dem ich bei Swamiji Fortschritte machte, nahm jenes einfache *»Be happy«* meines ersten Aufenthaltes bei ihm immer größere Bedeutung an. Hier ist etwas, das ich erreichen kann, das zu erreichen ich aufgefordert bin. Es hat nichts mit Egoismus zu tun, es ist sogar das einzige, womit Sie sich schließlich vom Egoismus befreien können. Wenn Sie endlich glücklich sind, werden Sie frei sein von Ihrem Ego. Andererseits können Sie nicht glücklich sein, wenn Ihre Egozentrik nur ein bißchen abnimmt. Dieses *»Be happy«* wird zum Mittelpunkt Ihres *sadhana*. Sie werden erneut unglücklich sein und das Leben als schmerzvoll und schwierig empfinden. Das ist Ihr Irrtum. Darin offenbart sich weder Ihre Größe, noch etwas, das Sie des Mitgefühls würdig macht; es zeigt vielmehr Ihre Schwäche und all Ihre falschen Behauptungen, ein großartiger Schüler zu sein. Sie können sich nichts mehr vormachen.

Ich setzte meine Reisen fort, immer mit derselben Frage im Hinterkopf: »Ist er glücklich?« Sie ist zu meinem Prüfstein geworden. Khalifa-Saheb-e-Sharikar ist ein hoher Sufimeister mit einem großen Weitblick. Ist er glücklich? Ja. Ist Kangyur Rimpoche glücklich? Gewiß. Karmapa lächelt in einer Weise, daß sich diese Frage schnell erübrigt; er lächelt von morgens bis abends. Er muß es sein. Ist Khentsey Rimpoche glücklich? Zweifellos. Der Sufi Sahib de Maïmana? Ganz sicher. Ramdas war es, das steht außer Frage. Dasselbe gilt für die Schüler. Für jemanden wie mich, der es sich zur Gewohnheit gemacht hatte, die verschiedenen spirituellen Milieus zu erkunden, war es beeindruckend zu sehen, wie in einem so armen und rauhen Land wie Afghanistan beispielsweise nicht nur die Sufi-Meister, sondern auch die Schüler glücklich sein, lächeln und strahlen konnten.

Swamiji hat über seinen Tod hinaus sein Versprechen gehalten, jedenfalls das, welches er mir gegeben hatte. Er hat mir das Geheimnis des Glücklichseins und die Beherrschung dieses Geheimnisses geschenkt. Er hat mich gelehrt, es zu benutzen. Er hat mich von meinem Kummer befreit und von dem, was meine verborgenen Leiden und schmerzhaften Erinnerungen ins Unterbewußtsein verdrängt hatten.

Allmählich entwickelte sich etwas, worüber ich mir bis dahin nicht besonders viel Gedanken gemacht hatte; ich begann das Leid anderer zu spüren, einen Teil des Leids von Hunderten von Menschen aufzunehmen. Heute kann ich nun meinerseits sagen, was Swamiji damals zu mir gesagt hatte: *so miserable*. Sie können sich den Kummer mancher Menschen, die mir heute zuhören, nicht vorstellen, da Sie zu sehr mit Ihren eigenen »Problemen« beschäftigt sind. Aber wer ist wirklich entschlossen, sich davon zu befreien, so schnell wie möglich davon loszukommen? Man würde sagen, es sei eine unumstößliche Tatsache, daß es uns bestimmt ist zu leiden und daß wir kein Recht hätten, diesem Leid zu entgehen. Doch was immer Sie behaupten mögen, Ihre Handlungen und Ihr Verhalten verraten Ihre Kleingläubigkeit. Möchten Sie leiden oder möchten Sie glücklich sein? Können Sie die Aufforderung *»be happy«* verstehen, oder ist sie Ihnen unerträglich? Ich kann verstehen, was sich in Ihnen abspielt, da ich dasselbe durchgemacht habe. Bestimmte Leute, denen ich im Laufe der Jahre wiederholt begegnet bin, sind immer gleich unglücklich; sie können über nichts anderes mit mir reden als über ihren Kummer. Wie lange soll das noch so weitergehen? Fünfzehn Jahre? Zwanzig Jahre?

Warum kommen Sie hierher? Um aufhören zu leiden und sich endlich zu entschließen, glücklich zu sein. Es ist absolut egoistisch zu leiden. Ich wünsche Ihnen allen, daß Ihnen so schnell wie möglich auf unter Umständen unerträgliche Weise klar wird: »Mein Leid ist ein ungeheuerlicher Egoismus.« Ich, ich, ich, ich, ich, ich. Dieses Ich ist der Satan, dieses Ich ist das Böse, dieses Ich ist die Hölle, dieses Ich ist ein Gefängnis. Das Leid kann nichts anderes als »Ich« wiederholen. Und auf dem Grunde des Leids schreit das Glück noch lauter »ich, ich, ich.« »Ich, mein Erfolg; ich, meine Liebschaften; ich, endlich glücklich.« Derselbe Egoismus, dieselbe Blindheit. Eines Tages spürte ich ganz stark, daß es unzulässig ist, »unter meiner Würde«, wie die Hindus sagen, unglücklich zu sein. »So kann ich nicht weitermachen!« Wenn dieser Entschluß wirklich aus Ihrem tiefsten Inneren kommt, dann steigt auch die Hoffnung auf. Haben Sie es denn nicht satt, in Ihrem Kummer herumzuwühlen, von einem Schmerz in den nächsten zu fallen oder acht Jahre lang ununterbrochen von demselben Kummer, von genau demselben Leid gequält zu werden?

Eines muß Ihnen ganz klar, wirklich klar sein. Es ist das Paradox, das Gurdjieff in einem Gespräch mit Ouspensky so schön formuliert hat. Nichts kann erlangt werden ohne das Leid. Doch gleichzeitig müssen Sie Ihr Leid opfern, und dazu sind die Menschen am wenigsten bereit. Beides ist wahr. Es stimmt, daß der *Weg* eine gewisse Art von Schmerz mit sich bringt, bewußten Schmerz, Schmerz, der immer einen Sinn hat. Die Hausfrau, die ihre Einkäufe tätigt und Schmerzen in den Armen hat, weil sie zu schwere Beutel trägt, verspürt einen rein negativen Schmerz. Ein Bodybuilder, der mit seinen Hanteln übt, verspürt denselben Schmerz, doch hat dieser für ihn einen positiven Sinn. Dieser Schmerz, den wir als wohlüberlegt, freiwillig, bewußt und absichtlich bezeichnen können, dieser Schmerz hat ein Ziel. Der *Weg* ist nichts für Feiglinge, Weichlinge, für die, die immer nur bequeme Möglichkeiten suchen und alles vermeiden, was sie etwas kosten könnte. Doch müssen Sie auch die andere Seite dieser Wahrheit begreifen: Werfen Sie den negativen Schmerz, das schmerzerfüllte Leid, das Leid, das keinen persönlichen Fortschritt bringt, so schnell wie möglich über Bord. Beschließen Sie, daß es genug ist. »Es reicht, es reicht endgültig, sich von alledem weiterhin ermüden zu lassen«, wie ein bekannter buddhistischer Ausspruch sagt.

Verwechseln Sie die beiden Arten von Leid nicht, und treffen Sie nicht die falsche Wahl. Jesus Christus hat gesagt: »Selig sind die Trauernden, denn sie werden getröstet werden« (Matthäus 5,4). Wenn Sie um sich blicken, wird Ihnen dieser Ausspruch zunächst als einer der verlogensten erscheinen, den ein Demagoge oder Betrüger jemals auszusprechen wagte. Tausende von Christen trauern, weinen und werden nicht getröstet. Warum also hat Christus das gesagt, und was hat es zu bedeuten? Nun, es gibt genau zwei Arten zu weinen. Die berechtigte, einigende, echte Art: Ich wage es einzugestehen, daß ich leide, ich wehre mich nicht, ich leugne es nicht, ich wage sogar zu weinen, wenn die Umstände es erlauben. Weinen Sie, und flennen Sie nicht. Flennen ist nicht das Weinen des Schülers, sondern das Geflenne des Egos, das sich an seinem Kummer ergötzen will, und diese Tränen werden nie getröstet werden. Wenn Sie das Wort Christi nicht verstehen, ist sein Sinn absolut trügerisch. Selig sind die, die trauern, die wirklich weinen, die auf angemessene Weise ihren momentanen Schmerz voll und ganz leben, ihn anerkennen und annehmen. Es ist der Schmerz eines Schülers, der weiß, daß man einen Preis zahlen muß, will man eines Tages frei sein, und daß es überdies notwendig ist, bestimmte unterdrückte Konflikte an die Oberfläche zu bringen. Die Möglichkeiten des Leidens, die wir in uns tragen, müssen überwunden und ausgerottet werden. Und wenn jegliche tiefe Verwundbarkeit verschwunden ist, haben Sie es geschafft – dann sind Sie endlich glücklich.

Manche haben den Eindruck – wobei sie sich auf diese oder jene Aussage von mir berufen –, der Ashram sei ein einziger Ort des Leidens. Das habe ich nie gesagt, auch Swamiji nicht. Vergessen Sie niemals die kurze und heilige Botschaft, die Swamiji mir gab, als ich ihn um ein Mantra gebeten hatte. Was bedeutet frei sein? Es bedeutet, selbst von der Möglichkeit des Leidens frei zu sein.

Jeder muß ganz ehrlich in sein eigenes Herz blicken. Wer sind Sie? Was wollen Sie? Und wenn ich auch gesagt oder geschrieben habe: »Sie werden den vollen Preis für die Freiheit zahlen müssen«, so verstehen Sie bitte, daß es sich nur um jenes intelligente, von Verständnis erhellte Leid handeln kann, jenes Leid, das, wie Sie wissen, auf dem *Weg* liegt und Sie direkt zu Freiheit und Glück führt.

Ich habe nie behauptet, der Weg sei ein einziges von Rosenblättern bedecktes Beet. Das habe ich nirgendwo gesehen. Das spirituelle Leben ist weder ein Vergnügen noch ein Zeitvertreib. Obwohl ich sage: »Das habe ich nirgendwo gesehen«, gab es für mich eine Ausnahme, den Ashram von Swami Ramdas.

Ich habe im Ashram von Ma Anandamayi viel gelitten, habe sehr harte Zeiten bei den Tibetanern durchgemacht, und bei Swamiji habe ich noch schwierigere Zeiten erlebt. Doch während der beiden relativ langen Aufenthalte im Ashram von Swami Ramdas hatte ich den Eindruck, daß dort von morgens bis abends das Paradies auf Erden war. Nun gut, kürzlich also sagte mir jemand, der aus diesem Ashram zurückgekehrt war: »Ich war dort von Kummer und Schmerz überwältigt.« Es gibt keinen echten Ashram und kein echtes Kloster, in dem Sie nicht bestimmte Prüfungen durchmachen müssen. Es kann gar nicht anders sein.

Doch darf all das, was real ist und wozu ich immer stehen werde, weil ich nicht da bin, um Sie zu belügen oder in Ihren Träumen zu wiegen, Sie auf keinen Fall blind machen für die ursprüngliche Wahrheit. Das Ziel der Erziehung besteht darin, glückliche Kinder hervorzubringen. Das ist alles. Wenn die Erziehung versagt hat, wenn Sie mit sechzehn, mit achtzehn Jahren nicht glücklich sind, werden Sie in einem Zustand ständiger Unausgeglichenheit dem Glück hinterherlaufen, das Ausdruck Ihres eigenen Wesens sein sollte, das Ihnen aber entwischt. Die Befreiung von was auch immer erfolgt nicht durch eine Verurteilung Ihrer Eltern; dennoch ist Ihr Unglücklichsein eine Tatsache. Gut. Die Arbeit, die nicht vollendet worden ist, muß noch einmal gemacht werden, die Loslösung von der alten und eine anschließende neue Erziehung ist hierfür notwendig. Und das einzige Ziel dieser neuen Erziehung, die ich selbst von Swamiji erhalten habe, ist es, Ihnen zu ermöglichen, dieses große Gebot »Seien Sie glücklich« zu leben.

Ich biete Ihnen allen eine Herausforderung an. Was wollen Sie? Glücklich sein oder weiter leiden? Möchten Sie den Ashram zu einem Ort des Martyriums machen, wo jeder sein eigenes Leid mit dem der anderen vergleicht: Bei wem steigen die schrecklichsten Dinge aus dem Unterbewußtsein auf, wer leidet am meisten zwischen zwei Aufenthalten, wer ist »noch unglücklicher, seit er hier ist«? Ein Ashram ist kein Ort, wo man nur über Leiden spricht oder sich in sein Leid vergräbt. Bringen Sie statt Ihrer Empörung, Ihrer Zweifel, Ihrer seelischen Erschütterungen, Ihrer Bestürzung oder Ihrer bedeutungslosen Aufrechnungen etwas anderes mit. Betrachten Sie diese oder jene Menschen – es gibt sie –, die in ihrem Herzen und in ihrem Geist einen dauerhaften Frieden erlangt haben, und lassen Sie sich von ihnen inspirieren.

Happiness hat sicherlich nichts mit jenem stumpfsinnigen Glück zu tun, welches heutzutage das wirkliche Glück ersetzt: Erregung, Emotionen, Überschwang. Das ist nur schlechte Medizin, das ist das erstarrte Lächeln des idealen Mannes oder der idealen Frau aus der Werbung, das uns »Glück« suggeriert, sei es durch eine neue Liebe oder eine neue Waschmaschine, so als ob beides praktisch austauschbar sei. Das tiefe Glück ist keine

Emotion, sondern ein Gefühl, das einer echten und begründeten Annahme des durchgemachten, überwundenen Leids entspringt. Dieses Glück ist weder flüchtig noch oberflächlich, es besitzt eine gewisse Würde. Dieses Glück ist von Dauer. Aber es ist auch ein schlichtes, einfaches Glück.

Die meisten von Ihnen sind nicht imstande, glücklich zu sein. Zunächst, weil es sich in Ihr Unterbewußtsein eingeprägt hat, daß Sie sich durch Leiden Verdienste erwerben können, die Papa, Mama oder die Heilige Jungfrau interessieren; daß es schlecht oder egoistisch ist, glücklich zu sein und daß jedesmal, wenn Sie sich als Kind etwas vorgestellt haben, das Sie hätte glücklich machen können, es sich zum Schlechten gewandt hat. Freilich waren gewisse Dinge, die wir als Kinder zu unserem Glück brauchten, nicht mit den Bedürfnissen der Familie vereinbar, beispielsweise sämtliche Schuhe im Haus in eine volle Badewanne zu werfen, um damit Schiffchen zu spielen. Das ist eine Geschichte aus meiner eigenen Kindheit. Es war das wahre Glück. Und es endete mit einer Katastrophe. Meine Eltern haben mir meine Freude verdorben, anstatt an meinem staunenden Glück teilzunehmen und mir anschließend zu bedeuten, daß die Schuhe wieder getrocknet werden müssen ... Das Leben und das Herz eines Erwachsenen werden von Vorfällen wie diesen geprägt, vor allem, wenn es allzuviele waren. Ein anderes Mal, ich weiß nicht mehr, wie alt ich war, hatte ich die Idee, mich zu schminken. Meine Mutter besaß Puder und Lippenstift, und so habe ich mich sorgfältig angemalt. Aber mein Vater hat das übelgenommen, sehr übelgenommen. Wieder war mir die Freude verdorben worden. Sicher, Sie lächeln über solche kleinen Geschichten wie diese hier, aber es hat sich Ihnen eingeprägt, daß selbst kleine Freuden mit Schuld verbunden sind. Und denken Sie nur an die Moralpredigten, wie egoistisch es sei, glücklich zu sein: »Wie kannst du glücklich sein, wenn es Waisenkinder, leprakranke Kinder, blinde Kinder gibt ...?«

Swamiji hat mir noch ein anderes, unbezahlbares Geschenk gemacht. Nur ein Guru von seinem Format konnte mir dieses Geschenk machen, das Ihnen unbedeutend erscheinen mag: Er hat mich gelehrt, daß ich das Recht auf alle möglichen kleinen Alltagsfreuden habe. Er gebrauchte ein Wort, das ich schon oft mit Ihnen teilte, das Wort *recreation*. Die Entspannung erneuert unsere Lebenskräfte, unsere Fähigkeit, uns dem Leben zu stellen, unseren Eifer, unser *sadhana* zum Guten zu führen, solange wir noch bewußte Anstrengungen für unseren Fortschritt machen müssen und die Spontaneität noch nicht zu einem festen Bestandteil unseres Lebens geworden ist. Swamiji hatte diesem Wort seine ganze Würde verliehen, und ich habe es als einen ebenso wertvollen Teil des *Weges* angenommen, wie die Meditation, das Fasten, das Gebet, die Kontrolle der Gedankenassoziationen, die Teilung der Aufmerksamkeit, um sich seiner selbst bewußt zu bleiben, die Unterscheidung zwischen Wirklichkeit und Illusion.

Wagen Sie es, sich eine Freude zu machen. Sie sollten imstande sein, sich ohne die geringste Hemmung oder das leiseste Unbehagen kleine, einfache Freuden zu gönnen, einfach aus Liebe zu sich selbst. Jedoch hat Sie eine tief verwurzelte Verständnislosigkeit, eine falsche Vorstellung dessen, was gut ist oder schlecht, der Fähigkeit beraubt, jene kleinen vertrauten Freuden zu genießen, während Sie auf das große, einzigartige Glück warten. Ein »Schüler« muß glücklich sein können. Dies ist ein Vorrecht, eine Möglichkeit, die uns menschlichen Wesen gegeben wurde, um Fortschritte auf dem *Weg* zu machen.

Ich werde Ihnen ein Beispiel geben. Vielleicht erscheint es Ihnen lächerlich. Vielleicht löst es aber auch ein Echo in Ihnen aus.

Nachdem Swamiji mit mir über die »Entspannung« gesprochen hatte, wagte ich eines Tages – nach zwanzig Jahren spiritueller Suche und Aufenthalten in Ashrams und Klöstern – mir eine Freude zu machen. Ich hatte wie immer gefrühstückt und lief durch die Straßen von Paris, da ich damals einen Beruf ausübte, durch den ich viel unterwegs war. Eine Stunde nach dem Frühstück hatte ich Lust, in ein Café zu gehen und mir eine große Tasse Kaffee mit Sahne und zwei Croissants zu bestellen. Das ist nicht so gefährlich, wie sich am Nachmittag den zehnten Anisschnaps zu bestellen, doch hatte ich ja bereits gefrühstückt, und so etwas gehörte sich einfach nicht. Swamijis Worte klangen mir im Ohr: *»Father says it is bad; Swamiji says it is not bad.«* »Vater sagt, es ist schlecht, Swamiji sagt, es ist nicht schlecht.«

Und es bedurfte wirklich seiner ganzen Überzeugungskraft, damit ich derartigen Aussagen schließlich Glauben schenkte, so stark hatten sich die Worte meines Vaters »das ist gut, das ist schlecht« in mir eingeprägt.

Da ist nichts Schlimmes dabei. Mit einem zweiten Frühstück belaste ich weder meine Gesundheit in irgendeiner Weise noch bringe ich den Familienetat aus dem Gleichgewicht oder beraube meine Kinder um etwas, weil ich ein bißchen Geld ausgebe. Ich ging also in ein Café. Ich wagte, mir eine Freude zu machen und bestellte: »Eine große Tasse Kaffee mit Sahne und zwei Croissants.« Ich erinnere mich noch genau. Der Kellner fragte: »Mit Butter?«, und ich zögerte eine Sekunde lang. Mit Butter kostete es mehr. Habe ich das Recht dazu? Zweimal zusätzlich vierzig Centimes. Was für eine Dreistigkeit! Aber was für ein Fest! Eine große Tasse Kaffee mit Sahne und zwei Croissants. Hören Sie zu, die Geschichte geht noch weiter. Eineinhalb Stunden später hatte ich wieder Lust, in ein Café zu gehen und »eine große Tasse Kaffee mit Sahne und zwei Croissants« zu bestellen. Bringe ich damit den Familienetat aus dem Gleichgewicht? Nein. Schade ich damit meiner Gesundheit? Nein. Dennoch, es ist unmöglich, das kann ich nicht machen, es ist einer Person, die Schüler werden will, nicht würdig. Ja, Entspannung. Ich habe eine große Tasse Kaffee mit Sahne getrunken und zwei Croissants gegessen. Drei Frühstücke an einem Vormittag. Vollkommen bewußt. Ich brauchte Swamiji und dieses Wort »Entspannung«, um zu einer solch einfachen Handlung imstande zu sein. Sie lächeln, doch ich frage mich, wieviele von Ihnen sich mit dem Herzen eines glücklichen, mit sich einigen Kindes selbst eine Freude machen können.

Sie sind sich nicht sicher, ob Sie die Erlaubnis dazu haben. Einst nagte ein Vers von Musset in meinem Herzen, der über den Himmel sagt: »...Für meinen Versuch, glücklich zu sein, hat Er mich wie für ein Verbrechen bestraft.« Ja, ich bin glücklich. Gott wird mich bestrafen. Gott gestattet mir kein anderes Glück als das der absoluten Heiligkeit. Jegliches menschliche Glück macht schuldig, da ich mich dadurch von Gott abwende. Das ist falsch. Und es widerspricht sogar dem, was in den Evangelien geschrieben steht. Ich habe zu glauben gewagt, daß ich nicht schuldig bin und daß ich mir wie ein Kind eine Freude machen kann, ohne daß Papa und Mama ein Drama daraus machen. Was, du hast am Vormittag sechs Croissants gegessen?

Entspannung. Lernen Sie doch ganz einfach glücklich zu sein. Vergessen Sie, daß es so ein schlimmes Ende nahm an jenem Tag, als Sie sämtliche Schuhe der Familie in die Badewanne warfen oder als Sie sich die Lippen rot und die Augen blau anschmierten. Beschließen Sie glücklich zu sein. Wenn Sie leiden, dann leiden Sie bewußt, mit Hoffnung im Herzen, betrachten Sie es als eine Herausforderung für sich, begreifen Sie, daß das Herumwühlen in Ihrem Schmerz, die ständige Beschäftigung mit ihm oder das Hinzufügen neuer Schmerzen Ihrer nicht würdig ist, daß Ihnen das keine Größe verleiht, daß Sie das nicht zu einem Schüler macht. Der Ashram ist kein Ort, wo man hingeht, um sein Leid zur Schau zu stellen oder es mit anderen zu teilen, sondern um sich getreulich an diese schrecklichen und zugleich wunderbaren Worte Swamijis *»be happy, Arnaud«* zu halten. Schrecklich für das Ego, denn wenn wir wirklich glücklich sind, ist das Ego verschwunden. Und vergessen Sie das Wort »Entspannung« nicht. Versuchen Sie, es als eine geheiligte Handlung zu betrachten, so wie den Besuch einer Kirche oder das Meditieren. Streben Sie nach Dingen, die Ihnen Freude bereiten. Und spüren Sie, daß die Augenblicke der Freude nicht die Augenblicke sind, die Sie vom *Weg* abbringen.

Doch gehen Sie als Schüler durch das Leben. Das Glück, das uns heutzutage in Europa geboten wird, ist verfälscht: Erregung und starke sinnliche Empfindungen, die Ihre Nerven zugrunde richten. Es ist erbärmlich, was der Jugend »verkauft« wird. Versuchen wenigstens Sie, diesem immer weiter um sich greifenden Wahnsinn zu entgehen. Streben Sie nicht nach ungesunden, trügerischen, falschen Freuden, die in Wirklichkeit Versuchungen sind, durch die Satan Sie anlockt, um Sie leichter vernichten zu können. Aber wenn Sie sich sechs Croissants mit Butter genehmigen, dann ist das nicht Satan, der Sie lockt, um Sie besser vernichten zu können.

Es gibt keine Feste mehr. Das ist vorbei. Wir sprechen zwar heute immer noch von »Feiertagen«, doch was bedeutet das? Einen Monat lang Streß für die Geschäftsleute, eine Woche übermäßiger Ausgaben für die meisten Leute, zwei Besäufnisse am 24. und am 31. Dezember. Das ist traurig. In Indien gibt es ständig Festivals und Feste. Und die Menschen lachen. Wann habe ich wirklich einen glücklichen Abend mit »Ambiente« erlebt? Sicherlich nicht, als ich mich, über und über mit Konfetti und Luftschlangen bedeckt, auf einer Silvesterfeier befand – es war grauenhaft. Ich erinnere mich an Feste bei armen Leuten in Afghanistan, an nächtliche Gesänge, an Lagerfeuer in der Wüste. Und dann, mitten während des Festes, an die Stunde des Gebets. Bei den Tibetanern, wo man sogar mal ein Glas trank – man muß dies einmal sagen – genauso wie in den Zen-Klöstern, wo es Sake gab. Feste, auf denen man wirklich wagt, wieder Kind zu sein. Sie glauben, daß es sich für einen Schüler nicht ziemt, sich zu amüsieren? Das, was wir heute als »ein Fest feiern« bezeichnen, bedeutet lediglich, sich von der Erregung mitreißen zu lassen. Es ist traurig, daß wir nicht einmal mehr diesen Ausdruck angemessen verwenden können. Das Feiern von Festen ist Bestandteil einer jeglichen echten Zivilisation, und selbst das ist uns verlorengegangen.

Nachdem ich Ihnen vom Feste feiern und vom Verspeisen der sechs Croissants erzählt habe, werde ich Ihnen, um Sie noch mehr zu erschüttern, abschließend ein Bild vor Augen führen, das zwar sehr profan ist, mir jedoch eine wichtige Botschaft vermittelt hat. Es ist das Ende eines Films, den viele von Ihnen vielleicht gesehen haben. Es handelt sich weder um *La Vie de saint François d'Assie*, noch um *Le Message des Tibétains* von Arnaud Desjardins, sondern um einen Film, der sehr bekannt geworden ist, *Never on Sunday*, »Sonntags nie«, über das Leben der Prostituierten am Hafen von Piräus, von einem großen Regisseur, Jules Dassin, inszeniert, mit der damals noch sehr jungen Tochter des früheren Bürgermeisters von Athen, Melina Mercouri. Dieser Film erzählt die Geschichte eines Amateurphilosophen (von Dassin selbst gespielt), der sich aufgemacht hatte, um dort zu leben, wo einst Sokrates und Pythagoras weilten, und der fest entschlossen war, eine dieser Damen zu retten. Sie erkennen Pygmalions Thema: die Unwissende zu einer gebildeten und feinen Frau zu machen. Und sie, sie hat einen Augenblick lang daran geglaubt. Sie hat gedacht, daß es schlecht sei, eine Prostituierte zu sein, und gut, die Literatur zu kennen und Shakespeare zu studieren.

Sie läßt sich in den »wahren Werten« der Philosophie unterweisen. Doch nach und nach kehrt sich die Situation um. Sie erstickt allmählich an dieser trockenen Kultur, und im Verlauf einer recht ansprechenden Szene singt sie, während sie das Foto einer Fußballmannschaft betrachtet: Elf athletische Männer, das ist besser als jede Philosophie! Doch der Amateurphilosoph läßt sich in seinem Denken und Handeln nicht beirren und bringt einen einheimischen Sänger zur Verzweiflung, indem er ihm versichert: »Wenn Sie keine Noten lesen können, dann sind Sie kein echter Musiker.« Woraufhin sich dieser in der Toilette des kleinen Cabarets, wo er auftrat, einschloß, sich weigerte herauszukommen und erklärte, daß er sterben wolle. Die Prostituierte hatte plötzlich einen genialen Einfall: »Die Vögel können auch keine Noten lesen«, sagte sie, »und trotzdem erfreut sich alle Welt an ihrem Gesang.« Daraufhin kehrte er ins Leben zurück. Um zum Schluß zu kommen: Der Philosoph befindet sich mitten unter Matrosen, Fischern und Huren, nimmt mit Alkohol gefüllte Gläser, plaziert sie vorsichtig auf seinem Kopf, tanzt, geht in die Knie, richtet sich wieder auf, leert sein Glas und wirft es quer durch den Raum. Er ist es schließlich, der lernt, sich zu entspannen, unkompliziert zu sein, zu leben, zu wagen, etwas mit seinen Sinnen, seinem Herzen zu empfinden, teilzunehmen an einer von Freude erfüllten Atmosphäre, die nicht mit der eines Ashrams oder einer klösterlichen Gemeinschaft vergleichbar ist, aber unter Männern und Frauen herrscht, die noch ein wenig ehrlich und glücklich sein können. Nicht er war es, der die Frau gerettet hat, vielmehr war sie es, die ihn gerettet hat.

Ich hatte das Gefühl, daß dieser Film eine großartige Lehre für mich enthielt. Bin ich in der Lage, mich ganz einfach wohlzufühlen, einfach so, entspannt, glücklich, eins mit mir, oder ziehe ich mich ständig zurück: »Ich bin ein Schüler, ich bin auf dem *Weg*, was soll dieses oberflächliche, weltliche Vergnügen? Außer dem strengen, klösterlichen Leben zählt nichts.« Oh, was für eine Torheit! *Be happy, be happy!* Befreien Sie sich von dem Leid, mit dem ich Sie sich herumquälen sehe. *Seien Sie glücklich.* Wenn Sie jedoch weiterhin Leid predigen unter dem Vorwand, daß ein gewisses Maß an Leid, das man bewußt durchgemacht hat, der Preis ist, den man zahlen muß – was ja auch stimmt –, dann ist Ihr Ashram lediglich ein Verrat an der Wahrheit, ein Ort, an den ich Ihnen nicht mehr zurückzukehren rate. Man ist überall unglücklich genug, deshalb braucht man es hier nicht auch noch zu sein. Kommen Sie hierher, um glücklich zu sein.

Kapitel 2

Handlung, Erfahrung, Erkenntnis

Nachdem ich innerhalb von sechs Jahren mehrere Male Indien bereist hatte und vielen Weisen, Swamis und brahmanischen Gelehrten *(pandit)* begegnet war, die in den traditionellen Lehren alle sehr bewandert waren, landete ich schließlich bei Swami Prajnanpad. Dieser nun äußerte oftmals Wahrheiten, die zunächst allem zu widersprechen schienen, was ich in den vergangenen sechs Jahren immer wieder gehört hatte. So überrascht es Christen beispielsweise, wenn sie jemanden sagen hören: »Das Wichtigste ist, sich selbst zu lieben.« Drei Worte sind es insbesondere, die bei meinen Gesprächen mit Swamiji eine sehr wichtige Rolle spielten.

Zunächst das Wort *bhoga*, das Sie in den meisten Büchern über den Hinduismus finden werden. Im Englischen wird es im allgemeinen mit *enjoyment* und im Französischen mit *jouissance* (Genuß) übersetzt, ein Begriff, der in der spirituellen Terminologie nur ungern verwendet wird. Ich hatte *bhoga* bislang immer in einem strengen, mit Kritik verbundenen Sinne vernommen, zur Kennzeichnung eines Fehlers oder jedenfalls einer für den gewöhnlichen, im Irrtum verfangenen Menschen typischen Verhaltensweise, der Sünde, von der sich der auf dem spirituellen Weg Befindliche lossagt. Diese Haltung wird, so scheint es, in der gesamten üblichen hinduistischen Literatur einstimmig vertreten. Man stellt fest, daß sich der Mensch bedauerlicherweise von *bhoga* verlocken läßt, doch wendet sich derjenige, der den spirituellen Weg einschlagen will, von diesen sinnlichen oder sogar intellektuellen Genüssen ab, um ausschließlich nach Gott oder dem Absoluten zu streben.

Und da sprach nun Swamiji mit mir über *bhoga*, wobei er diesem Wort jedoch ganz im Gegenteil einen sehr bedeutsamen und kostbaren Sinn verlieh, genauso kostbar wie der des Wortes Yoga. Damit befinden wir uns am zentralen Punkt seiner Lehre.

Er hat mir oft einen Sanskritspruch aus dem *Yoga Vasishta* zitiert: »*Maha karta maha bhokta maha jnani bhavanagha.*« (Ohne ein *mahabhokta* zu sein, kann man kein *mahajnani* sein, und ohne ein *mahakarta* zu sein, kann man kein *mahabhokta* sein.) »*Mahakarta*« heißt wörtlich »der große Handelnde«, »*mahabhokta*« könnte man vielleicht übersetzen mit »der große Genießer«, aber nachdem ich im Laufe der Jahre immer wieder über dieses Wort nachgedacht habe, übersetze ich es lieber mit »der große Würdigende«, und »*mahajnani*« bedeutet »der große Weise«.

Um eine vorläufige Entwicklungsstufe zu bezeichnen, verwendete Swamiji drei weitere Begriffe: »*karta*«, das denselben Ursprung wie das bekannte Wort Karma, Handlung, hat und im Englischen »*the doer*«, im Deutschen »der Urheber einer Handlung«, »der Akteur«, »der Handelnde«, »der, der handelt«, bedeutet; »*bhokta*«: »der, der die Dinge erfährt«, »der Würdigende« und »*jnani*«, »der Wissende«. Zuweilen wird das Wort »*jnani*« verwendet, um jemanden zu bezeichnen, der die höchste Weisheit erlangt hat; aber in der Sprache des Yoga Vasishta bezeichnet *jnani* denjenigen, der das Recht hat, über Dinge zu sprechen, weil er sie selbst kennt, so wie sie sind, unbeeinflußt von seinen Abneigungen, seiner subjektiven Sicht, seinen Vorurteilen.

Was mir diese Frage lange Zeit so verwirrend hatte erscheinen lassen, war meine sechs Jahre lange intensive Beschäftigung mit Gurdjieffs Lehren, bevor ich 1959 erstmals in Indien landete. Wenn Sie das Buch *Fragments d'un Enseignenment inconnu* (dt. *Auf der Suche nach dem Wunderbaren, Fragmente einer unbekannten Lehre.* O. W. Barth Verlag, München, 1978) von Ouspensky lesen, werden Sie feststellen, daß die psychologischen Kapitel den Aussagen Swamijis sehr nahe kommen. Im Alter von vierundzwanzig Jahren waren Aussagen, auf die Gurdjieff großen Wert legte, eine Offenbarung für mich, Aussagen wie »Man macht nichts, alles geschieht.« oder »Der moderne Mensch handelt nicht, etwas handelt in ihm.« Gurdjieff sprach in diesem Zusammenhang vom »Maschinenmenschen«. Anstelle des Wortes »handeln« verwendete er in diesem Werk das Wort »tun«, im Englischen »*to do*«: »Es gibt nur ein Wunder, und das ist die Fähigkeit zu ›tun‹, frei zu handeln, anstatt zu ›funktionieren‹, wie eine Marionette den Fesseln von Ursache und Wirkung entsprechend zu reagieren.«

Um wachsamer, meiner selbst bewußter und aufmerksamer zu werden, hatte ich mich jahrelang bemüht zu »tun«, obgleich ich zu jener Zeit nichts tat, um ein Handelnder zu werden und keine Maschine mehr zu sein. Wenn man nicht wachsam ist, handelt man nicht, doch wenn man wachsam ist und sich bewußt ist, was man »ist«, kann man sich auch dessen, was in einem geschieht, was man sagt und seiner Handlungen bewußt sein, und das ist der Weg, der einen befähigt, etwas zu »tun«. Gurdjieffs Lehren haben mich zwar nicht davon abgehalten, eine Maschine zu sein, doch haben sie mich zumindest davon überzeugt, daß ich eine war. Wir wenden eine bestimmte Anzahl von Praktiken an, die uns ganz klar zeigen, wie wir funktionieren, daß wir nicht frei handeln können, daß unter gewissen Umständen, Situationen und bei bestimmten äußeren Reizen Mechanismen in uns tätig werden, auf die wir praktisch nicht den geringsten Einfluß haben.

Nun aber hatte ich seit meiner ersten Indienreise 1959 hier und da, in dem einen oder anderen Ashram, von einem Meister oder einem Schüler immer wieder einen Ausspruch gehört, der mich völlig durcheinander brachte: »Free from the I am the doer illusion«, »Befreie dich von der Illusion: Ich bin es, der handelt.«

Ah! Was hat denn das nun zu bedeuten? Sechs Jahre hatte ich mich bemüht, der wirkliche Schöpfer meiner Handlungen zu sein, und jetzt werde ich aufgefordert, mich von dieser Illusion zu befreien. Während ich versuchte, ein bißchen besser zu verstehen, worum es hierbei ging, begriff ich, daß die Illusion, der Schöpfer seiner Handlungen zu sein, mit jenem »Ego« in Verbindung stand, das in den Lehren über die Notwendigkeit, diese Begrenzung aufzuheben, täglich zur Sprache kam. Ich muß erkennen, daß ich als Ego nicht existiere, daß das Gefühl, ein getrenntes Ich zu sein, eine Illusion ist, und daß es einzig und allein die göttliche Energie, die Shakti ist, die handelt, die sich zum Ausdruck bringt. Wie sollte ich nun die Bemühungen, die mir in Gurdjieffs Lehre abverlangt wurden und denen ich so eifrig gefolgt war, mit dieser höchsten Lehre des egolosen

Zustands und mit der Entdeckung in Einklang bringen, daß nicht ich es bin, der handelt, und daß es von einem krankhaften Hochmut zeugt zu glauben, man sei der Schöpfer seiner Handlungen, wo wir doch nur einzelne Zellen des allumfassenden Körpers der Natur sind?

Der Handelnde, die Illusion, von der man sich befreien muß, dieser *doer*, wird im Sanskrit als »*karta*« bezeichnet. Dieses Wort hörte ich von Zeit zu Zeit immer wieder. Und da war nun Swamiji, der diese Worte *karta* und *bhoga* nicht mehr in einem negativen Sinn gebrauchte, sondern ihnen eine ganz neue und fundamentale Bedeutung in seiner Lehre verlieh. *Karta,* »der Handelnde«, *bhokta*, was ich lieber mit »der Würdigende« übersetze, und *jnani*, »der Weise« – über diese drei Worte könnte man ein ganzes Buch schreiben.

Andererseits traf Swamiji eine Unterscheidung zwischen »*bhoga*« und »*upa-bhoga*«, die ich bis dahin noch nie gehört hatte. Dieses Wort *upa* steht für etwas, »das nicht das Echte ist«. Man hat zum Beispiel einen Guru und man kann einen upa-Guru haben, doch ist der upa-Guru nicht unser wahrer Guru. *Patni* heißt Ehefrau und *upa-patni* die Geliebte. *upa-bhoga* bezeichnet einen Genuß, der nichts mit dem wirklichen Würdigen zu tun hat. Swamiji hat mir gezeigt, daß anstelle meiner Bemühungen, frei von *bhoga* zu sein, aufgrund eines Traumes von der Befreiung, der mich nirgendwohin geführt hat und, wie ich sagen muß, auch fast alle Inder oder Europäer, die mir in diesem oder jenem Ashram begegnet waren, nirgendwohin geführt hat, ich besser daran täte, zunächst den Unterschied zwischen *upa-bhoga* und *bhoga* zu verstehen.

Bhoga schließt die reale Erfahrung des gesamten Lebens mit ein, welches das Ergebnis einer Reihe von bestimmten *bhogas* ist, die wiederum die Erfahrung irgendeiner bestimmten Situation sind. *Upa-bhoga* hingegen bezeichnet die Erfahrung, die keinen Fortschritt zuläßt. Swamiji hat mir anhand konkreter Beispiele, die ich ihm anführte, gezeigt, daß man das Wort *bhoga* im allgemeinen für etwas verwendet, das tatsächlich jedoch *upa-bhoga* ist, eine verfälschte Erfahrung, falsch in doppelter Hinsicht.

Der Mensch, der noch nicht weise geworden ist, der dem Ego unterworfen bleibt und von dessen Forderungen, Wünschen und Ängsten getrieben wird, verspürt das Bedürfnis, sich nach außen zu wenden. Er fühlt sich innerlich unvollkommen und sucht außen das, was ihm fehlt; entdeckt er jedoch sein Selbst, so wird er feststellen, daß es ihm an nichts mangelt, daß er bereits die ganze Fülle des Lebens in sich trägt, wie ein Mensch, der alles bekommen hat, dem das Leben alles geschenkt hat. Doch weil er seine wahre Natur nicht entdeckt hat, funktioniert der Mensch gemäß dem dualistischen Prinzip von Anziehung und Ablehnung und glaubt unvollkommen und unbefriedigt zu sein. Er trachtet danach, etwas zu erleben, sei es, einen Wagen mit zweihundert Stundenkilometern zu fahren, jede Woche eine neue Frau zu erobern, das berauschende Gefühl eines Sieges oder politischer Macht oder sei es, mit seinen Kumpanen einfach eine Partie Karten in der Kneipe zu spielen.

Das Prinzip ist überall dasselbe: Ich kann mich nicht mit dem zufriedengeben, was ich bin, und daher versuche ich, die Dürftigkeit meines Seins durch die eine oder andere Form, die mir zur Verfügung steht, zu überdecken. Gut, nehmen wir an, dies sei ein allgemeingültiges Gesetz. Aber wenn wir glauben, daß wir über diesen Zustand hinausgelangen können, den wir für gewöhnlich nicht einmal in Frage stellen, dann beginnen wir doch zunächst mit der Erkenntnis, daß dies unser gegenwärtiger Zustand ist. Und wenn *bhoga* uns zur Befreiung führen kann, so kann *upa-bhoga* dies niemals. So oft Sie auch wie ein Papagei die schönen Aussprüche der Swamis über *bhoga* und *yoga* wiederholen, so werden Sie doch nichts weiter erreichen, als sich selbst zu belügen und sich etwas vorzumachen. Momentan ist Ihr angebliches *bhoga* nichts anderes als *upa-bhoga*, eine falsche Wertschätzung der Dinge. Sie können leben, Sie können immer mehr Abenteuer erleben, Eroberungen machen, Leistungen vollbringen, doch da Sie bei alledem keine wirklichen Erfahrungen machen, haben Sie nicht das Wissen, das Sie befreien kann.

In dem Zustand, in dem Sie sich normalerweise befinden, leben Sie »identifiziert«[1]. Das heißt, es gibt niemanden, der sich

---

1 Swami Prajnanpad verwendete dieses Wort in genau dem gleichen Sinn, den Gurdjieff ihm gegeben hatte.

seiner selbst bewußt ist, der sich darüber bewußt ist, daß er gerade dabei ist, zu leben und zu »tun«. Ich habe nicht das Recht zu sagen, daß ich mir einen Wunsch erfülle, sondern lediglich, daß ein Wunsch sich erfüllt. Abgesehen von Momenten völliger Zerstreutheit oder Abwesenheit bin ich mir zwar bewußt, daß ich esse, jedoch bin ich mir nicht bewußt, daß »ich bin« und daß ich esse. Allein die Wachsamkeit, *»awarness«*, das Bewußtmachen seiner selbst, kann jene Fähigkeit vergrößern, Situationen, Erfahrungen, oder sagen wir ganz einfach, die Erfüllung eines Wunsches in dem Augenblick, in dem Sie ihn erfüllen, bewußt zu würdigen.

Swamiji formulierte sehr klar und deutlich: »Seien Sie hier, um bewußt Ihre Wünsche zu erfüllen, damit Ihre Wünsche sich nicht auf Ihre Kosten erfüllen.« Verstehen Sie Wunsch nicht als ein mit Schuld behaftetes Wort, selbst wenn man sagt, daß der Weise frei von Verlangen ist. Dieses Verlangen ist da. *Wer* verspürt das Verlangen? *Wer* beschließt, es zu stillen? *Wer* ist im Begriff, es zu befriedigen, nachdem er sämtliche Umstände und Parameter einer Situation überprüft hat? *Upa-bhoga* ist die unbewußte Erfüllung, bei der die Person von dem Objekt ihres Verlangens absorbiert wird. Swamiji sagte: *»There ist no I«*, »Es gibt kein Ich mehr«, *»you are nowhere«*, »Sie sind nirgendwo«. Dies zeigt sich Ihnen ganz deutlich dann, wenn Sie in Momenten größter Wut, Verzweiflung oder tiefsten Liebesleids vollkommen außer sich sind und, ohne sich wenigstens fünf Minuten Zeit zum Nachdenken zu nehmen, ans Telefon stürzen, um jemanden anzurufen, ihn zu beschimpfen oder anzuflehen. Doch gilt dies auch für ganz gewöhnliche Lebenssituationen, in denen Ereignisse sich rein mechanisch abspielen, ohne eine bewußte Würdigung unsererseits. Versuchen Sie, sich des gegenwärtigen Augenblicks, Ihrer selbst und in sich selbst bewußt zu sein, um alles schätzen zu können, selbst eine so einfache Sache wie eine Scheibe Butterbrot zum Frühstück.

Neben der grundlegenden Notwendigkeit, sich seiner selbst bewußt zu sein, war noch eine andere Wahrheit eine Offenbarung für mich. Dieses Wort *bhoga*, das mit Genuß übersetzt wird, bedeutet die uneingeschränkte Anerkennung seines Schicksals, seines Karmas und nicht nur glücklicher Umstände, der Befriedigung eines Wunsches in dem Augenblick, in dem wir ihn erfüllen, aber auch dessen, was uns normalerweise unangenehm erscheint und worum wir uns gern herumdrücken. Deshalb bin ich der Meinung, daß die Übersetzung von *bhoga* mit *enjoyment* im Englischen oder mit *Genuß* im Deutschen nicht befriedigend ist, da sie den für das Verständnis wesentlichen Gesichtspunkt außer acht läßt.

Lesen Sie »Genuß«, so verstehen Sie darunter, gut zu speisen, mit jemandem zu schlafen, alles daranzusetzen, um der eleganteste Mensch der ganzen Stadt zu sein, vielleicht aber auch einfachere und natürlichere Freuden, wie bei Ihrer Familie zu sein und mit den Kindern zu spielen. Das Wort *bhoga* jedoch so zu verstehen, daß es sich auch auf eine Nierenkolik anwenden läßt, käme Ihnen von allein nicht in den Sinn. Dadurch verbauen wir uns den Zugang zu jenem unermeßlich großen Wissen, das Indien bis zu uns überliefert hat und das irgendwelchen alltäglichen religiösen Riten oder Yogatechniken, die uns nicht wirklich verständlich sind, wie beispielsweise dem echten Hatha-Yoga, wie er im *Hatha-Yoga-Pradipika* beschrieben wird, wieder einen tiefen Sinn verleiht. *Bhoga* bedeutet Erfahrung oder Würdigung. Gewisse Kenner wissen einen großartigen Jahrgang des Bordeauxweins zu schätzen, aber sind sie gleichermaßen imstande, eine großartige Nierenkolik zu schätzen? Dies ist ein sehr schmerzhafter körperlicher Zustand, den ich früher einmal durchmachte.

Solange wir uns im gewöhnlichen Bewußtseinszustand befinden, umfaßt unser Leben all das, was uns angenehm ist und was wir als erfreulich bezeichnen, sowie all das, was uns unangenehm ist und was wir als ärgerlich, schmerzlich oder sogar unheilvoll oder tragisch empfinden. Um ein wahrhaftiger Mensch auf diesem Planeten zu sein, um sich weiterzuentwickeln und sich nicht mechanisch, durch die im Unbewußtsein verborgenen *vasanas* belebt, zu reinkarnieren, muß man ein *bhokta* werden, jemand, der die zwei Aspekte der Wirklichkeit, Glück und Unglück, bewußt zu würdigen weiß. Dies ist sehr schwierig, weil die Ablehnung dessen, was Ihnen unangenehm ist, sich augenblicklich in jede Körperzelle einprägt. Sie lassen sich von einer negativen Emotion hinreißen, die Sie hinterher ablehnen.

Oder Sie identifizieren sich mit Ihren Wünschen, Ihren Antrieben, Sie machen bestimmte Dinge, die Ihnen jedoch nur schlecht zustatten kommen, weil Sie nicht wachsam und Ihrer selbst bewußt sind, um bewußt einen Nutzen daraus ziehen zu können.

Die meisten glücklichen Momente werden aufgrund eines mehr oder weniger unbewußten Schuldgefühls schlecht gelebt, so als ob Sie nicht das Recht hätten, glücklich zu sein. »Was für ein Egoismus, sich zu freuen, wo doch überall so viele Menschen leiden.« Wir erleichtern das Leid anderer nicht, indem wir uns weigern, hier und jetzt eine erfreuliche Situation voll auszuleben. Andererseits wissen wir alle, daß die Augenblicke der Freude nicht ewig andauern, daß erneut unangenehme Lebensumstände eintreten werden. Im selben Augenblick, in dem sich eine erfreuliche Situation ergibt, kosten Sie diese, selbst wenn Sie sie herbeigewünscht haben, begierig aus, um den besten Nutzen daraus zu ziehen und so gut wie möglich die fest in Ihnen eingeprägte Gewißheit zu unterdrücken, daß Sie neue Enttäuschungen erleben werden und daß dieser wunderbare Augenblick keinesfalls andauern wird.

Um unsere persönlichen Hindernisse und uns innewohnenden Schwierigkeiten herum vertiefte sich Jahr für Jahr Swamijis Lehre, die zum großen Teil eine klare und einfache Psychologie erkennen ließ. Er veranschaulichte jedem – und insbesondere mir – anhand unserer Blockaden, was es heißt, ein wahrer *bhokta* zu sein, einer, der zu schätzen weiß und *bhoga* vollkommen lebt. Was hindert mich daran? Warum lasse ich mich immer noch von Situationen und Emotionen mitreißen? Und warum bin ich nicht imstande, auch die schmerzvolle Situation richtig zu würdigen? Es ist sehr wichtig, das Wort *bhoga* in einem neuen Sinne zu verstehen, nicht mehr als das Vergnügen, das Sie überall dort suchen, wo Sie es finden können, sondern als echte Erfahrung, die Ihnen wahres Wissen schenkt.

Wenn nun *bhoga*, die echte Würdigung glücklicher wie schmerzvoller Augenblicke, Schritt für Schritt zur Befreiung führen kann, so führt *upa-bhoga* in seiner begierigen, impulsiven

Art zu leben, nach glücklichen Momenten zu streben und schmerzlichen Situationen auszuweichen, nirgendwohin. Das heißt nur, Öl ins Feuer zu gießen. Und alles, was über *bhoga* in der hinduistischen Literatur oder in den Äußerungen bestimmter Meister so kritisch angesprochen wird, betrifft in Wirklichkeit *upa-bhoga*, die falsche Erfahrung. Beide Worte enthalten eine Wahrheit, und es geschieht so oft, daß wir, sobald wir sie einmal vernommen haben, uns etwas Unmögliches abverlangen: sofort so zu tun, als seien wir frei von Ängsten und Wünschen, während wir es in Wirklichkeit nicht sind. Es gibt dann keinen Weg mehr, sondern nur noch eine Illusion, einen hoffnungslosen Traum, die Faszination der Weisheit, die wir in Ramdas oder in Ma Anandamayi verkörpert finden. Die Jahre vergehen, fünf Jahre, zehn Jahre, fünfzehn Jahre, wir haben den Eindruck, uns wer weiß wie abzumühen, und früher oder später finden wir uns erneut von einer seelischen Krise überwältigt.

Man kann sein Unbewußtes, seine Triebe, seine Ängste und Wünsche nicht zum besten haben. Auch mit dem Weg läßt sich kein Spiel treiben. *»It is not a joke«*, sagte Swamiji. »Es ist kein Scherz.« Sie müssen realistisch und sich über all das im klaren sein, was Sie heute sind. Wenn ich mich damit begnüge, das zu verachten, was mir beweist, daß ich noch kein Weiser bin, und stattdessen weiterhin von der Weisheit träume, dann werde ich überhaupt nichts erreichen. Ich muß wahrhaftig sein, zu mir stehen, so wie ich heute bin, aus meinem Leben einen echten Weg des Fortschritts machen, und *upa-bhoga,* die gewöhnliche Lebensweise, durch *bhoga*, die bewußte Erfahrung, ersetzen.

Deshalb gibt es zwei Bedingungen. Die eine ist nicht leicht zu erfüllen: in zunehmendem Maße reiflich überlegt zu handeln. Ich beobachte, ich denke nach. Stille ich dieses Verlangen oder nicht? Warum möchte ich es stillen? Was erwarte ich mir davon? Selbst wenn es nicht die Folgen zeigt, die ich mir gewünscht hatte, so kann ich wenigstens etwas daraus lernen, es ist eine Lehre. Auffallend ist, wenn man es mit offenen Augen betrachtet, daß wir ab einem bestimmten Punkt in unserem Leben praktisch nichts mehr lernen. Man kann »wissen«, doch ich spreche nicht von Wissen. Durch das Lesen von Büchern und das Absolvieren von Diplomen können Sie ein ungeheuer großes Wissen erwerben, doch Wissen im wahrsten Sinn des Wortes ist eine Funktion des Seins. Man kennt eine Sache, weil man sie verkörpert, weil man sie im Blut hat.

Das Leben lehrt uns ständig etwas! Wir sind verliebt mit vierundzwanzig und verlieben uns mit fünfundfünfzig wieder nach demselben Schema, Swamiji sagte *»pattern«*, nach demselben Mechanismus, als ob uns die vielen Erfahrungen nichts gelehrt hätten. Der Mensch tritt auf der Stelle und funktioniert mit fortschreitendem Alter immer noch nach denselben Mustern und Stereotypen. Schuld daran ist *upa-bhoga*. Die echte Würdigung stellt an sich schon einen Weg dar. Eine strenge protestantische Erziehung und schlecht verstandene hinduistische Lehren waren der Grund für meine Verständnisschwierigkeiten. Doch genau diese Dinge muß man verstehen, wenn man die Wahrheit nicht in Abrede stellen will.

Zum zweiten können Sie die glücklichen Momente des Lebens nur dann schätzen, wenn Sie in Ihrem Innersten wissen, daß Sie auch imstande sind, die schmerzvollen Momente zu schätzen, anstatt sie aus tiefstem Herzensgrund abzulehnen. Dann ist Ihr Geist frei, und Sie können hier und jetzt uneingeschränkt Nutzen aus dem ziehen, was das Leben Ihnen schenkt. Andernfalls sind die glücklichsten Augenblicke lediglich ein Ersatz für die allgemeine Angst, in der Sie leben, die Angst zu leiden. Schmerzliche Situationen zu schätzen bedeutet eins zu sein mit der Situation, eins zu sein mit dem Leid. Nur so können wir etwas lernen.

Ein einziges menschliches Leben reicht aus, um Weisheit zu erlangen, vorausgesetzt, man hat dieses Leben gut genutzt. Wenn Sie sich sämtliche Gelegenheiten entgehen lassen, diese Lehren in die Praxis umzusetzen, ein Mensch zu sein, der wahrhaftig zu würdigen weiß, werden Sie keinen Fortschritt erzielen und niemals Ihr Selbst entdecken. Schätzen Sie alles, Sonne und Regen, Gesundheit und Krankheit, die kleinen Begebenheiten, denen Sie normalerweise keine Aufmerksamkeit schenken würden, die schmerzliche Seite des Lebens.

Wenn ich eine schmerzliche Situation nicht schätzen kann, dann schätze ich wenigstens das Gefühl des Schmerzes, das ich gerade empfinde. Dies ist eine neue grundlegende Möglichkeit, sich dem leidvollen Antlitz des Lebens zu nähern. Sagen Sie nie mehr: »Das ist furchtbar«, sondern sagen Sie immer: »Das ist sehr interessant!« Man muß so weit kommen. Man muß früher oder später ganz konkret so weit kommen, damit es nicht nur ein Ausspruch von Arnaud an einem Sonntagnachmittag bleibt. Wenn Sie es wollen, wenn Sie sich dazu entschließen, dann wird es Ihnen auch gelingen. Sie können eine vollkommene Umwandlung Ihrer Haltung, dieser fest in Ihnen verwurzelten alten Einstellung bewirken. Streichen Sie »Das ist furchtbar« aus Ihrem Wortschatz und sagen Sie stattdessen: »Das ist sehr interessant und sehr wertvoll und ermöglicht mir, mich weiterzuentwickeln und meinem Dasein die ganze Fülle des menschlichen Lebens zu verleihen, die mich auf ganz natürliche Weise zur Weisheit führen wird.«

Nach einer langsamen Vorbereitungszeit vollzieht sich diese Umwandlung augenblicklich. Ich erinnere mich noch genau an jenen Tag, an dem sich mein Leben schlagartig veränderte, nicht, weil ich keine Emotionen mehr verspürte, sondern weil ich alles, was auf mich zukam, mit völlig neuen Augen betrachtete. Trat nun ein schmerzlicher Umstand ein, ließ ich ihn mir nicht mehr entgehen, sondern ergriff schnell die Gelegenheit, das, was ich zu begreifen begann, in die Praxis umzusetzen. Über vierzig Jahre lang mußte ich unnötig leiden, weil ich nie ein *bhokta* war, einer, der jene Seite des Lebens, die wir Leid nennen, richtig zu schätzen verstand. Man hört diese Wahrheit hundertmal, und eines schönen Tages begreift man sie zum ersten Mal.

Es war auch von *»karta«*, dem Handelnden, die Rede. Obwohl Swamiji in meiner Gegenwart niemals das Wort *upa-karta* benutzt hatte, das im Sanskrit vielleicht gar nicht vorkommt, so war es dennoch in all seinen Lehren mit enthalten. Es gibt eine Art, mechanisch und unbewußt zu handeln und eine Art, bewußt zu handeln. Wir unterscheiden zwischen Reaktionen und Handlungen. Ich könnte auch sagen: »Seid hier, um zu handeln, und nicht, damit sich eure Handlungen auf eure Kosten vollziehen.«

Interessant ist indessen die Beziehung zwischen diesen beiden Begriffen, dem Würdigenden und dem Handelnden. Um etwas schätzen zu können, bedarf es einer Person, die zu schätzen versteht und nicht bloß rein mechanisch reagiert. Es bedarf jenes Bewußtseins seiner selbst, die Gurdjieff *self-remembering*, die Vergegenwärtigung seiner selbst, und Swamiji *awarness* nannte. Ein Leid oder eine Freude zu würdigen, stellt ebenfalls eine Handlung dar. Das Wort *karma* ist sehr umfassend, selbst ein Gedanke ist eine Handlung, eine geistige Handlung, eine psychische Handlung. Es muß ein *karta*, ein Handelnder da sein, der die spezielle Handlung der Würdigung einer Situation ausführt, damit man eine echte, von Geist und Ego unverfälschte Erfahrung machen kann. Doch können Sie umgekehrt nur dann ein allgemein Handelnder sein, wenn Sie die Erfahrung besitzen, die Ihnen durch die richtige Würdigung sämtlicher Aspekte des Lebens, seiner beglückenden wie schmerzvollen Seite, geschenkt wird. Mit der Zeit werden Sie immer weniger in dem Gegensatz gefangen sein zwischen dem, was Sie lieben und um jeden Preis haben wollen, und dem, was Ihnen Angst macht und was Sie daher gleichermaßen um jeden Preis ablehnen. Solange Sie von dieser Dualität gelenkt werden, können Sie kein Handelnder sein, weil Sie nicht bereit sind, in der wirklichen Welt zu leben, und stattdessen Ihre Welt, so wie sie sein sollte, der Welt, so wie sie ist, überstülpen wollen, koste es, was es wolle.

Aus diesem Grunde bleiben die meisten Menschen Maschinen, wie Gurdjieff es so hart formulierte, selbst jene, die geschäftlich, politisch oder in der Liebe erfolgreich sind. Ihre Handlungen sind nicht objektiv. Sie antworten nicht auf die objektiv wahrgenommene Wirklichkeit, auf die Erfordernisse einer Situation, sondern bringen jenen eingefleischten Mechanismus zum Ausdruck: Ich will das, was ich liebe, und das, was ich nicht liebe, will ich nicht. Nur ein *bhokta*, jemand, der das wirkliche Wissen der gesamten Existenz besitzt, kann wahrhaftig handeln, anstatt nur zu reagieren, weil nicht mehr ausschließlich seine emotionellen Mechanismen und sein Ego am Werk sind.

Der Handelnde wird jemand, der zu würdigen weiß, weil es jemanden zu würdigen gibt. Und der, der zu würdigen weiß, wird ein Handelnder, weil es jemanden gibt, dem zuliebe er sich dem Leben stellt, so wie es ist, und nicht einem Leben, wie wir es gerne hätten, wie wir es durch unsere geistigen Vorstellungen und Projektionen hindurch erleben. Und das Leben, das Sie führen, ist im wesentlichen ein von Ihrem Geist erschaffenes Leben, aber nicht das wirkliche Leben.

Erlauben Sie mir, ein Beispiel anzuführen, das Ihnen zunächst abstoßend erscheinen wird, das uns aber dennoch auf krasse und anschauliche Weise die Macht unseres Geistes verdeutlicht. Eines Tages, als Swamiji mich wieder einmal daran erinnerte, wie sehr wir Gefangene unserer beschränkten Wünsche und Ablehnungen sind, Gefangene unserer Vorlieben und unseres Abscheus, vor allem im Ernährungsbereich, und daß einzig und allein der Geist den einen erklären läßt, daß er keinen Käse, den anderen, daß er die Haut von der Milch nicht essen kann, drängte es mich, ihm als Beispiel einen Vorfall aus meiner frühesten Kindheit zu erzählen, als ich einmal meine eigenen Exkremente gegessen hatte, was meine Mutter sehr befremdete. »Aber das machen doch viele Kinder«, sagte Swamiji, »ohne die geringste Abscheu davor zu haben.« Da ich wußte, daß ich es getan hatte, enthielt ich mich einer Meinung, und er fuhr fort. »Folglich können Sie auch heute, wenn Sie geistig frei sind, ein wenig von Ihren eigenen Ausscheidungen essen.« Ich zog mich innerlich sofort zurück und spürte, an welchem Punkt ich diesen Vorschlag ablehnte, und dennoch und dennoch ... Da ich, Arnaud, im Alter von eineinhalb Jahren auf meinem Spielplatz von meiner Mutter mit vollem Mund überrascht worden war, ich das zu jener Zeit sehr gut gefunden hatte und nicht daran gestorben war, warum war es dann für denselben Arnaud mit fünfundvierzig Jahren unmöglich, seine eigenen Exkremente in den Mund zu schieben? Hier zeigte sich die übermächtige Kraft des Geistes, die stärker ist als der Entschluß, den ich fassen könnte. Doch selbst eine solche Ablehnung könnte überwunden werden, vorausgesetzt, man ordnet sie in ein umfangreiches Verständnis des Ganzen mit ein. Es ist übrigens bekannt, daß einige Tibeter sich, zumindest einmal, ähnlich abstoßenden Handlungen unterziehen, um die Eigenschaften des Geistes zu überwinden.

Und Swamiji schloß: »Auf dieselbe Weise wird Ihr ganzes Leben von Ihrem Geist gelenkt. Sie leben in einer allmächtigen Welt, die der Geist erschaffen hat.« Und dann sprechen wir von der Befreiung! Und sogar von der Zerstörung des Mentalen. Ohne die geringste Ahnung zu haben, was in diesen Worten »Zerstörung des Mentalen« mit inbegriffen ist.

Wenn wir lernen, all das zu schätzen, was uns das Leben – das ja genau das uns entsprechende Schicksal ist – Tag für Tag bringt, dann werden wir fähig zu handeln. Die beste Art, das Mentale zu zerstören, ist die Erprobung der beiden Aspekte der Wirklichkeit. *Upa-bhoga* wird das Mentale niemals zerstören, im Gegenteil. *Bhoga*, die echte Würdigung, wird Sie Schritt für Schritt in der wirklichen Welt, in der objektiven Welt, erwachen lassen. Das ist keine Kleinigkeit. Man braucht lange Zeit, um schmerzliche Situationen zu schätzen, und man braucht lange Zeit, um beglückende Situationen uneingeschränkt, ohne Unbehagen, ohne unbewußte Hintergedanken, in vollen Zügen zu genießen. Dann werden Sie ein Handelnder und keine reagierende Maschine mehr sein. Sie werden erwachen und Ihrer Welt entfliehen, um in der wirklichen Welt zu leben.

Was *jnani* betrifft, so steht *jnana* für die Kenntnis und, je nachdem, welche Vorsilbe man diesem Wort hinzufügt, für die eine oder andere Form von Kenntnis. *Jnana* bezeichnet die Kenntnis, die eine Funktion des Seins darstellt. Im Deutschen unterscheidet man »kennen« und »wissen«, im Englischen *»to know«* und *»to know about«*. Wenn ich weiß, wie man schwimmt, kann ich schwimmen, ich kenne es. Wenn ich ein Dutzend Bücher über das Schwimmen und sämtliche Schwimmstile lese, weiß ich viel »über das Thema« Schwimmen, »about swimming«, besitze jedoch keine Schwimmkenntnisse, ich kann es nicht. Der Theologe *knows about god* und der Mystiker *knows god*, der Theologe weiß alle möglichen Dinge über Gott, doch der Mystiker kennt Gott. Unglücklicherweise verwechseln wir die wahre Kenntnis, die wirkliche Erfahrung mit Wissen. Wir wissen vieles über viele Dinge, aber wir kennen sie nicht wirklich.

Sie können über das Thema Weisheit und Yoga viele Informationen sammeln und dennoch weder ein Weiser noch ein Yogi sein. Ich habe ein Buch geschrieben, *Ashrams*, das ich

Ihnen auch heute noch gerne als Lektüre empfehle, doch fünf-undneunzig Prozent der Dinge, die ich in dem Buch behandelte, kannte ich nicht. Ich wußte seit langem von den darin enthalte-nen Weisheiten, da ich mich zwölf Jahre lang damit beschäftigt und Swamis und Gurus befragt hatte, doch kannte ich das, was ich in diesem Buch geschrieben habe, nicht wirklich.

Wir alle können dieser Verwechslung von wahrer Kenntnis, die einen Teil unseres Seins bildet, und angelerntem Wissen über etwas anheimfallen. Sie können ein Buch über das Schwimmen schreiben, ohne imstande zu sein, ein Schwimmbecken zu durchqueren. Nur ein *karta,* ein Handelnder, und ein *bhokta,* einer, der die beiden Seiten des Lebens, die angenehme und die unangenehme, zu schätzen weiß, kann ein *jnani* werden, einer, der die wahre Kenntnis besitzt. Man kann ein Don Juan gewe-sen sein und mangels einer vollkommenen, tiefen, bewußten, *totalen, umfassenden Erfahrung der Gesamtheit des Lebens* sterben, ohne das Geheimnis der Sexualität zu kennen.

Mit *maha karta, maha bhokta* und *maha jnani* ändern wir unser Konzept und betreten nun ohne weiteres die Ebene dessen, was als Erwachen, Weisheit, Befreiung bezeichnet wird, Nur der-jenige, der ein *karta* geworden ist, und nicht derjenige, der noch nicht einmal ein Handelnder ist, kann dieses Stadium überwin-den und mit dem wachsenden Bewußtsein zu sein entdecken, daß in Wirklichkeit nicht er der Schöpfer seiner Handlungen ist. Er hat den *egoless state* erreicht, den egolosen Zustand. Die bekannteste christliche Formulierung in diesem Zusammenhang ist die des heiligen Paulus: »Nicht ich bin es mehr, der handelt, sondern Christus handelt in mir. Nicht ich bin es mehr, der Leid oder Freude schätzt, es ist Christus, der in mir schätzt. Nicht ich bin es mehr, der weiß, es ist Christus, der in mir weiß.«

Wenn aus unserem inneren Chaos, das einem Parlament gleicht, in dem alle Welt sich streitet, ein um den Herrscher hierarchisch aufgebautes Königreich geworden ist, wenn wir wirklich zu handeln und zu schätzen wissen und wahrhaftig Wissende geworden sind, dann wird das kleine, abgesonderte Ich das Gefühl des Getrenntseins transzendieren und entdecken, daß »nicht mehr ich es bin, der lebt.« Das Ich mit all meinen Eigenschaften, meinen Begrenzungen, meinen Vorlieben, meinen Abneigungen, meiner mir eigenen Art, das zu lieben, was ich liebe und das abzulehnen, was ich nicht liebe, ist verschwunden. Sie sind der große Würdigende, *maha bhokta*, geworden, der sämtliche Situationen, von den »ärgerlichsten« bis hin zu den wunderbarsten, uneingeschränkt und vollkommen zu schätzen weiß. Sie sind der große Handelnde geworden, den man zuweilen auch den Nicht-Handelnden nennt, ein *maha jnani*, dessen höchste, nicht mehr relative, sondern absolute Kenntnis Zeit, Trennung, Teilung, Mannigfaltigkeit, Anziehung und Ablehnung transzendiert. Dies ist das Ziel aller spirituellen Lehren. Durch die Auslöschung des Egos bin nicht mehr ich es, der lebt, es ist *atma shakti*, die in mir lebt.

Wie kann man diesen Zustand erlangen? Welcher Weg ist der richtige für Sie? Konzentrieren Sie, während Sie der höchsten Weisheit entgegensehen, Ihr Leben auf die drei Worte *karta, bhokta* und *jnani*. Eine bestimmte Richtung des Hinduismus hat mir insofern geschadet, als sie das Wort *karta* sogleich als einen Begriff darstellte, den es zu überwinden gilt, und *bhoga* als die Welt der Bindungen an sinnlich wahrnehmbare Formen, der entsagt werden muß, um das Absolute zu entdecken. *Upa-bhoga*, die falsche, impulsive, mechanische Würdigung wird Sie immer im Zustand der Unwissenheit belassen. Sie werden niemals *jnani*, der Wissende, sondern immer *ajnani*, der Unwissende sein. Wenn Sie fünfzig Jahre alt sind, wird das Leben Sie praktisch nichts gelehrt haben. Nur die vollständige Kenntnis wird Ihr Sein verändern.

Konzentrieren Sie Ihr Leben auf diese drei Worte und lassen Sie sich niemals von dem beunruhigen, was Sie unter Umständen in Büchern über den Hinduismus lesen. An wen richtete sich der Ausspruch, den man übersetzt hat? Mit wem sprach der Weise? In welchem Zusammenhang? Seine Worte waren nicht an Sie gerichtet. In der Übersetzung von Jean Herberts *L'Enseignement de Mâ Anandamayi* sind einige Verurteilungen des Wortes *bhoga* enthalten. Setzen Sie stattdessen jeweils *upa-bhoga* ein. Und bedenken Sie, daß *bhoga* nicht einfach die weltlichen Vergnügungen, sondern die wirkliche Erfahrung jeder einzelnen Minute des Lebens bedeutet. Sie haben diese Möglichkeit. Erst wenn Sie vollkommen zu handeln und zu schätzen wissen, eine vollkommene Kenntnis erworben haben, können Sie der große Handelnde, der große Würdigende, der große Weise werden.

»To know ist to be«, »Kennen heißt sein«. Sie sehen, das ist eine ganz konkrete Sache. Mit diesem einzigen Satz aus dem *Yoga Vasishta* zeigte mir Swamiji die Gesamtheit des Weges, den er mir anbot. Ich habe ihn anfangs nicht richtig verstanden, weil das Mentale, die alten Gewohnheiten, die tief verwurzelten Irrtümer zu stark waren, doch allmählich gewann dieser Satz immer mehr Sinn für mich. Und mir wurde klar, wie sehr ich mich früher Illusionen hingegeben hatte, dem ich, nachdem ich eine Unzahl hinduistischer Texte gelesen hatte, mir sofort das Unmögliche abverlangte, und wie wenig ich ein Handelnder war, weil ich nie zu schätzen verstand.

Ich spiele oft auf Gurdjieffs Lehre an und leugne nicht, daß diese Lehre mich gerettet hat, als ich mit vierundzwanzig völlig vom Weg abgekommen war, weil sie mir etwas bot, an das ich mich klammern konnte, wenn ich auch kaum etwas daraus lernte. Doch bin ich geneigt, dieser Lehre, so wie ich sie damals empfing, einen Vorwurf zu machen. Ich spreche nicht von Gurdjieff selbst, den ich zu seinen Lebzeiten nie persönlich kennengelernt habe. Ich habe mich sehr bemüht, ein *karta*, ein Handelnder zu werden. Befinde ich mich in dem Zustand, in dem ich mich »an mich selbst erinnere«, dann kann ich »tun«. Wenn ich mich identifiziere, ohne mich »an mich selbst zu erinnern«, dann sind meine Handlungen rein mechanische Reaktionen. Ich habe mich in dieser Vergegenwärtigung des Selbst, in dieser Empfindung geübt, wie sie in den buddhistischen und hinayanistischen Lehrbüchern beschrieben wird: »Wenn der Schüler einatmet, weiß er, ich atme lange ein, wenn der Schüler ausatmet, weiß er, ich atme lange aus«, bis hin zu jenem Punkt, an dem mir selbst jegliche Natürlichkeit abhanden gekommen war, ich langsam und bewußt die Türen öffnete, den Kopf langsam drehte, in gemäßigtem Tonfall sprach, um ganz bewußt zu sein und mich nicht mehr in den Wortschwall eines Gespräches hineinziehen zu lassen. Doch hatte ich niemals das Geheimnis begriffen, das ich hier mit Ihnen teile, nämlich, daß Sie nur dann ein wahrhaftig Handelnder sein können, wenn Sie sowohl das »Schlechte« wie auch das »Gute« zu schätzen wissen. Tatsächlich wird man, wenn man zwischen den Zeilen liest, auch in dem Buch *Auf der Suche nach dem Wunderbaren* dazu angeregt, doch war ich nicht imstande, dies in die Praxis umzusetzen. Den meisten Männern und Frauen, die ich früher gekannt habe, die meine Weggefährten waren und auf der Suche nach Selbstverwirklichung die Ashrams in Indien besuchten, entging der wahre Sinn, den Swamiji jenem Wort *bhoga*, »die Würdigung«, und dem Wort *bhokta*, »der, der zu würdigen weiß«, verliehen hatte. Denken Sie immer daran, daß *bhoga* die vollkommene Würdigung des Unangenehmen wie des Angenehmen bedeutet und daß einzig diese non-dualistische Erfahrung Ihnen Kenntnis verleiht. Andernfalls werden Sie nie erkennen, was es zu erkennen gibt, und Sie werden trotz Ihrer Bemühungen, bewußter zu handeln, genauso blind und unwissend sterben wie Sie geboren wurden.

Buddha hat in einem ebenso bekannten wie einfachen Satz gesagt: »Vereint zu sein mit dem, was man nicht liebt, bedeutet Leid, getrennt zu sein von dem, was man liebt, bedeutet Leid.« In zwei Sätzen hat Buddha die menschliche Situation beschrieben. Und er hat die Möglichkeit bestätigt, sich von dem Leid zu befreien. Während die verschiedenen hinayanistischen und mahayanistischen Schulen sich bei der Diskussion philosophischer Streitfragen gegenseitig übertrafen, verwarf Buddha im Gegensatz zu ihnen die metaphysischen Betrachtungen, in die der Hinduismus zu seiner Zeit verstrickt war. Insgesamt enthält der Buddhismus das, was im Deutschen als »die vier edlen Wahrheiten« bezeichnet wird. Zunächst gibt es das Leid. Worin besteht dieses Leid? Leiden heißt, von dem getrennt zu sein, was man liebt, und mit dem vereint zu sein, was man nicht liebt. Zum zweiten besteht die Möglichkeit, diesem Leid zu entgehen. Drittens gibt es einen Grund für das Leid, und zwar die völlige Abhängigkeit von diesem Mechanismus. Viertens gibt es einen Weg, diesem Mechanismus zu entgehen.

Folgt man dem Weg, den Buddha uns gezeigt hat, so wird

man nicht mehr leiden, wenn man mit dem verbunden ist, was man nicht liebt, oder von dem getrennt ist, was man liebt. Dies scheint unmöglich zu sein, und dennoch: wenn es eine Lösung gibt, dann kann sie nur hierin liegen. Jeder Weg, der auf diesem fundamentalen Gegensatz dessen, was wir lieben und was wir nicht lieben und auf dem Versuch begründet ist, in unserem Leben das, was wir lieben, über das, was wir nicht lieben, triumphieren zu lassen, ist ein falscher, trügerischer, unwirksamer Weg, der nirgendwohin führen wird.

Der einzig wahre Weg besteht darin, über die Erfahrung von »das, was erfreulich ist, ist erfreulich, und das, was schlimm ist, ist schlimm«, auf die sich das Leben aller Menschen begründet, hinauszuwachsen. Jeder funktioniert seinem Unbewußten, seinem Wesen, seinen innersten Neigungen entsprechend. Solange Sie nicht einsehen, daß Sie selbst dies alles hinter sich lassen müssen, können Sie jeden Vormittag Zazen üben, was bereits viel Mut und Entschlossenheit beweist, und jedes Jahr nach Indien reisen, doch werden Sie dem Ego nicht entkommen, und Sie werden niemals finden, was Ihnen versprochen wurde: tiefen Frieden und innere Freiheit.

Dieser Weg steht Ihnen jederzeit offen, in jedem Augenblick. Den Moment, den Sie gerade leben, bewußt zu schätzen oder nicht zu schätzen, »das ist der springende Punkt«. Wenn Sie etwas im Zustand der Identifikation genießen, bezeichnet man dies als Habsucht, Begierde, *lust* im Englischen, ein Wort, das oft mit Wollust übersetzt wird. Sie sind sich Ihrer selbst nicht bewußt, um Ihre Wünsche zu erfüllen, sondern Ihre Wünsche erfüllen sich auf Ihre Kosten. Dies ist ein Punkt, der Ihnen sehr klar sein muß. Wollust, Habsucht, Begierde bezeichnen nicht die Handlung, sondern die Art und Weise der Erfüllung. Selbst der Liebesakt mit seiner eigenen Frau kann auf eine habgierige, egoistische, in der Tat wollüstige Weise vollzogen werden. Andererseits gibt es eine bewußte und freie Art und Weise, das Leben zu genießen, weil Sie beide Seiten des Lebens annehmen. Das, was man Wollust nennt, ist schlicht und einfach Ausdruck der gewöhnlichen Haltung: »Ich will die erfreuliche Seite, ich lehne die unerfreuliche Seite ab.« Doch kann derjenige, der einen beglückenden Augenblick erlebt und bereit ist, jegliches

Leid gleichermaßen anzunehmen, diesen glücklichen Augenblick ohne Begierde leben.

Begreifen Sie, daß die beiden Worte »Opfer« und »Entsagung« nicht die Ablehnung von was auch immer bedeuten, sondern lediglich besagen, daß Sie sich nicht mehr anklammern, binden, verkrampfen sollen. Halte ich einen kostbaren Gegenstand in meiner Hand, so wird von mir verlangt, die Hand zu öffnen und ihn nicht in der geballten Faust zu halten. Wie die wahrhaft religiösen Christen oder Moslems sagen: »Gott gibt, Gott nimmt.« Doch verlangt niemand von Ihnen, das zurückzuweisen, was Gott nicht wieder an sich genommen hat. Sie riskieren dabei, sich im Namen eines was weiß ich für spirituellen Ideals zu verstümmeln und Ihre innere Verwirrung noch zu vergrößern. Nehmen Sie, empfangen Sie. Nehmen und empfangen Sie ohne Begierde. Ich nehme von ganzem Herzen alles Beglückende an, ich nehme von ganzem Herzen alles Leidvolle an. Dann kann ich frei und ungezwungen handeln.

Gesegnet sei der Tag, an dem Sie zum ersten Mal die Entscheidung in Ihrem Innersten schwingen hören: »Ich kann es nicht mehr ertragen, ein Unwissender zu sein, den das Leben nichts lehrt, das ist meiner nicht würdig; ich möchte ein Wissender werden, und deshalb muß ich auch die negative Seite des Lebens annehmen. Schnell ein Leid, damit ich es endlich bewußt erleben, vollkommen auskosten, seinen Geschmack kennenlernen und davon frei werden kann. Ich bin vereint mit dem, was ich nicht liebe, ich bin getrennt von dem, was ich liebe, dies ist die leidvolle Seite des gesamten Lebens, und ich werde sie zu einer wirklichen Erfahrung, zu *bhoga* machen.«

Das Leid gewinnt einen anderen Sinn, es wird unsere beste Chance, in diesem Leben Befreiung zu erlangen. Deshalb sagen die Christen, daß Gott denjenigen, die Er liebt, Prüfungen auferlegt, damit sie zu Ihm zurückfänden, ein Ausspruch, der jenen direkt krankhaft anmutet, die aus der Spiritualität nicht klug werden. Das Leid ist eine Unterstützung. Sie wandern mit Unterstützung der Sonne, Sie schwimmen mit Unterstützung des Wassers und Sie stützen sich auf die Erfahrung der Wirklichkeit, um sich weiterzuentwickeln. Das Leid ist eine großartige Gelegenheit, die Sie sich nicht mehr entgehen lassen dürfen.

Dann handeln Sie, wenn es Sie danach verlangt, um die Ursache des Leids zu beseitigen. So sagen Sie einerseits von ganzem Herzen »ja« und treffen andererseits Maßnahmen und Entscheidungen, soweit Sie dies vermögen.

Was läßt Sie in Illusion, Irrtum und Blindheit verharren? Die Tatsache, daß Sie sich der Notwendigkeit entziehen, die leidvolle Seite des Lebens anzuerkennen. Damit verschließen Sie sich der einen Hälfte Ihres Lebens, die so fundamental und tief in Ihnen verwurzelt ist. Und somit lassen Sie sich die Gelegenheit zu Ihrer Weiterentwicklung entgehen. Stattdessen denken Sie fortwährend, daß die Spiritualität den leidvollen Aspekt auslöschen und den beglückenden vergrößern wird, und daß Ihnen durch irgendein Wunder alles gelingen wird. Nein. Sokrates, der verurteilt wurde, einen Giftbecher zu leeren, ist nicht alles geglückt, Jesus, der gekreuzigt wurde, ist nicht alles geglückt, Ramana Maharshi, der an Krebs starb, ist nicht alles geglückt, und auch Ma Anandamayi, der es wohl erging, obwohl sie in einen Finanzskandal anläßlich des Baus eines »Ma Anandamayi-Krankenhauses« neben ihrem Ashram in Benares verwickelt war, ist nicht alles geglückt. Selbst Ma Anandamayi war Dingen unterworfen, die Ihnen Anlaß zur Sorge und schlaflosen Nächten gäben. Dennoch stellte sie die bewundernswürdigste Verkörperung dar, die ich je gesehen habe, und zwar nicht nur des *maha jnani*, des »großen Weisen«, des *maha karta*, des »großen Handelnden«, sondern auch des *maha bhokta*, des »großen Würdigenden«. Man brauchte nur zu sehen, wie sie lebte.

Es ist gänzlich falsch, anzunehmen, dem Weisen, der still in sich und der Welt gegenüber und vollkommen seinem Innersten zugewandt ist, sei die manifeste Welt gleichgültig geworden. Der Weise ist wahrhaftig zum großen Würdigenden geworden, doch können Sie nicht die geringste Vorstellung von dieser vollkommenen, unpersönlichen, vom Ego unbeeinflußten Wertschätzung haben, solange Sie die Ursache dieses tief verwurzelten Gegensatzes von »Gut« und »Schlecht« nicht überwunden haben. Für diejenigen, die Gott lieben, wendet sich alles zum Guten. Sagen Sie nie mehr: Das ist schlimm. Nie mehr. Was auch immer geschieht, sagen Sie immer: Das ist sehr interessant. Hier ist etwas, das mir die Möglichkeit gibt zu begreifen, zu erkennen, mich weiterzuentwickeln. Und lassen Sie sich keine einzige Gelegenheit mehr entgehen.

Kapitel 3

Die drei Gehirne des Menschen

Wenn Sie sich kennenlernen und verstehen wollen, wie Sie funktionieren, dann brauchen Sie bestimmte gültige Ordnungen, die festlegen, was ein vollkommenes menschliches Wesen, Mann oder Frau, ist, weil innerhalb dieses Ordnungsgefüges Ihre persönlichen Strukturen angelegt sind. Sie kennen beispielsweise die hinduistische Unterscheidung von drei Körpern, dem physischen Körper, dem subtilen Körper und dem kausalen Körper, oder die Unterscheidung der fünf *koshas*, der fünf immer subtiler werdenden Funktionsebenen: die physische, die physiologische, die psychische, die vernunftmäßige und die mystische Ebene. Wenn so unaussprechliche Namen wie *manomoyakosha* oder *vijnanamayakosha* zunächst verwirrend erscheinen, so stellen sie doch eine einfache, vollständige und umfassende Klassifizierung dar, während die in den modernen Werken der Psychologie enthaltenen Beschreibungen oftmals sehr kompliziert sind.

Swamiji verwendete drei ebenfalls sehr verständliche Worte: *physical, emotional and mental:* physisch, emotional und mental. Diese Unterscheidung war mir sofort sehr vertraut gewesen, da sie mit der übereinstimmte, die ich bereits mit vierundzwanzig Jahren in dem Buch gelesen habe, das ich oft zitiere, *Auf der Suche nach dem Wunderbaren* von Ouspensky, das die Lehre Gurdjieffs behandelt. Die Jahre vergingen. Gurdjieff hat Ouspensky von 1917 bis 1918 in seine Lehre eingewiesen. Das Buch erschien 1949, doch die darin enthaltenen Wahrheiten verlieren niemals ihre Aktualität.

Die Einteilung der menschlichen Funktionen in drei Kategorien, nämlich die physische, die emotionale und die mentale (oder intellektuelle), ist praktisch in allen traditionellen Lehren zu finden. Zuweilen geraten wir jedoch einfach durch die Wahl der Worte durcheinander, vor allem, wenn es sich um Übersetzungen aus dem Altgriechischen, dem Lateinischen oder mehr noch, aus dem Arabischen, dem Hebräischen und dem Sanskrit handelt, und werden dadurch verwirrt, daß andere Worte auftauchen, deren Zuordnung nicht immer eindeutig ist: Seele, Geist, Wille, Wahrnehmung, Antrieb, Affekt. Es ist ein einfaches Schema nötig, und in der Tat gibt es außer der Meditation und den höheren Bewußtseinszuständen keine gewöhnliche menschliche Aktivität, die sich nicht in eine dieser Funktionen einreihen ließe. Gurdjieff verwendete das Wort »Zentrum«, zumindest in der französischen Übersetzung von *Auf der Suche nach dem Wunderbaren*.

Es ist interessant, daß Gurdjieff in seinem schwierigen und komplizierten Buch *Beelzebubs Erzählungen für seinen Enkel* (Sphinx Verlag, Basel 1987), das viele Leute gekauft, aber nur wenige gelesen haben, anstelle von »Zentrum« das Wort »Gehirn« verwendet und das menschliche Wesen als »dreigehirniges Wesen« beschreibt. Dies ist ein von Gurdjieff geprägter Ausdruck, der in seinem Buch häufig wiederkehrt. Der alte Beelzebub, der lange Zeit im Sonnensystem, an einem der unangenehmsten Orte des ganzen Universums, im Exil gelebt hat, beantwortet die Fragen seines Enkels und erzählt ihm von den »merkwürdigen Tätigkeiten der dreigehirnigen Wesen, die den Planeten Erde bevölkern«. Der Ausdruck »dreigehirnige Wesen« veranlaßte oberflächliche oder wenig informierte Leser zu einigem Hohn und Spott. Trotzdem ist es wichtig, darüber nachzudenken. Ich muß sagen, daß auch ich, selbst als ich mich abmühte, *Beelzebubs Erzählungen für seinen Enkel* zu lesen und meine »Suche« damals auf die Gurdjieff-Gruppen konzentrierte, die Bedeutung dieses Ausdrucks nicht ganz begriffen hatte. Erst bei Swamiji konnte ich allmählich auf konkrete Weise die Lehre der Wahrheit praktisch umsetzen und die Reichhaltigkeit dieser eigenartigen Bezeichnung erkennen.

Was bedeutet das Wort »Zentrum« oder »Gehirn«, bei dem es sich nicht allein um das unter der Schädeldecke befindliche Gehirn handelt? Lassen wir in diesem Zusammenhang die moderne Wissenschaft einmal außer acht. Das, was wir als Gehirn bezeichnen können, wobei wir diesem Wort eine ganz spezielle Bedeutung geben, stellt einen Funktionsapparat dar, der einerseits Informationen empfängt und andererseits über eine Antwort entscheidet, und zwar durch eine doppelläufige Bewegung von außen nach innen und von innen nach außen. In diesem Sinn läßt sich das Wort »Gehirn« für alles verwenden, nur nicht für den Verstand. Jeder Apparat, der ein bißchen höher entwickelt ist, Informationen empfangen, sie verarbeiten und darauf antworten kann, sei es ein Roboter oder ein Computer, wird somit zu einem »Gehirn«.

Ich spreche von einer doppelläufigen Bewegung, die von außen nach innen und von innen nach außen erfolgt. Das ist sehr eindeutig, was unser intellektuelles Zentrum, *manas*, das Mentale, und *buddhi*, den Intellekt, betrifft. Wir sammeln eine bestimmte Anzahl von Daten. Wir denken darüber nach und *reagieren* entweder rein mechanisch oder *antworten* bewußt. Wenn wir schreiben, gelangt die Antwort durch unseren Körper, durch unsere Hand nach außen. Wenn wir sie aussprechen, gelangt sie ebenfalls durch unseren Körper, unseren Kehlkopf, unsere Stimmbänder, unseren Mund nach außen, doch können wir sie auch für uns behalten, dann wird sie unser Gehirn nicht verlassen. »Schauen wir mal, es gibt soundsoviel verfügbares Geld, so viele vorhersehbare Ausgaben pro Quadratmeter, soundsoviele Quadratmeter, folglich soundsoviele Gesamtausgaben. Zu welchem Zinssatz und zu welchen Rückzahlungsbedingungen kann man sich nun Geld leihen? ...«

Die Daten kommen von außen, wir nehmen sie auf, wägen sie ab, vergleichen sie, wir denken nach, urteilen, wir verwenden die Schulung, die Ausbildung, die wir erhalten haben, eine Methode, unsere Fähigkeit, auf die eine oder andere Art Probleme zu lösen und finden vielleicht eine ausgezeichnete, vielleicht eine recht schlechte Antwort, doch das ist ein anderes Problem! In diesem Sinne kann man sagen, daß ein sehr intelligenter Mensch ein »großartiges Gehirn« oder ein »außergewöhnliches Gehirn« besitzt. Überall, in der Politik, bei geschäftlichen Unternehmungen und nicht nur in der Wissenschaft benötigt man ein ausgezeichnetes »Gehirn«. Doch stellt diese intellektuelle Funktion nicht die Gesamtheit des menschlichen Wesens dar.

Ich möchte zunächst, ohne mich heute näher darüber auszulassen, das sexuelle Zentrum betrachten, das ebenfalls eine eigene

Intelligenz besitzt und wie ein viertes Gehirn funktionieren kann. Vom Blickwinkel der Dualität aus gesehen entsteht Sexualität, sobald man sich unvollständig fühlt und seine Ergänzung außerhalb von sich sucht. In den alten Yogaschriften oder in den Upanishaden wird sehr häufig in diesem Sinne geschrieben. Demzufolge wird jeder Versuch, zu einer anderen Person als zu sich selbst eine Beziehung zu haben, als Sexualität betrachtet. Man kann die Sexualität, so wie Freud sie beschrieb, annehmen, nämlich als etwas, das bereits von Kindheit an in Erscheinung tritt. Die normale sexuelle Tätigkeit setzt indessen in der Pubertät ein, wenn der Jüngling sich bewußt mit einem Mädchen und das Mädchen sich bewußt mit einem Jüngling zu verbinden sucht. In diesem eingeschränkten Sinne kann das sexuelle Zentrum ebenfalls als »Gehirn« betrachtet werden. Die hereinkommende Information lautet: »Diese Frau ist schön, anziehend und begehrenswert«, und als ungeschliffene Antwort folgt: »Ich möchte mich mit ihr paaren«, sei es ohne weitere Umschweife, sei es nach einer feierlichen Hochzeitszeremonie. Wir verhalten uns auf eine zunächst animalische Weise, die mehr oder weniger ausgeprägt ist oder zumeist von den gesellschaftlichen Bedingungen beeinflußt wird.

Was die rein physiologische Seite angeht, so besteht die Antwort beim Mann in einer Erektion und bei der Frau in der Absonderung eines Drüsensekrets, das die Vagina befeuchtet. Doch ich breche für heute hier ab mit der Tatsache, daß diese Funktion, in diesem begrenzten Sinne, nicht schon von Anbeginn eines Lebens in Erscheinung tritt. Sie taucht erst nach den anderen Funktionen auf und verschwindet auch wieder früher als die anderen. Im allgemeinen tritt dieses Paarungsverhalten ab einem bestimmten Lebensalter nicht mehr auf, zumindest nicht bei einem normalen Menschen. Wir werden nun zwei andere Zentren, das physische und das emotionale Zentrum, in ihrer Eigenschaft als »Gehirn« studieren.

In dem Buch *Auf der Suche nach dem Wunderbaren* wird das physische Zentrum in zwei Zentren aufgeteilt. Es ist eine sehr einfache Unterscheidung. Das physische Zentrum wird manchmal für sich selbst und manchmal in seinen zwei Unterteilungen betrachtet: Instinkt und Motorik. »Instinktmäßig« umfaßt alles, was nicht erlernt werden muß, und »motorisch« all das, was gelehrt und erlernt werden muß. Das Baby lernt nicht zu saugen. Stellen Sie sich ein Baby vor, dessen kraftlose Lippen auf der Brust ruhen und das keine Muttermilch trinkt. Man wäre gezwungen, es mit einer Sonde oder mit anderen künstlichen Mitteln zu ernähren. Schon beim ersten Stillen *weiß* das Baby, wie es saugen muß. Dies ist eine eindeutig instinktmäßige Tätigkeit. Instinktmäßige Tätigkeiten des Körpers sind auch alle jene, auf die wir für gewöhnlich keinen Einfluß haben. Man lehrt die Atemtechniken des Hatha Yoga, aber man gibt einem Baby keinen Atemunterricht. Man kann einem Kind die Fingerbewegungen auf einem Klavier oder auf einer Gitarre zeigen, doch bringt man ihm weder die Bewegungen des Herzens, das sich zusammenzieht, um Blut in die Arterien zu stoßen, noch die Ausscheidung endokriner Drüsen bei. Dafür gibt es ein »Gehirn«, die Weisheit des Körpers, die Homöostasie, die sehr komplexe Art und Weise, mit der die äußeren Gegebenheiten durch dieses instinktmäßige Zentrum behandelt werden, das auf die Zusammenziehung und Erweiterung bestimmter Blutgefäße, auf die Ausscheidung von Adrenalin oder von Endorphinen entsprechend reagiert. Selbst wenn Sie sich nie für Naturwissenschaften interessiert haben, sehen Sie hier eine »Intelligenz« am Werk, deren Tätigkeit darin besteht, die geeigneten Maßnahmen zu treffen. Auf diese Weise widerstehen wir auch Krankheiten und sondern Antikörper ab. Ein großer Teil der medizinischen Studien widmet sich dieser instinktmäßigen Ebene des Körpers, die von niemandem gelehrt und von niemandem erlernt werden muß.

Das »motorische« Zentrum muß hingegen ausgebildet werden. Wenn man Kindern das Gehen nicht beibringt, krabbeln sie weiterhin auf allen vieren. Ich habe gelesen, daß kleine Vögel nicht von sich aus fliegen könnten, wenn es ihnen nicht von ihren Eltern beigebracht würde. Unser motorisches Zentrum kann mehr oder weniger ausgebildet, mehr oder weniger perfektioniert werden. Wir haben auch eine kleine Möglichkeit, unser Instinktzentrum auszubilden in dem Sinne, daß wenigstens eine seiner Funktionen, die sich normalerweise unserer Kontrolle entzieht, gemeistert werden kann, und das ist, wie Sie alle wissen, die Atmung. Ich will heute nicht näher auf diese an und für sich sehr interessante Möglichkeit eingehen, in instinktgeleitete Tätigkeiten einzugreifen, indem man damit beginnt, die Atemtätigkeit bewußt zu kontrollieren. Später werde ich noch ein paar Worte dazu sagen.

Die motorische Seite des physischen Zentrums muß vollständig ausgebildet werden. Wir haben alles erlernt, andernfalls wären wir lediglich zu irgendwelchen extrem unbeholfenen Gesten imstande, die darin bestünden, etwas zu ergreifen oder zu zerstören. Der Körper, dieses einzigartige Gehirn, reagiert sehr schnell auf äußere Gegebenheiten, ohne dabei das intellektuelle Gehirn in Anspruch zu nehmen, selbst wenn ein Teil des in der Schädelkapsel befindlichen Gehirns mit eingeschaltet wird, denn ich spreche nicht von den Organen, sondern von der Funktion. Die Tradition ordnet dieses Zentrum nicht dem Kopf, sondern der Wirbelsäule und dem Unterleib zu, dort, wo sich das *hara*[1] befindet. In der Tat ist der Körper beim Umgang mit der Reaktion auf irgendwelche Gegebenheiten als Ganzes betroffen. Stellen Sie sich nur einmal das Ergebnis vor, wenn wir bei einer Partie Tischtennis, die eine extrem kurze Reaktionszeit erfordert, mit dem Verstand nachdenken müßten, auf welche Weise wir den Ball des Gegners zurückschlagen. Wir nehmen vielmehr eine Gegebenheit wahr, »wie und wo der Ball ankommt« und entscheiden uns für eine Antwort auf die Frage »Wie werde ich den Ball zurückschlagen, mit der Vorhand oder mit der Rückhand, mit einer bestimmten Stellung des Handgelenks, mit einer bestimmten Kraft und einer bestimmten Absicht, den Ball dorthin zu lenken, wo ich ihn haben möchte?« Genau das macht ein echter Spieler, der einen Punktsieg über seinen Gegenspieler erringen will. Dafür ist eine Ausbildung nötig, und jeder Champion hat irgendwann zum erstenmal gespielt.

Mit der Ausbildung des motorischen Zentrums entwickelt sich seine Intelligenz. Der Körper ist nicht bloß eine Ansammlung von mehr oder weniger geschmeidigen oder dicken Muskeln, die es uns gestatten, unterschiedlich schwere Gewichte zu

---

1 Aus dem Japanischen; wörtlich: »Bauch«; nach Dürckheim: Das »In-der-Mitte-Sein« des Menschen (Anmerkung der Übersetzerin).

heben. Das instinktmäßige wie auch das motorische Zentrum besitzen eine eigene Intelligenz. An dieser Stelle ist anzumerken, daß der Mensch unterschiedlich veranlagt ist, und dies gilt für sämtliche Funktionen. Diejenigen, die sehr begabt sind, lernen schneller oder haben es manchmal sogar kaum nötig zu lernen, während jene, die weniger begabt sind, viel mehr arbeiten, studieren und üben müssen. Sie sehen, daß dieses motorische Zentrum insofern ein »Gehirn« ist, als es Informationen empfängt, eine Entscheidung trifft und auf diese Informationen antwortet. Das intellektuelle Gehirn schaltet sich zu Beginn eines Lernvorgangs ein: »Warte mal, erkläre mir das genau, ja, du sagst mir, ich neige dazu, das Handgelenk abzubiegen, wenn es gerade sein soll, den Ellbogen zu heben, ich muß den Ellbogen senken, nein, meine Hand greift den Schläger nicht richtig, gut ...« Dasselbe geschieht, wenn man sich erklären läßt, wie man die Tasten eines Klaviers anschlägt oder mit welchem Fuß man welches Wagenpedal betätigt. Dann kommt der Augenblick, wo sich Ihr Verstand nicht mehr einschaltet und Sie imstande sind, ganz automatisch und ohne nachzudenken ein Auto zu lenken, die Kupplung zu lösen, zu kuppeln, rückwärts zu fahren und dabei gleichzeitig nebenher eine vielleicht schwierige Unterhaltung zu führen.

Dieses physische Zentrum, das je nach Grad der Begabung und Ausbildung mehr oder weniger intelligent ist, stellt sich also direkt auf die Gegebenheiten ein und entscheidet sich unmittelbar für eine Antwort, ohne dabei den Verstand mit einzuschalten. Dies ist ein sehr wichtiger Punkt, und Sie müssen begreifen, daß das, was wir als »Wachsamkeit«, »sich seiner selbst bewußt sein«, »Bewußtsein«, »awareness« im Englischen, bezeichnen, etwas anderes ist als die intellektuelle Funktion im strengen Sinne. Wachsamkeit hat überhaupt nichts damit zu tun, daß sich der Verstand in sexuelle, körperliche oder emotionelle Aktivitäten einmischt. Der Körper ist ein Gehirn, das völlig unabhängig funktionieren kann, sei es im Zustand der Identifikation und ohne Wachsamkeit, sei es im Zustand der Wachsamkeit und der Vergegenwärtigung seiner selbst. Wir können beispielsweise sehr gut Auto fahren, völlig zerstreut und ohne uns bewußt zu sein, daß »wir sind« und gerade Auto fahren, ohne die Vergegenwärtigung unserer selbst, das Bewußtsein unserer selbst, das zum Bewußtsein des Selbst führt, zur Wachsamkeit, die neben anderen grundlegenden Dingen ausnahmslos in sämtlichen spirituellen Lehren, in den religiösen wie metaphysischen, in den dualistischen wie non-dualistischen vorkommt. Wir können fahren, bei einer roten Ampel anhalten, bei Grün wieder anfahren, den Blinker setzen, alles wie »im Schlaf«. Wir können aber auch wachsam sein.

Doch wachsam, gegenwärtig sein heißt nicht, daß sich der Verstand bei einer motorischen Tätigkeit erneut einschaltet, so wie es in den Anfängen unseres Lernprozesses der Fall war. Die Wachsamkeit ist wie ein Licht, das aufflammt. Die Tätigkeit kann ausgeführt werden, ohne daß das Licht brennt, sie kann aber auch stattfinden, wenn das Licht der Wachsamkeit entzündet ist. Man kann Auto fahren und sich dabei in einem Zustand der Meditation befinden, und man kann Auto fahren, ohne sich seiner selbst im geringsten bewußt zu sein. Das ist besonders auf den Autobahnen der Fall, wo wir das Lenkrad, während wir über tausenderlei Dinge nachdenken, eher nach rechts als nach links steuern.

Es gibt also – ich behaupte damit nichts Neues – eine mehr oder weniger entwickelte Intelligenz des Körpers. Wir leben jedoch in einer modernen Gesellschaft, die der geistigen Intelligenz eine abnorme und unverhältnismäßig große Vorrangstellung einräumt. Diese Behauptung läßt sich leicht bestätigen. Selbst die Einstellungs- und beruflichen Orientierungstests richten sich hauptsächlich an den Verstand.

Für beliebige Tätigkeiten, bei denen die Bildung eine eher begrenzte Rolle spielt, wird man dem Grad seiner Schulbildung entsprechend eingestellt. »Ja, man weiß wohl, daß dies später überhaupt keinen Nutzen mehr haben wird, aber was wollen Sie, man braucht doch ein Auswahlkriterium für die Leute.«

Ich fordere Sie auf, sich von dieser gängigen falschen instellung loszusagen und zu begreifen, daß der Mensch, wie Gurdjieff gesagt hat, ein Wesen mit drei Gehirnen und einem zusätzlichen, besonderen sexuellen Gehirn ist, und daß Sie die Intelligenz des Körpers, so weit dies möglich ist, entwickeln können. Der Körper besitzt die Fähigkeit, direkt mit äußeren Gegebenheiten umzugehen und darauf zu reagieren, nicht nur beim Tischtennis, sondern in allen Lebenslagen. Manche rutschen aus und stürzen, andere rutschen aus und können ihr Gleichgewicht wieder herstellen. Diese Intelligenz des Körpers greift in sämtliche physischen Tätigkeiten ein, und die Entwicklung der Motorik bedeutet nicht, einfach nur die Kraft und Geschmeidigkeit der Muskeln zu steigern, sondern die »Intelligenz« auszubilden.

Hinsichtlich der intellektuellen Funktion stellt sich die Frage, inwieweit Lernen diese Funktion tatsächlich schult. In welchem Maße wächst ihre Fähigkeit, Informationen von außen zu empfangen, sie aufzunehmen, zu vergleichen, sie einem bestimmten Verarbeitungsprozeß zu unterziehen und darauf zu antworten? Ein gut ausgebildeter Verstand ist nicht dasselbe wie ein mit reichlichem Wissen angefüllter Verstand. Stellen wir uns einmal vor, daß dieses Gehirn unabhängig funktioniert – denn in Wirklichkeit sind diese Funktionen alle miteinander verbunden und beeinflussen sich gegenseitig. Zuweilen gelingt das sehr gut und ermöglicht so die Leistungen der Technologie, gut getroffene Entscheidungen, schnelle Lösungen bei anfallenden Problemen. Doch häufig reagiert das intellektuelle Gehirn unvernünftig, sei es, weil es die von außen kommenden Informationen schlecht empfängt, sei es, weil es nicht richtig mit ihnen umgeht und daher eine unangemessene Antwort liefert. Es ist klar, daß ich, wenn ich zehn Parameter wissen muß, indessen nur fünf berücksichtige, die von außen kommenden Informationen entstelle. Das ist dasselbe, wie wenn ich etwas verbiege, das gerade ist, etwas begradige, das gekrümmt ist, etwas groß mache, das klein ist und etwas klein mache, das groß ist. Es ist wichtig, dieses Zentrum auszubilden, jedoch nicht, indem man immer mehr Dinge in seinem Gedächtnis speichert, sondern indem man lernt, diese Mißverhältnisse wieder in Ordnung zu bringen und Tag für Tag die Wirklichkeit, so wie sie ist, zu *sehen*, ohne daß unbewußte Projektionen oder eine willkürliche Auswahl die Informationsaufnahme entstellen. Mit falschen Informationen kann ich keine richtige Antwort finden. Bereits hier ist eine Umerziehung notwendig.

Inwiefern ist nun meine verstandesmäßige Intelligenz, abgesehen von der ganzen Bildungsfrage und den Prüfungen, ungenügend ausgebildet? Glauben Sie mir, man kann ein Weiser sein, ohne ein außerordentlicher Professor der Philosophie zu sein. Ramana Maharshi und Ma Anandamayi haben niemals studiert. Sie müssen langwierige Mühen auf sich nehmen, um sich der nachteiligen Funktionsweisen Ihres intellektuellen Zentrums, Ihrer entstellten Wahrnehmungen und Anschauungen bewußt zu werden. Sie sehen Menschen und Situationen nicht so wie sie sind – oder selten, wenn Sie überhaupt nicht berührt oder betroffen sind, sei es beispielsweise einfach, um das Problem der Widerstandsfähigkeit von Baumaterial zu lösen und zu entscheiden, welchen Eisenträger mit welcher Stärke Sie verwenden werden. Doch meistens, wenn Sie persönlich in etwas verwickelt und nicht mehr objektiv sind, empfängt das Gehirn falsche Informationen, und dann darf man nicht mehr von Intelligenz, von *buddhi*, sondern muß vom »Mentalen« sprechen, dessen Verschwinden erforderlich ist.

Zum anderen kann der Verstand, wenn er im Umgang mit den Informationen und folglich bei der Auswahl einer Antwort schlecht arbeitet, in den verschiedenen Lebensbereichen Schlüsse ziehen, die sich dann erfahrungsgemäß als fatal oder zumindest, im Vergleich zu einer anderen Lösung, als ungünstiger erweisen. Es ist der Verstand, der entscheidet: »Bei der momentanen Konjunkturlage werde ich den Besitz, den ich geerbt habe, verkaufen« oder »Ich werde nicht verkaufen«, »Ich werde ihn verkaufen, wenn ich die Arbeiten daran beendet habe«, »Ich werde keine Arbeit mehr investieren und ihn in seinem jetzigen Zustand verkaufen«. Doch was ist das der Situation Angemessenste?

Nun aber neigt man aufgrund der gegenwärtigen Einstellung dazu, bei der Ausbildung des intellektuellen Zentrums der Aufnahme von Informationen eine überaus wichtige Bedeutung beizumessen. Ja sicher, das stimmt, das ist wichtig. Doch wie können sich die menschlichen Wesen, abgesehen von der reinen Technologie, so häufig irren? Es ist bewundernswert, Menschen auf den Mond zu schicken und wieder zur Erde zurückzubringen, aber ich spreche nicht von der reinen Technologie, sondern von Ihrem persönlichen Leben und von anderen Bereichen: der Politik, der Wirtschaft, der Leitung geschäftlicher Unternehmungen. Warum ist das Ergebnis, das, wenn ich so sagen darf, dem intellektuellen Zentrum entspringt, nicht zweckdienlich? Der Fehler ist nicht hauptsächlich auf eine schlechte Informationsverarbeitung, sondern auf ihre schlechte Aufnahme zurückzuführen, und dies ist ein Punkt, den Sie allzu häufig außer acht lassen.

Sie sind der Ansicht, die Informationen hinsichtlich eines Problems gut aufgenommen, jedoch keine gute Lösung gefunden zu haben, und Sie beschließen, noch besser nachzudenken, zu vergleichen, auszuarbeiten und zu entscheiden. Ich weise jedoch nachdrücklich auf die Tatsache hin, daß es einen noch wesentlich wichtigeren, allerdings ziemlich vernachläßigten Bereich gibt, und zwar die Verbesserung der Informationsaufnahme. Wenn wir uns auf eine recht unintelligente Weise durchs Leben manövrieren, dann deshalb, weil wir Informationen aufnehmen, die keine wirklichen Informationen sind. Schon bei ihrer Aufnahme werden Informationen entstellt. »Intelligente« Leute irren sich, weil ihr Gehirn nicht imstande ist, die wirklichen, vollständigen Informationen mit deren entsprechenden Richtwerten zu liefern. Wir werden gleich sehen weshalb.

Es gibt noch ein drittes Zentrum, das Herzzentrum, das in *Auf der Suche nach dem Wunderbaren* als emotionelles Zentrum bezeichnet wird, dessen Emotionen jedoch – ich habe dies schon des öfteren erwähnt – früher oder später verschwinden müssen. »Ich bin glücklich«, »Ich bin unglücklich«, »Das ist so schön«, »Das ist ekelhaft«, »Das ist schrecklich«, »Das ist entsetzlich«, »Das ist beschämend«, »Das ist bewundernswert« – um nur einige der vielen typischen Ausdrücke aus der Sprache der Emotionen zu nennen. Betrachten Sie auch dieses emotionelle Zentrum als ein Gehirn, das unabhängig vom Verstand funktionieren, Informationen empfangen, bearbeiten und darauf antworten kann. Angesichts dessen, daß das emotionelle Zentrum ein »Gehirn« und folglich eine Intelligenz darstellt, funktioniert es bei den meisten Menschen auf eine recht erbärmliche Weise.

Wir haben eine intellektuelle Ausbildung erhalten, die trotz alledem Menschen hervorbringt, die imstande sind, zwanzig Jahre lang einen wichtigen Posten zu besetzen, ohne daß man gezwungen wäre, sich ihrer zu entledigen, und die unleugbar positive Resultate erzielen. Wir haben eine physische Ausbildung erhalten, die es uns gestattet, geschickt mit Messer und Gabel umzugehen oder Auto zu fahren, vielleicht sogar Tennismeister oder Zirkusakrobat zu werden. Doch die Ausbildung des emotionellen Zentrums, *des Herzens in seiner Eigenschaft als »Gehirn«*, ist praktisch Null.

Früher erhielt ein Kind diese Ausbildung in seiner Familie, in seiner Umwelt, seinem Freundeskreis, seiner Gesellschaftsschicht, und zwar nicht nur in Indien, sondern in allen Gesellschaften. Und die Funktion der Religion, des Islam, des Buddhismus oder des Hinduismus, ebenso wie des Christentums, bestand vor allem in der Ausbildung dieser Intelligenz des Herzens und der Empfindung, die nicht als ein zusammenhangloses Ensemble von »ich liebe« – »ich liebe nicht« verstanden wurde, sondern als ein Instrument, das unentbehrlich ist für unser Leben, wenn wir der Bezeichnung Mensch würdig sein wollen. Eine unverfälschte Religion lehrt das Herz, die existentiellen Gegebenheiten wie ein richtiges Gehirn wahrzunehmen und zu würdigen, sie in ein Ganzes einzufügen, sich mit ihnen zu beschäftigen und sich für eine Antwort zu entscheiden. Wir sind Wesen mit drei Gehirnen, doch wird dem Intellekt und der Fähigkeit, Prüfungen zu absolvieren, der größte Vorrang gegeben. Die Tests geben indessen keinerlei oder nur geringfügige Hinweise auf den Entwicklungsgrad dieser Intelligenz des Herzens.

Ihrem Wunsch, sich weiterzuentwickeln, können Sie, selbst wenn Sie die höchsten, metaphysischen Realitäten nicht berücksichtigen und der Dualität und dem Bewußtsein des gewöhnlichen Selbst verhaftet sind, nur dann entsprechen, wenn Sie davon überzeugt sind, ein Wesen mit drei Gehirnen zu sein. Die drei Zentren sind alle gleich wichtig. Dem können Sie jedoch nicht zustimmen. »Nein, Sie werden mich niemals davon überzeugen, daß das motorische Zentrum genauso wichtig ist wie das intellektuelle. Mit dem motorischen Zentrum können wir ein großer Champion, ein Akrobat werden, aber mit dem motorischen Zentrum hätte man keinen Menschen zum Mond schicken können.« Das ist völlig richtig, aber das Leben eines menschlichen Wesens besteht ja auch nicht einzig und allein darin, als Ingenieur bei der NASA zu arbeiten.

Ein Yogi im erhabensten Sinn des Wortes, einer, der den Weg der Befreiung eingeschlagen hat, arbeitet wesentlich mehr mit dem Körper als mit dem Intellekt. Hat er einmal die Yoga-Sutras von Patanjali gelesen, nicht um sie endlos zu kommentieren, sondern um sich einen Überblick zu verschaffen, spielt sich alles weitere zwischen ihm und seinem Meister ab. Er verbringt sein Leben nicht über Büchern gebeugt, die er unterstreicht und mit Anmerkungen versieht, um sein Staatsexamen, seinen Meister oder seinen Doktor zu machen.

Kein Mensch gelangt in den Vollbesitz aller menschlichen Möglichkeiten. Auch das ist wahr. Ein menschliches Wesen kann in einem dieser Zentren begabter sein als in den anderen. Doch hören Sie prinzipiell damit auf, der Intelligenz des Intellekts, wie wir es alle tun oder getan haben, den Vorrang zu geben und dabei die Intelligenz des Körpers zu übersehen. Sie denken viel zu selten über den »Gehirn«-Aspekt dieser Funktion nach und halten die Intelligenz des Körpers für eine Besonderheit, eine Geschicklichkeit, die Sie ein für allemal erworben haben. Ein Damenfriseur, der sein Handwerk gut beherrscht, hat dieses Handwerk in seinen Fingern, so daß er schöne Dauerwellen und Haarschnitte machen kann. Sie beurteilen einen Menschen, der gewisse manuelle oder sonstige körperliche Fähigkeiten besitzt, einfach als jemanden, der etwas »gelernt« hat und dies körperlich beherrscht. Sie könnten noch so viel Unterricht im Haarstyling oder im Tennis nehmen, Sie wären dennoch kein guter Tennisspieler oder Friseur, wenn Sie nicht ein motorisches Zentrum besäßen, das wie ein »Gehirn« funktioniert, das die Gegebenheiten *erspürt*, sie verarbeitet und darauf antwortet. Abgesehen vom Verstand lassen Sie diesen Aspekt der »Intelligenz« des Körpers, die »nachdenkt« und »entscheidet«, völlig außer acht. Nur mit dem feinen Unterschied, daß der Körper einige tausend Male schneller reflektiert und entscheidet als der Verstand. Beobachten Sie beispielsweise einmal im Tai 'chi, beim Karate oder bei den japanischen Kampfsportarten, mit welcher Schnelligkeit der Körper eine Bewegung oder selbst die Absicht des Gegners als Information empfängt und sich sofort für ein Reaktion entscheidet. Die Reaktionen des instinktiven Zentrums sind sogar noch schneller. Wieviel Zeit benötigt Zyankali, bis es nach der Einnahme seine Wirkung entfaltet hat und zum Tod führt? Wieviele komplexe Prozesse kann der instinktgesteuerte Teil unserer Körperfunktionen innerhalb eines Sekundenbruchteils ausführen?

Jedes Zentrum funktioniert wie ein Gehirn. Eine Bewegung von außen nach innen, um eine Reaktion zu empfangen, und eine Bewegung von innen nach außen, um darauf zu antworten oder, wie man es im allgemeinen vielleicht bezeichnet, um darauf zu reagieren. Doch in diesen Lektionen hier unterscheiden wir sorgfältig zwischen Reaktion und Handlung. Oder wir umschreiben Handlung manchmal mit dem Begriff »Antwort«, der einen Bewußtseinsfaktor mit einschließt, der in der Reaktion nicht enthalten ist. Ein Roboter kann auf bewundernswerte Weise reagieren, doch könnte er das Bewußtsein seiner selbst nie vergrößern. Ein Roboter wird niemals das *Atman* erkennen.

Was die Intelligenz des Herzens angeht, so ist ihre Situation besonders schlimm, weil man der Intelligenz des Intellekts ständig den Vorzug gibt. Sie müssen begreifen, daß Sie selbst mit Ihrem akademischen Titel kein Recht haben, sich für intelligent zu halten, wenn Ihre Intelligenz des Herzens gleich Null ist. Niemand, der sich ein dummes Herz bewahrt, kann sich für ein hochentwickeltes menschliches Wesen halten. Unglücklicherweise besitzen Menschen mit einem hervorragenden Intellekt oder körperlichen Fähigkeiten ein dummes Herz. Daher fordere ich Sie heute auf, diese Funktion des Empfindens als eine »Intelligenz« anzusehen.

Der Körper kann Empfindungen von Kälte, Wärme und so weiter wahrnehmen. Der Verstand kann Beziehungen zwischen Ursache und Wirkung herstellen, jedoch nur auf der intellektuellen Ebene. Gewisse Gegebenheiten der Realität können nur vom Herzen empfangen und wahrgenommen werden, insbesondere – und das spielt eine große Rolle in unserem Leben – die Gefühle anderer. Wir leben in einer Gemeinschaft mit Direktoren, Angestellten, Kollegen, Kameraden, Kunden, Lieferanten, Onkeln, Tanten, Schwagern, Eltern, Söhnen, Töchtern, Gatten, eventuell Liebhabern oder Geliebten. Diese Menschen, mit denen sich so viele verschiedene Arten von Beziehungen ergeben, haben alle Gefühle. Unsere motorische Intelligenz ermöglicht uns eine nur sehr bruchstückhafte Wahrnehmung dieser Gefühle, während wir mit dem Verstand nicht *verstehen*, sondern lediglich *bezeichnen* können: »Du machst einen recht nervösen Eindruck heute«, ohne zu wissen, weshalb, worum es geht und was wirklich hinter diesem Gefühl steckt. Einzig das Herz kann, wenn es gut funktioniert, diese für ein richtiges Leben unentbehrlichen Informationen aufnehmen und sich so im Inneren eines Beziehungsgeflechts zurechtfinden. Wir müssen uns dies immer vor Augen halten, um beschränkte Verhaltensweisen zu vermeiden, die lediglich als Reaktionen beziehungsweise als unangemessene Reaktionen für das nächstliegende oder weit entfernte Ziel, das wir verfolgen, benannt werden können.

Dies alles ist vielleicht neu für Sie, falls Sie es noch nie von diesem Blickwinkel aus betrachtet haben. Der Mensch ist ein Wesen mit drei Gehirnen, und das dritte Gehirn ist das Herz. Ich spreche lieber vom Herzen als vom emotionellen Zentrum, da es den Emotionen bestimmt ist zu verschwinden. Allein ein edles Herz, das richtig arbeitet, erlaubt uns, die Emotionen der anderen zu verstehen und uns folglich der in ihrem Leben wesentlichen Emotionen bewußt zu sein: der Ängste, Wünsche, Sorgen, Hoffnungen, Leiden und unbewußten Projektionen. Die Intelligenz des Weisen ist die Intelligenz des Herzens.

Bis jetzt war dieses Herz jedoch alles andere als ein Instrument der Erkenntnis, sondern eine mit Freuden, Leiden, Begeisterungen, Träumen, göttlichen Augenblicken, Verzweiflungen, Hoffnungslosigkeiten und Selbstmordgedanken überladene Intelligenz. Es ist viel Arbeit notwendig, damit das Herz lernt, die Dinge aufzunehmen, mit denen es sich beschäftigen muß. Das Wichtigste ist hierbei das Verständnis, die Auseinandersetzung folgt dann von selbst. Aber es gibt Antworten, die nur das Herz geben kann. Sie mögen auf dem Gebiet der Psychologie, der Psychoanalyse und Psychotherapie noch so bewandert sein, es gibt dennoch Fragen, auf die der Verstand niemals eine Antwort finden wird. Gibt er trotzdem eine Antwort, so ist diese leider nicht angemessen. Es ist das Herz, das nach der Auseinandersetzung mit einer Sache entscheidet: »Es wird gelächelt«, »Es wird einen ernsten Blick geben«, »Es werden sanfte und tröstende Worte gesprochen«, »Es wird eine strenge Rüge oder vielleicht einen heftigen Ausbruch des Zen-Meisters geben«. Das Herz allein besitzt die Fähigkeit, diese Art von Entscheidungen zu treffen. Es ist das vollkommenste und tatsächlich das verschüttetste und am wenigsten genutzte Instrument des Menschen.

Die Empfindung, *»feeling«* im Englischen, gibt uns sehr genaue und umfassende Informationen über einen Aspekt der Wirklichkeit, zu dem der Verstand keinen Zugang hat. Sicher, wenn es sich darum handelt, einen Brief zu schreiben, dann kann die »Antwort« durch den Kopf und durch den Körper gehen, da ich ja meine Hand benutze, um den Stift zu halten, doch sind Kopf und Körper lediglich Werkzeuge. Das leitende Organ, die Befehlszentrale, ist das Herz. Wie wollen Sie eine Befehlszentrale sein, wenn Sie nicht die Informationen erhalten, die Ihnen das Befehlen ermöglichen? Sie besitzen ein emotionelles Gehirn, das Sie nicht oder nur sehr wenig nutzen, weil es schlecht funktioniert und weil Sie nicht gelert haben, sich seiner zu bedienen. Deshalb ist die Reinigung des Herzens, das Verschwinden der Emotionen, so wichtig.

Sie müssen spüren, daß Ihre Eigenliebe, Ihr Stolz, Ihre Würde unzulässig sind, da dies für Sie als menschliches Wesen bedeutet, ein fortwährend mit Emotionen angefülltes Herz zu haben. Ihre Intelligenz ist ziemlich wertlos, solange es Ihnen an der Intelligenz des Herzens mangelt. Was die Empfindung in ihrer Eigenschaft als Gehirn angeht, so sehen wir ganz deutlich, was für eine wichtige Voraussetzung die unverzerrte Wahrnehmung von Gegebenheiten ist. Die reine Emotion indessen entstellt, sie verfälscht, sei es, daß ein Gefühl der Abneigung beziehungsweise ein »negatives« Gefühl oder umgekehrt die Faszination uns betört und blind macht für alle anderen Parameter einer Situation.

Wenn eines unserer drei Gehirne so schlecht funktioniert, sich praktisch im »Koma« oder in einer unbeschreiblichen Unordnung befindet, wie kann es Sie dann noch verwundern, daß sich Ihr Leben nicht so gestaltet, wie Sie es gerne hätten? Man sucht die große Liebe und das eheliche Glück und läßt sich zum fünften Mal scheiden, obwohl man sich immer nur nach Treue gesehnt hat. Aufgrund seiner idealistischen Vorstellungen möchte man Freundschaft und Liebe in der Welt herrschen lassen und ist indessen mit mehreren Personen verfeindet. Und es gibt noch weitaus komplexere Beispiele. Sie können sich kein glückliches Leben erhoffen, wenn die Intelligenz des Herzens nicht mit beteiligt ist. Sie können sich nicht vorstellen, als geistig zurückgebliebenes Wesen bestimmte intellektuelle Probleme lösen zu können, aber Sie akzeptieren es, emotionell unterentwickelt zu sein.

Sie geben sich Illusionen hin, da es durchaus sein kann, daß Sie körperlich sehr gewandt sind, das Skifahren oder eine andere Sportart ausgezeichnet beherrschen. Ebenso ist es möglich, daß Sie einen brillanten Intellekt besitzen und Ihr Examen mit Leichtigkeit bestanden haben. Bedenklich ist, daß selbst ein Schreinerlehrling einen großen Teil seiner Lehrzeit mit Federhalter, Heften, Büchern und Unterricht zubringt. Die wahre Intelligenz des Körpers – früher wußte man das sehr gut – bestand darin, die Widerstandsfähigkeit des Holzes, den Verlauf seiner Maserung direkt und unbeeinflußt vom Verstand wahrzunehmen, um sich dann für eine Antwort beziehungsweise für die Art und Weise der Behandlung zu entscheiden. Doch selbst der geschickteste Handwerker kann, ebenso wie der Intellektuelle, emotionell verkrüppelt sein.

Bis jetzt haben Sie dieses Herz, diesen Ort der Gefühle, vor allem im Verhältnis zu Ihrem Leid oder Ihrem Glück betrachtet: mehr oder weniger unglücklich, mehr oder weniger glücklich, häufiger oder seltener glücklich. Und Sie hoffen, daß eine Psychotherapie, Askese, *sadhana*, etwas Ordnung in Ihre Gefühlswelt bringen und Sie folglich glücklicher, öfter glücklich machen könnte. Doch haben Sie sich nicht genügend Gedanken gemacht, weder einfach über Glück und Unglück noch über Intelligenz und Dummheit. Der wirkliche Weg, der kein Weg der Vorbereitung mehr ist, beginnt dann, wenn Sie mit Ihrem ganzen Sein begriffen haben, daß das Herz ein Wissens- und Entscheidungsinstrument ist, daß ein Großteil des Wissens, das Sie erwerben, ein von Emotionen verzerrtes Wissen ist, und daß die meisten vom Herzen getroffenen Entscheidungen dumm sind. Wir nehmen weder die Gefühle, den Kummer, die Hoffnungen unserer eigenen Söhne oder Töchter, Ehefrauen oder Ehemänner wahr, noch die Gefühle jener, die über uns herrschen, mit uns zusammenarbeiten oder unsere Angestellten sind.

Doch das ist noch nicht alles. Diese Intelligenz des Herzens befaßt sich nicht allein mit dem emotionellen Aspekt von Situationen. Die Empfindung in ihrer Eigenschaft als Wissensinstrument nimmt darüber hinaus zwischen dem physischen und dem intellektuellen Gehirn von seinem Platz aus die Realität als Ganzes wahr. Ich kann, um eine Aufnahme zu machen, mit diesem Tonband nur über meine Empfindung in Verbindung treten, die mir sofort sagt, ohne daß ich darüber nachdenken müßte, daß es eine bestimmte Form besitzt, daß es ein gewisses Volumen im Raum einnimmt, daß es aus bestimmten Materialien zusammengesetzt ist. Sodann unterrichtet mich mein Verstand: Das ist ein Gerät für Tonband- und nicht für Plattenaufahmen.

Und welche wichtigen Informationen liefert Ihnen das Gehirn des Herzens, jawohl, das Gehirn des Herzens, über dieses Tonband? Nun, dem modernen Menschen leider keine, außer vielleicht einer Emotion: ich liebe, ich liebe nicht, und irgendwelcher unbewußter Projektionen, die sich daraus ergeben, daß das Tonband als solches für Sie mit schönen Erinnerungen verbunden ist, vielleicht weil Sie als Kind Ihr erstes Tonband von Ihrem Vater geschenkt bekommen haben oder daß Sie umgekehrt eine sehr unangenehme Erinnerung damit verbinden, weil Sie etwas von Band lernen mußten, das Sie überhaupt nicht interessierte. Diese gefühlsbetonte Erinnerung liefert Ihnen keinerlei echte Information.

Das Herz muß zu einem Instrument der Erkenntnis werden, immer, in sämtlichen Situationen. Seine kaum im Anfangsstadium befindliche Entwicklung muß fortgesetzt und ihr muß eine große Bedeutung beigemessen werden, damit Ihr Herz wahrhaftig, ohne Entstellungen und auf intelligente Weise, an Ihrem Leben teilnehmen kann. Wie kann man ein vollständiges, harmonisches Wesen werden, das über sämtliche Funktionen, mit denen die Natur es als Mensch ausgestattet hat, verfügen kann, um seine Suche fortzusetzen und das höchste Bewußtsein zu entdecken? Sie finden sich vielleicht wesentlich leichter damit ab, ein invalides Herz zu besitzen, als ein Kranker, der seit seinem siebzehnten Lebensjahr von einer fortschreitenden chronischen Polyarthritis befallen ist, sich damit abfindet, bettlägrig zu sein.

»Das ist schön«, heißt so viel wie »Ich finde das schön«. Das ist keine echte Erkenntnis. Die Erkenntnis ist objektiv, nicht subjektiv. Wenn ich sage, daß das Herz ein Wissensinstrument ist, so meine ich echtes Wissen. Das Herz als Wissensinstrument funktioniert bei allen Weisen auf dieselbe Weise. Denken Sie an den Ausspruch von Heraklit: »Erwachte Menschen leben alle in derselben Welt, aber von den Menschen, die noch schlafen, lebt jeder in einer anderen Welt.« Hinsichtlich des durch das Herz gewonnenen Wissens, falls es sich um wirkliches Wissen handelt, müssen wir alle dieselbe Sprache sprechen. Aber dieses Wissen wird heutzutage von den meisten Menschen des Abendlandes nicht angewandt.

Wenn wir mit Swamiji zusammmen waren, saßen wir immer auf einer kleinen, zusammengefalteten Decke. Einmal hatte ich nach einem Gespräch diese Decke nicht ordentlich aufgeräumt, sondern einfach auf ihren Platz geworfen, woraufhin Swamiji mich fragte: »Wie sind Sie mit dieser Decke umgegangen? Während all unserer Unterhaltungen in den vergangenen Tagen hat sie es Ihnen gestattet, bequemer zu sitzen, um Fragen zu stellen und Antworten zu hören. Sie hat dazu beigetragen, Ihnen bei Ihren höchst wichtigen Nachforschungen zu helfen. Und welchen Weg hat diese Decke in den Ashram zurückgelegt, um Ihnen zu gestatten, aus den Unterhaltungen mit Swamiji noch größeren Nutzen zu ziehen? Haben Sie mit Dankbarkeit an die Landarbeiter gedacht, die in der glühenden Hitze Indiens die Baumwolle angepflanzt haben, an jene, die sie gepflückt, gesponnen, gefärbt, gewebt haben, an die Händler, die sich um die Sammlung, den Transport und die Verteilung der Baumwolle in den Läden gekümmert haben?« Mit Swamijis Worten, in seiner Gegenwart, unter seinem Blick erwachte das Empfinden. Mein Herz hat mir vieles über diese Decke offenbart, vieles, was mir mein Verstand und auch mein Gefühl »Das ist viel bequemer, als mit dem Hintern auf dem nackten Boden zu sitzen« nicht hätten sagen können.

Es gibt in der Realität nichts, was nicht auch durch das Herz erfahren werden könnte. Wirkliche Kenntnis von was auch immer, sei es von einer Handlung, einem Objekt, einer Person, einer Situation, dem »Hier und Jetzt«, ist eine Kenntnis, die durch alle drei Gehirne gleichzeitig vermittelt wird. Sie haben kein wirkliches Verständnis, wenn die drei Gehirne nicht zusammenarbeiten. Ich kann nicht allein durch die sinnliche Empfindung von etwas erkennen oder durch das, was der Intellekt mir sagt. Das Empfinden ist das einzige, das bestimmte Gegebenheiten wahrnehmen und bestimmte Antworten ausarbeiten kann.

Wie viele Fragen werden mir gestellt, die zeigen, was für eine Vorrangstellung der Verstand bei Ihnen einnimmt. Im Bereich der Erziehung richten Eltern von der intellektuellen Ebene aus Fragen an mich, als ob man von Dr. Spock bis Françoise Dalto die Antworten in Büchern finden könnte. Die wesentlichen Informationen für die Erziehung Ihrer Kinder kann Ihnen jedoch nur das Herz geben. Und allein das Herz kann Entscheidungen treffen. Es ist die Intelligenz des Herzens, die Ihnen sagen kann, ob es angebracht ist, sich zu ärgern, zu schimpfen, zu lächeln, nachzugeben, abzulehnen, ob es nötig ist, das Kind zu zwingen, Joghurt zu essen oder ob man es in seinem unerklärlichen Widerwillen gegen Joghurt gewähren lassen sollte. Für derartige Probleme werden Sie allein vom Verstand her niemals eine Lösung finden. Sie vergessen, daß das Herz eine Intelligenz ist und versuchen zu erziehen in dem Glauben, daß der Verstand diese ersetzen wird. Eine Wissenschaft der Erziehung ist eine Wissenschaft par excellence, in der die Intelligenz des Herzens die vorrangige Rolle spielt.

Doch so, wie der Verstand Sie anfangs zur Intelligenz des Körpers hinlenkt, kann er Sie gleichermaßen auch zur Intelligenz des Herzens hinlenken. Genauso wie man Ihnen beibringt zu laufen, Gegenstände zu ergreifen, den Körper zu schulen, so bedarf jeder Mensch einer hinreichenden Erziehung des Herzens, um »das Kind wahrzunehmen« und selbst erzieherisch wirken zu können. Nur das Herz wird wie ein Computer die richtige, wissenschaftliche und exakte Antwort geben. Nur das Herz kann mit vollkommener Sicherheit *wissen*, vorausgesetzt, es funktioniert richtig.

Was die Arbeit an den Emotionen so wichtig macht, ist die Tatsache, daß wir immerzu versuchen, uns davor zu drücken. Denn sehen Sie, wenn wir zwanzig, fünfundzwanzig, dreißig Jahre alt sind, rechnen wir nach, wieviele Jahre wir für unsere Studien benötigt haben »seit der ersten Klasse, wo man begonnen hat, mir das Lesen und Schreiben beizubringen, bis zu meinem Hochschulabschluß«. Wenn wir eine körperliche Tätigkeit meisterhaft beherrschen, wissen wir, wieviel Zeit wir dafür benötigt haben. Und jetzt, mit vielleicht vierzig Jahren, stellen Sie plötzlich fest, daß Sie, nachdem Sie sich über fünfzehn Jahre lang weitergebildet haben, neben der Fähigkeit, Bücher zu lesen, Ihr Englisch vervollkommnet, Philosophie und Metaphysik studiert haben, nachdem Sie genausoviel Zeit benötigt haben, um Ihren Körper zu schulen, sich ebenso großen Mühen unterziehen müssen, um die Intelligenz des Herzens auszubilden. Da Ihnen diese Aufgabe jedoch unmöglich erscheint, versuchen Sie, sie sich zu ersparen und vertiefen sich statt dessen wieder in das Studium der Bücher von Dürckheim, Krishnamurti oder Shankara.

Sie können sich diese Ausbildung des Herzens nicht ersparen. Ein Mensch, der dieser Bezeichnung würdig ist, ist ein »dreigehirniges« Wesen. Die Natur bietet Ihnen drei Gehirne, von denen Sie jedoch nur zwei nutzen. Die Arbeit an den Emotionen wird nicht nur von Swamiji gelehrt. Bei meiner spirituellen Suche habe ich bereits in den Gurdjieff-Gruppen begonnen, in bestimmter Weise an diesem emotionellen Zentrum zu arbeiten. In Gegenwart von Ma Anandamayi und auch von Ramdas verringerten sich auf fast unmerkliche Weise die Funktionsstörungen der Intelligenz des Herzens. Bei Swamiji wurde mir das Besondere dieser Bemühungen noch bewußter, auch wenn ein Teil davon bereits abgeschlossen war. Jedesmal, wenn Sie sich ernsthaft in den Bereich der Spiritualität begeben, wenn Sie an einem Ritus, an einer Zeremonie teilnehmen, wenn Sie in einem buddhistischen Tempel oder in einer christlichen Kirche meditieren, findet bereits ein Reinigungsprozeß dieses emotionellen Gehirns statt. Es geht darum, daß Sie mit einem klaren Verständnis Ihre Bemühungen intensivieren.

Ich habe diese drei Gehirne heute getrennt besprochen, aber es muß Ihnen klar sein, daß erst ihr gleichzeitiges Wirken den Menschen ausmacht. Sie haben zwar alle ihre eigenen Funktionen, die sich jedoch gegenseitig ergänzen. Die Intelligenz des Körpers erfaßt einen Teil der Gegebenheiten und beschäftigt sich damit, die Intelligenz des Herzens nimmt einen anderen Teil der Gegebenheiten auf und die verstandesmäßige Intelligenz erfaßt noch einen weiteren Teil. Nur auf diese Weise können Sie sich mit den Gegebenheiten in ihrer Gesamtheit auseinandersetzen, um dann in vollständiger, der Situation angemessenen Weise zu handeln und zu antworten.

Wenn ich als Ausgangspunkt den eigenartigen Ausdruck »der Mensch, ein dreigehirniges Wesen« gewählt habe, so geschah dies in völliger Übereinstimmung mit der vedantischen Lehre, da diese nachdrücklich die Auflösung der Emotionen und die Bedeutung des Empfindungsvermögens betont. Und um die Wahrheit zu sagen – wir alle sind sehr deformiert. Zu dieser Überzeugung gelangte ich erst, als ich Swamiji sah. Er war körperlich sehr gewandt – in seiner Jugend wohl recht athletisch – und hatte neben einer stattlichen Figur auch eine überaus überzeugende Art, mit seinem Körper umzugehen. Darüber hinaus besaß er einen zweifellos hervorragenden Intellekt. Als mir bewußt wurde, wie groß die Intelligenz seines Herzens war, und daß seine wahre Überlegenheit uns allen gegenüber in dieser Intelligenz seines Herzens lag, konnte ich nicht mehr daran zweifeln. Mein Widerstand brach zusammen. Ich erkannte, daß ich mir diese Arbeit am Herzen nicht ersparen konnte. Sich bei Ramdas oder Ma Anandamayi aufzuhalten, bewirkte allein schon eine Reinigung der Empfindung. Seinen im Ashram erfahrenen Kummer zu leben, indem man ihn akzeptiert, ist ein Anfang. Aber um diese Ausbildung der Intelligenz des Herzens systematisch vornehmen zu können, bedurfte es Swamiji. Es scheint geradezu, als ob unser Herz deshalb schlecht arbeitet, damit wir uns viel Mühe geben, es zu verstehen.

Machen Sie sich nichts vor: viele Emotionen zu haben bedeutet nicht, ein gut funktionierendes Herz zu besitzen. »Aber ich bin doch kein gefühlloser Intellektueller, ich habe doch ein Herz, ich stehe voll im Leben, ich nehme Anteil, ich liebe, ich leide, ich entrüste mich.« Das ist das Gegenteil von der Intelligenz des Herzens. Die Emotionen sind ein Rohstoff, den Sie bearbeiten können, nicht indem Sie diese im Keim ersticken oder unterdrücken, sondern durch eine Umwandlung und Reinigung derselben.

Das Herz in seiner Eigenschaft als Gehirn arbeitet nur dann in angemessener Weise, wenn es keinerlei Emotionen gibt. Repräsentiert die Empfindung die Intelligenz des Herzens, so stellt die Emotion die Dummheit des Herzens dar. Wir haben kein Recht zu sagen, daß eine Person intelligent ist, wenn sie kein intelligentes Herz besitzt, ein Herz, das ein Instrument des Verstehens ist, ein »Gehirn«, das imstande ist, Gegebenheiten unverzerrt wahrzunehmen, sich mit dem ihm eigenen Empfindungsvermögen damit auseinanderzusetzen und mit absoluter Sicherheit die Antwort zu wissen, die erfolgen muß.

Hier haben wir den Grund, warum es in der menschlichen Gesellschaft, in den Familien, Gruppen, Vereinen, unter den Nationen, in den Arbeitnehmer- und Arbeitgeberverbänden, in den Verwaltungsbehörden, den Ministerien, in der UNO und der UNESCO so viele Schwierigkeiten gibt, warum überall so viel Dummheit und Leid herrschen, was bei den einen oder anderen, die sich in ihrem jeweiligen Wirkungsbereich alle mitschuldig machen, offen zutage tritt. Den Menschen, die das Schicksal der Menschheit in ihren Händen halten, fehlt allen die Intelligenz des Herzens, gleichgültig, welche Position sie innehaben. Der Verfall dieses Wissensinstruments ist so weit fortgeschritten, daß der Mensch kein dreigehirniges Wesen mehr ist. Wie können Sie leben, wie können Sie erkennen, wie können Sie wahrnehmen, wie können Sie Situationen einschätzen, wie können Sie Entscheidungen treffen, handeln, wie können Sie leben, wenn Ihnen eines Ihrer Gehirne fehlt?

Sie müssen den Begriff »Gehirn« in einem sehr einfachen Sinne verstehen, als eine spezielle Funktion, die eine Kommunikation von außen nach innen ermöglicht: »Ich empfange, ich nehme die Information wahr« und von innen nach außen: »Ich antworte auf die Erfordernisse einer Situation.« Es gibt keine Antwort, die allein durch den Körper, allein durch den Verstand oder auch allein durch Körper und Verstand zusammen erfolgen kann. Sie können sich einem langwierigen und kontinuierlichen Reinigungsprozeß des Herzens nicht entziehen. Es liegt ganz bei Ihnen, ob Sie dazu bereit sind oder nicht.

Kapitel 4

Die Dreieinigkeit im Menschen

Ein in sämtlichen Traditionen und vor allem in deren esoterischen Bereich vorkommendes Thema ist die Betrachtungsweise des Menschen als Mikrokosmos des Universums. Nicht nur des physikalischen, grobstofflichen Universums, in dem wir alle bestimmte Erfahrungen machen, selbst wenn wir keine Physiker, Biologen oder Geologen sind, sondern auch der inneren, feinstofflichen Ebenen des Universums.

Der Hinduismus erkennt sowohl von der gesamten Schöpfung als auch vom Menschen aus gesehen drei Wirklichkeitsebenen an: die kausale Ebene, die subtile Ebene und die physikalische Ebene. Und jenseits oder vielmehr *diesseits*, am Ursprung dieser drei Ebenen, befindet sich ein mit gewöhnlichen Begriffen nicht beschreibbare Realität, das »Brahman« oder, von einer persönlichen Sichtweise ausgehend, das »Atman«, das »Selbst«.

Dieses Absolute läßt sich jenen, die es noch nicht erfahren, »verwirklicht« haben, nur schwer beschreiben. Deshalb verwendet man sinnlich erfaßbare Bilder, um das kenntlich zu machen, was einer anderen Ordnung angehört. Man kann sich die Ebene des »Nicht-Manifesten« als eine vollkommen glatte Wasseroberfläche vorstellen. Doch schon beim leisesten Kräuseln, um nicht von Wellen zu sprechen, geht diese Ebene vom nichtmanifesten in den manifesten Zustand über. »Kausal« *(karana)* bezeichnet den uranfänglichen Zustand, aus dem sich jegliche Schöpfung entfaltet.

Sie können, um diesen Vorgang zu begreifen, von verschiedenen Betrachtungsweisen ausgehen. So können wir neben dem Vergleich mit einer Wasseroberfläche, die durch den Wind in Bewegung gerät, eine andere Vorstellung anwenden. Ein Tänzer ist kein Tänzer, wenn er nicht tanzt. Diese klare Ausdrucksweise hat nichts Willkürliches an sich. Ein Tänzer ist nur dann ein Tänzer, wenn er tanzt. Wenn ein Tänzer in einem Restaurant frühstückt, ist er ein Konsument. Und wenn er am Sonntagvormittag angelt, ist er ein Angler.

Ein regungsloser Mensch fängt an, sich zu bewegen, und in demselben Augenblick, in dem sich die erste Geste zeigt, hat der Tanz begonnen. Der Tanz erscheint gleichzeitig mit dem Tänzer, und der Tänzer erscheint gleichzeitig mit dem Tanz. Der Tanz geht mit dem Tänzer zu Ende, und mit dem Tanz verschwindet der Tänzer; der Mensch, der sich uns zum Ausdruck gebracht hat, kehrt in den hieratischen, nicht-manifesten Zustand zurück – nicht-manifest natürlich in bezug auf den Tanz.

Vor dem Tanz hat dieser regungslose Mensch die Absicht, den Wunsch, den Gedanken zu tanzen. Die Schriften beschreiben die Absicht oder den Gedanken Gottes manchmal als den Ursprung der Schöpfung, als den Übergang vom Nicht-Manifesten zum Manifesten.

Die vedantische Metaphysik enthält nichts, was Sie nicht verstehen könnten. Wichtig ist, keinen Augenblick lang zu vergessen, daß es sich immer um Ihre eigene Person handelt. Sie sind nicht hier, um sich einen Vortrag anzuhören oder einer kulturellen Unterhaltung zu folgen. Sie sind hier, um über sich sprechen zu hören. Sie können eine Wirklichkeit erfassen, die sich mit Begriffen der gewöhnlichen Erfahrung nicht beschreiben läßt, eine nicht-manifeste Wirklichkeit. Und ohne diese nicht-manifeste Wirklichkeit könnte es nichts Manifestes geben. Der Ursprung des Übergangs von der nicht-manifesten Wirklichkeit in den manifesten Zustand wird als »kausale Ebene« bezeichnet. Mit der kausalen Ebene tritt das kosmische Gesetz, oder die Gesetze, in Erscheinung, auf dem das gesamte Universum beruht.

Das erste kosmische Gesetz ist das der Relation. Aus dem nicht-manifesten Einen entsteht die Vielfalt der Schöpfung und daraus wiederum das Maß, mit welcher Maßeinheit auch immer. Früher kannten die Leute irgendwelche Maßeinheiten des Raumes, wie den Fuß, den Zoll, die Elle, sowie Maßeinheiten der Zeit, wie das Jahr, den Sonnenmonat oder den Mondmonat. Mit dem Fortschritt der Wissenschaft entdeckt man immer mehr meßbare Phänomene und folglich Maßeinheiten. Und sobald etwas manifest wird, gibt es notwendigerweise auch Dualität, die Spannung zwischen zwei Polen, im Raum, zwischen dem »Hier« und »Dort«, zwischen den Zeiten, der Vergangenheit und der Zukunft, oder wie auch immer Sie diese Dualität betrachten wollen. Es kann keine Manifestation geben ohne die »Zwei«, die in sämtlichen Bereichen in Erscheinung treten. Zwischen diesen beiden besteht eine Spannung, eine Relation – ob positiv oder negativ. Jeder kann sich die seinem Tätigkeitsbereich entsprechenden Beispiele wählen. Ein Biologe, ein Mathematiker, ein Physiker ... es trifft auf alle Bereiche zu. Ein Bildhauer kann nur schnitzen, wenn es zwei gibt, nämlich den Schnitzer und das Holz (den Stein, den Marmor oder den Ton), das Material, das er bearbeiten möchte. Das kosmische Gesetz, dieses Prinzip der Dualität, das das gesamte Universum durchdringt, offenbart sich auch in uns.

Das, was die Hindus als den »universellen Kausalkörper« bezeichnen, ist für den abendländischen Menschen Gott im herkömmlichen Sinn des Wortes, Gott der Schöpfer. Doch über diese Gottesvorstellung hinaus postulierten Denker und Mystiker wie Meister Eckhart den Begriff der Gottheit, und diese Gottheit entspricht dem Nicht-Manifesten, dem Absoluten, dem Brahman der Hindus. Ich sagte Denker, weil dies die gängige Bezeichnung ist, doch verwendet man im Sanskrit einen wesentlich genaueren Begriff, nämlich *rishi*, der »Sehende«, also nicht der, der »denkt«, sondern der, der »sieht«.

Das, was für die universelle Ebene gilt, gilt auch für die persönliche Ebene. Das Nicht-Manifeste befindet sich im Herzen oder im Zentrum jedes einzelnen von uns, der Kausalkörper befindet sich als persönlicher Kausalkörper *(karna sharir)* im Herzen oder Zentrum jedes einzelnen von uns, und mit ihm tritt das Gesetz der Zweipoligkeit, der Anziehung und Abstoßung, in Erscheinung. Die Manifestation entfaltet sich dann auf der subtilen Ebene, die wir zunächst als die psychische Ebene begreifen, um schließlich auf die physikalische Ebene der Moleküle, Atome und menschlichen Körperzellen überzugehen.

Die Verbundenheit des Menschen mit dem Universum wird in sämtlichen spirituellen Lehren bestätigt und stellt dort einen sehr wesentlichen Aspekt dar. Häufig wird das Wort Mikrokosmos verwendet, um den Menschen als ein kleines Universum zu beschreiben, das dem Makrokosmos, dem großen Universum, gleicht, wobei Kosmos im Griechischen »das Ganze« oder »die Gesamtheit« bezeichnet. Der Mensch bildet ein Ganzes, ein Ganzes, das nicht nur das Grobstoffliche oder das sinnlich Erfaßbare des Universums in sich trägt – jeder Materialist oder Atheist würde dem zustimmen –, sondern auch alles Feinstoffliche mit einschließt. Die Psychologen indessen haben die noch kompliziertere Vorstellung von einem universellen feinstofflichen Körper, das heißt, von einem universellen Seelenleben – als ob das Seelenleben oder die feinstoffliche Realität nur dem Menschen und in eingeschränktem Maße den höher entwickelten Säugetieren vorbehalten wäre. Die kausale Ebene, das kosmische Gesetz, läßt sich leichter in der gesamten Schöpfung erkennen. Das kosmische Gesetz läßt sich im Atom, im Austausch der Partikel, selbst im Bereich der Mikrophysik bestätigen.

Und was existiert jenseits davon? Jenes höchste Nicht-Manifeste, wovon verschiedene Lehren in der einen oder anderen Sprache ein Ahnung zu vermitteln versucht haben. In der Sprache des Christentums, die einigen unter Ihnen, falls sie eine religiöse Erziehung hatten, vertraut ist, die jedoch kein moderner Mensch völligignoriert, wird das Nicht-Manifeste im allgemeinen nicht erwähnt. Es bedarf Mystiker wie die rheinischen Mystiker oder Meister Eckhart, um unsere Aufmerksamkeit auf sein Vorhandensein zu lenken. Der Gott, von dem die Christen normalerweise sprechen, entspricht jenem universellen Kausalkörper, den die Hindus *Ishvara* oder *Brahman* nennen, wobei Brahman männlich und kein Neutrum ist. Ishvara ist es, der sich als Brahma, der Schöpfer, als Vishnu, der Erhalter, und als Shiva, der Zerstörer, manifestiert. Die christliche Dreieinigkeit bezieht sich hingegen nicht auf das Nicht-Manifeste, sondern auf den Ursprung der Schöpfung, das heißt – mit dem Risiko, daß ich jetzt vielleicht Christen vor den Kopf stoße – auf den universellen Kausalkörper oder das kosmische Gesetz, das in Erscheinung tritt. Das Nicht-Manifeste denkt, wenn man es so ausdrücken kann, und dieser Gedanke ist das, was ich das kosmische Gesetz genannt habe. Das Eine vervielfacht sich, und es entsteht die Relation, die Verbindung zwischen dem, was die

Christen den Vater, den Sohn und den Heiligen Geist genannt haben.

Ich wende mich nicht speziell an die Christen, und ich plaudere auch nicht über die christliche Theologie; vielleicht werde ich sogar einige Christen unter Ihnen in Erstaunen versetzen. Ich möchte nicht, daß Sie mit dem Intellekt, sondern mit Ihrem gesamten Wesen die Wahrheit – die allumfassende Wahrheit – Ihrer eigenen Größe, der göttlichen Größe des Menschen fühlen, ohne die eine spirituelle Lehre wie die der Sufis, des Zen, der Tibetaner, der Juden oder der Christen keinen Grund hätte zu existieren, denn das Gefühl Ihrer eigenen Größe ist eine im höchsten Maße religiöse Empfindung.

Das ist bemerkenswert. Die religiöse Empfindung äußert sich eher in dem erniedrigenden und beschämenden Gefühl, angesichts der Größe Gottes ein verderbter Sünder zu sein. Doch macht dieses Gefühl nur einen kleinen Bruchteil aus, und Sie sind verloren, wenn Sie nur die Hälfte der Wahrheit verstehen. Vollkommene Unwissenheit ist besser als eine unvollkommene Wahrheit, in sämtlichen Bereichen übrigens, selbst in ganz konkreten Lebensbereichen. Die spirituelle Wahrheit schließt diese geheiligte Empfindung der Größe des Menschen, also Ihrer eigenen Größe, mit ein, während sie gleichzeitig den Verfall dieser menschlichen Größe aufzeigt. Der Mensch, der als Ebenbild Gottes erschaffen wurde, ist in einen Zustand geraten, den man die Ursünde nennt. Er, der seinem wirklichen Wesen nach Atman, das höchste mit Brahman identische Selbst ist, ist der Identifikation mit grob- oder feinstofflichen Formen, der Unwissenheit, der Blindheit, der Illusion verfallen, wie die hinduistische Lehre es ausdrückt. Die Wahrheit ist jedoch dieselbe. Wenn Sie die Doktrinen nur im strengen Sinne verstehen, täuschen Sie sich. Die Weisen, die auf der non-dualistischen Linie, *advaita*, lehren, beanstanden, daß in der dualistischen Ausdrucksweise die Betonung allzuhäufig auf das Gefühl unserer eigenen Bedeutungslosigkeit angesichts der Größe Gottes gelegt wird, was sich nachteilig auf das fundamentale Gefühl unserer eigenen Größe auswirkt.

Dies ist ein sehr wesentlicher Punkt. Sollte sich irgendein Christ gegen das, was ich zu sagen beabsichtige, auflehnen, werde ich dennoch auf meinem Standpunkt beharren, selbst auf die Gefahr hin, wegen Ketzerei in der Hölle zu landen. Gut, Sie empfinden sich als Gefangene, als verkommen, engherzig und mittelmäßig; aber spüren Sie auch die göttliche Größe in sich. Man muß wagen, diese Würde zu tragen – das erfordert manchmal großen Mut, wenn man sich schwach und von Emotionen überwältigt fühlt. Sie sind »Erben des Königreichs«, die, »die an der Herrlichkeit Gottes teilhaben.« Wer ist der Erbe des Königreichs? Der Sohn des Königs, der Erbprinz. Der Erbe wird eines Tages dem König ebenbürtig sein. Bezeichnet man Sie also als Erben des Königreichs, so heißt das, daß Sie alle von Gott abstammen und Söhne und Töchter Gottes sind.

Die Hindus und die Buddhisten, deren Behauptung hinsichtlich des menschlichen Verfalls zweifellos richtig ist, haben die Bedeutung der göttlichen Größe des Menschen, der ein Mikrokosmos des gesamten grobstofflichen und feinstofflichen, kausalen und nicht-manifesten Universums ist, ins rechte Licht gerückt. Das Absolute ist im Menschen. Der Mensch ist ein mehr oder weniger vollkommener, ein mehr oder weniger bewußter Ausdruck, eine mehr oder weniger bewußte Manifestation des Absoluten. Ich möchte gern, daß Sie dies mehr spüren, als Sie es verstandesmäßig begreifen. Es ist die Grundlage eines wahren *sadhana*, der Schlüssel, mit dem sich die Tür öffnen läßt, die Feile, mit der man die Gitter des Gefängnisses zersägen kann. Wirkliche Spiritualität gibt es nur dann, wenn Sie sich der Wahrheit öffnen, daß die Göttlichkeit durch jeden von uns zum Ausdruck gebracht und widergespiegelt wird.

Auf welche Weise dies geschieht, werden wir noch erkunden. Sie müssen Ihren Trugbildern, Ihren Illusionen, der Macht des »Mentalen«, das Christus als den »Prinzen der Welt«, der über die Herzen und Seelen herrscht, bezeichnete, beherzt ins Auge sehen und gleichzeitig erkennen, daß Sie im Grunde vollkommen sind.

Neben der Empfindung, daß das Endliche und das Unendliche, das vollkommen Freie und das gänzlich Determinierte völlig verschieden sind, müssen Sie spüren, daß mit dem Erwachen des höchsten Bewußtseins in Ihnen gleichzeitig die kleinste Einzelheit in Ihrem Leben etwas Geheiligtes und durch die Spiritualität erhellt wird. Die kleinste Einzelheit eines Lebens, selbst die »mittelmäßigste«, ist eine Manifestation der höchsten Wirklichkeit des von Gott erschaffenen Universums. Das höchste Gesetz ist bei jeder auch noch so unscheinbaren Begebenheit in diesem Universum am Werk: beim Fallen eines Blattes im Herbst, beim Austreiben einer Knospe im Frühling, bei Gesundheit und Krankheit, bei Aufnahme und Ausscheidung, beim Ein- und Ausatmen. Das ist wohl der Grund, warum die Hindus lange Zeit gedacht haben, daß die Wissenschaft einen spirituellen Wert habe und die großen Mystiker des Westens vielleicht wissenschaftliche Forscher seien. Ich sage ›lange Zeit gedacht‹, weil seit Ende des letzten Krieges die schädlichen und zerstörerischen Eigenschaften der Wissenschaft bei vielen Zweifel hervorgerufen haben, im Osten wie im Westen. Die reine wissenschaftliche Forschung wäre hingegen, sofern sie aufgrund des menschlichen Egos und seiner Emotionen nicht in »satanischer« Weise angewendet wird, die Erforschung Gottes.

Nichts ist trivial, nichts. Wenn Sie glauben, daß irgend etwas dem höchsten Gesetz oder der höchsten Wirklichkeit entkommen kann, so erzeugen Sie dadurch eine unauflösbare Dualität zwischen dem Materiellen und dem Subtilen, dem Göttlichen und dem Weltlichen, die nie mehr überwunden werden kann. Es ist nicht göttlich zu »beten« und nicht profan zu »scheißen«. Wenn es eine göttliche Wirklichkeit gibt, so liegt ihr die gesamte Schöpfung zugrunde. Was profan oder heilig ist, hängt vom Verständnis und Bewußtseinszustand eines Menschen ab, der die relative Wirklichkeit erfaßt. Es gibt eine heilige Art, auf die Toilette zu gehen und eine profane Art, sonntags bei der Messe zu assistieren. Indem ich so spreche, versuche ich, Ihnen ein *Gefühl* und keine Vorstellung zu vermitteln. Lassen Sie sich davon nicht irreleiten. Öffnen Sie sich dieser Wahrheit – die schwer zu ertragen ist für jemanden, der um seine Schwäche, seinen Selbstbetrug, seine Feigheit, seinen ausgeprägten Egoismus weiß. Adel verpflichtet, und in meiner Eigenschaft als Mensch bin ich der Mikrokosmos, enthalte ich das Universum, trage ich alle Gesetze in mir bis hin zum höchsten Gesetz – dem Kausalkörper, dem Ursprung der gesamten Schöpfung.

Die christliche Lehre beharrt auf dem Dogma der Dreieinigkeit. Dieses Dogma wird von den orthodoxen und katholischen Theologen in unterschiedlicher Weise verstanden, was einer der beiden Gründe ist, die zum Schisma geführt haben. Während den Christen dieses Dogma als ein Mysterium dargestellt wird und zu vielen theologischen Abhandlungen Anlaß gab, wird es von den Mohammedanern mißbilligt. Wenn es ein Mysterium ist, das heißt, daß niemand es begreifen kann, wer hat es sich dann erlaubt, es zu formulieren? Woraus konnte dieses Dogma entwickelt werden? Und gibt es vor allen Dingen eine Möglichkeit für uns, das Dogma auf unserer Ebene und in unserer persönlichen Existenz zu leben?

Ich bitte Sie, das, was ich jetzt sagen werde, nicht als »Christen« zu verstehen, da Sie sonst schockiert sein könnten. Ich habe es wiedergefunden und mich von seiner Richtigkeit überzeugt, indem ich mir durch den Sufismus Klarheit über den Zenbuddhismus, durch den tibetanischen Buddhismus Klarheit über den Sufismus, durch den Hinduismus Klarheit über das Christentum und durch viele andere Lehren Klarheit über die Lehre Swamijis verschaffte.

Wie können Sie unter der so wichtigen Perspektive Ihres Selbst-Verständnisses diese Wahrheit der Dreieinigkeit begreifen? Selbst-Verständnis bedeutet nicht, sich allein auf der höchst durchschnittlichen Ebene des Konflikts, der Emotion, der Angst und des Verlangens – die wichtigste Ausgangsbasis der Psychologen –, sondern als Gesamtheit zu verstehen. Alles, was es im Universum zu entdecken gibt, können Sie in sich selbst entdecken. Das Kostbarste ist uns im Augenblick noch nicht bewußt, aber wenn unser Unbewußtes oder Nicht-Bewußtes die Neigungen, Antriebskräfte, Ängste, die unser Leben bestimmen, erkennt, begreift es auch die höchsten Realitäten, welche die Weisen, Mystiker, die hinduistischen *rishis* gesehen und den Menschen offenbart haben.

Denken wir einmal zusammen über dieses Dogma der Dreieinigkeit nach, das für die Mohammedaner so unannehmbar und für die Christen so bedeutend ist, und versuchen dabei herauszufinden, ob sich zwischen diesem Dogma und den verschiedenen Triaden anderer Lehren eine Verbindung herstellen läßt: Himmel, Erde, Mensch im Taoismus, Brahma, Vishnu, Shiva oder auch *Sat-chit-ananda*, Sein-Bewußtsein-Glückseligkeit, im Hinduismus. Triaden oder Dreiteilungen sind in sämtlichen esoterischen Lehren enthalten. Ich schlage Ihnen für heute eine Verbindung zwischen der christlichen Dreieinigkeit und jenem Ausspruch Swamijis vor, den Sie alle kennen:

»Ich habe getan, was ich zu tun hatte.
Ich habe empfangen, was ich zu empfangen hatte.
Ich habe gegeben, was ich zu geben hatte.«

Das sind drei Aussagen, die die Freiheit des Weisen, dessen egozentrisches Verlangen sich aufgelöst hat, gut zum Ausdruck bringen.

Dringt man tiefer in diese drei Aussagen ein, so gelangt man zu einer Sichtweise, die ich heute besonders betonen möchte: Einerseits begreift man, daß man alles, bis hin zu Gott, in sich selbst finden kann, und andererseits, daß die Wahrheit etwas Unteilbares, Non-dualistisches ist, daß nichts mittelmäßig, nichts trivial, nichts unbedeutend ist. Könnten Sie nur spüren, wie wichtig dies ist, und sich in einem neuen Licht bewußt werden, nicht bloß als ein dem Mentalen und Trügerischen unterworfener Mensch, sondern als ein Wesen, das alles Bestehende, und selbst das Göttliche, in sich enthält. Wenn Sie diese Wahrheit zum erstenmal verstehen, annehmen, fühlen, werden Sie dies als den Tag Ihrer wahren Geburt als Mensch betrachten können: »Ich bin um so vieles großartiger, bedeutender, wertvoller, reicher, als ich es mir je vorgestellt hatte. Selbst in einer Gefängniszelle wäre ich ein Multimilliardär, weil ich alles Wichtige, das es zu entdecken gibt, in mir finden kann.« Der wahre Schüler einer Lehre ist ein Mensch, der nicht nur die Bedeutung der Größe Gottes, sondern auch die ihm innewohnende eigene Größe kennt – seine eigene Herrlichkeit ist die Herrlichkeit Gottes, und die Herrlichkeit Gottes ist seine eigene

Herrlichkeit – und der sich zwischen die beiden Realitäten der Mittelmäßigkeit und der Unendlichkeit begibt.

Wichtig ist, bei diesem Dogma der Dreieinigkeit zu spüren, inwiefern wir davon betroffen und darin verwickelt sind. Kehren Sie nochmals zu dieser Wahrheit zurück: Ich kann alles in mir finden, niemals außerhalb von mir. Wenn dieses Dogma der Dreieinigkeit eine Bedeutung hat, so werde ich diese Bedeutung in mir finden. Andernfalls gibt es keine Spiritualität, sondern eine zweckorientierte Religion, die vor allem bestrebt ist, das Gesellschaftsgefüge intakt zu halten und eine Entfesselung der individuellen Gewalt zu vermeiden.

Ich möchte in diesem Zusammenhang eine kleine Geschichte an Sie weitergeben, die Ma Anandamayi häufig erzählte, denn sie veranschaulichte ihre Lehren, wie viele hinduistische Meister, durch Parabeln. Es ist die Geschichte von einem Gauner, einem Gauner auf Wallfahrt, wenn man das so sagen kann. Sie handelt von einem Mann, der sich Wallfahrern anschließt – es gibt Gott weiß wie viele Wallfahrten, auf denen die Hindus von einem heiligen Ort zum nächsten pilgern – und einem von ihnen vorschlägt, die Reise gemeinsam fortzusetzen, erbauliche Gespräche mit ihm führt und sich bei Anbruch der Nacht anschickt, in einer Herberge, *dharamsala*, gemeinsam mit ihm im selben Zimmer zu übernachten. Sobald der echte Pilger schläft, macht sich der Dieb verstohlen, auf Zehenspitzen und mit angehaltenem Atem vorsichtig daran, das ganze Zimmer nach dem Geld abzusuchen, das sein Gefährte für diese Reise mitgenommen hatte, um dann mit dem gestohlenen Geld zu verschwinden, so daß dieser am nächsten Morgen allein und ohne einen Pfennig erwachen würde. Doch er findet nichts. Eine Nacht, zwei Nächte, drei Nächte. Da er notgedrungen jeden Tag vierzig Kilometer marschieren muß, kommt er allmählich zu der Ansicht, daß er sich auf eine völlig unrentable Sache eingelassen hat. Es ist das erste Mal, daß ihm ein Plan mißlingt. Schließlich, nach der vierten erfolglosen Nacht, bekennt er dem Pilger: »Wo verstecken Sie Ihr Geld? Ich habe, während Sie schliefen, überall danach gesucht. Ich flehe Sie an, sagen Sie es mir.« Und dieser antwortete: »Ich habe sofort gespürt, daß man sich vor Ihnen in acht nehmen muß.« – »Aber wie konnten Sie dann so friedlich schlafen?« – »Oh ja, ich schlief sehr friedlich! Jeden Abend versteckte ich das Geld an dem einzigen Ort, bei dem ich sicher war, daß Sie dort nie suchen würden: unter Ihrem Kopfkissen.«

Das ist die Geschichte. Ma Anandamayi zog daraus den Schluß: Gott ist an jenem Ort verborgen, der Ihnen sowohl am vertrautesten als auch am zugänglichsten ist und wo es Ihnen gleichzeitig nie einfällt, Ihn zu suchen – unter Ihrem Kopfkissen, in Ihrem eigenen Herzen.

Sie können Gott nicht außerhalb von sich suchen. Wenn Ihnen das Wort Gott nicht gefällt, dann verwenden Sie ein anderes, das Ihnen zusagt, wie Tao, Buddha-Natur oder Brahman. Das, was man Ihnen als göttlich, übernatürlich, übermenschlich dargelegt hat, muß als das Supra-Mentale verstanden werden – jenseits dieses begrenzten Mentalen, dessen Gefangene wir schon so lange sind – und kann nur in uns selbst gefunden werden. Daß das Mentale uns fest im Griff hat und daß es unter Umständen jahrelanger, heldenmütiger Anstrengungen bedarf, um uns von diesem Mentalen zu befreien, ist ein anderer Punkt.

Andererseits, und dies ist die zweite Wahrheit, die zu finden und zu klären ich lange Zeit benötigte, spiegeln sich die großen spirituellen Realitäten in jeder scheinbar noch so banalen Einzelheit unseres Lebens wider, und es gibt keine metaphysische Aussage, die nicht sofort auch eine unmittelbare, konkrete Bedeutung enthielte. Dies allein ermöglicht den Weg zur Entdeckung des Absoluten, selbst inmitten des Relativen. Jegliche Aussage läßt sich sowohl auf der höchsten Ebene als auch jetzt sofort, in diesem Augenblick anwenden.

Als Beispiel nenne ich Ihnen einen Satz aus den Upanishaden: *»Ek evam advityam«*, *»One without a second«*, »Einer ohne einen Zweiten«.

Dies ist die höchste Aussage der Metaphysik: Einer ohne einen zweiten. Einer, ohne etwas außer ihm. Ein einziger im ganzen Universum. Die Sufis sagen: »Es ist kein Platz für zwei im Universum.« Die letzten Worte des ersten Sufimeisters, den ich 1967 getroffen habe, bevor sich die Tore des afghanischen Sufismus vor mir schlossen, waren: *»Yak ast do nist«* – »Es gibt Einen – Zwei gibt es nicht.«

Ich sehe ihn noch vor mir – er hatte ungeheure, schwarze Augenbrauen –, wie er mich ansah und, da er sich nicht direkt auf persisch mit mir unterhalten konnte, eindringlich wiederholte: »Es gibt Einen – Zwei gibt es nicht.« Die höchste Aussage eines Weisen, die höchste Lehre ist »Einer-ohne-einen-anderen«, »Einer-ohne-einen-Zweiten«. Alle, die mit dem Sufismus oder dem Vedanta vertraut sind, kennen diese Worte. Haben sie *»Ek evam advityam«* jedoch einmal bejaht, welche Rolle spielt dieser Ausspruch dann in ihrem Leben, das auf Einen, Zwei, Drei, Vier, auf Zehn, Hunderte und Tausende begründet ist?

Nun gibt es aber keinen möglichen Weg, wenn diese höchst metaphysische Aussage nicht auch einen unmittelbaren Sinn für Sie besitzt und Sie die Funktionsweise des Mentalen durchschauen, das ein Zweites erschafft, das zu dem, was ist, noch etwas hinzufügt. Die Wahrheit ist jedoch immer, in allen Zuständen und unter allen Umständen »Einer ohne einen Zweiten« – immer.

Ich habe einen schmerzenden Finger. Und der Geist fügt noch etwas anderes hinzu: einen Finger, der nicht schmerzt. Indem er nun den schmerzenden Finger mit dem gesunden Finger vergleicht, setzt er den gesamten Mechanismus des Leidens in Gang – der auf einer Un-Wahrheit, einem »irrealen Zweiten« begründet ist. Auch dieses Gefühl müssen Sie haben: Die großen metaphysischen Aussagen stehen mir zur Verfügung, sofort, wenn ich will, und ich kann sie unmittelbar auf mein Leben anwenden.

Oder ein anderes Beispiel: Jeder von uns ist ein einmaliges Wesen. Es hat in der Vergangenheit nie ein anderes, mit uns identisches Wesen existiert, es wird in der Zukunft niemals eines existieren, und auch zum gegenwärtigen Zeitpunkt existiert nur eines. Es gibt keine zwei vollkommen gleiche Fingerabdrücke, und diese Unterschiedlichkeit liefert der Polizei ein sicheres Indiz. Es gibt nur einen Alain Gardon, ohne einen zweiten. Einen einzigen, einmaligen in der Welt, in der Zeit und im Raum. Es hat vormals nie einen Alain Gardon gegeben, und es wird auch in der Zukunft nie mehr einen geben. Kein Mensch hat in der Vergangenheit jemals denselben Fingerabdruck gehabt wie er, und kein Mensch wird in der Zukunft jemals denselben Fingerabdruck haben wie er. Ich bin einzig und einmalig auf der Welt. Es gibt keinen zweiten Arnaud auf der Welt. Es gibt kein *alter ego*, kein anderes Ich auf der Welt. Hier nun bewahrheitet sich der oberste Leitsatz der Upanishaden auf sehr konkrete Weise. Werde ich diese Wahrheit leugnen? Das Mentale verneint sie. Aus diesem Grund hat man das Mentale den Widersacher, Satan, den Teufel genannt – etymologisch bezeichnet »Teufel« denjenigen, der trennt, der die Uneinigkeit sät. »Einer-ohne-enen-Zweiten.« Das menschliche Wesen sucht indessen überall nach einem zweiten Wesen, das mit ihm identisch ist, sei es bei seinem Sohn, seiner Frau, seiner Mutter, seinem besten Freund. Sie sind einzig auf der Welt. Jeder von Ihnen ist einmalig, ohne einen zweiten.

Was für eine Kraft enthält dieser Ausspruch, den viele Vedantins zwar gelesen haben, der jedoch nicht die geringste Rolle in ihrem Leben spielt, und wie sehr fordert er uns auf, an die Wahrheit zu glauben. Welche unmittelbare, uns betreffende Erfordernis verspüren wir, wenn wir hören: »Brahma allein existiert ohne einen zweiten im Universum, und das ist die höchste Non-Dualität«? Keine. Sie können weiterhin ein in Blindheit, Illusion und Dualität verstricktes Leben führen. Begreifen wir diesen Ausspruch jedoch auf allen Ebenen, dann betrifft er uns sofort. Jede Wahrheit ist auf jeder Ebene wahr. Das Gesetz der Relation wirkt seit Entstehung der Schöpfung, sowohl auf der höchsten Ebene als auch beispielsweise zwischen zwei Atomen, einem Atomkern und den Partikeln, zwischen zwei Ländern, zwischen zwei Personen. Es sind immer dieselben Gesetze am Werk.

Doch kehren wir zu der Dreieinigkeit zurück. Können wir eine konkrete Hilfe aus dem Vergleich ziehen, der sich mir zwischen der Dreieinigkeit und jenem Ausspruch Swamijis aufdrängte, über den ich sehr viel nachgedacht habe: *»I have done what I had to do, I have got what I had to get, I have given what I had to give«*, »Ich habe getan, was ich zu tun hatte, ich habe empfangen, was ich zu empfangen hatte, ich habe gegeben, was ich zu geben hatte.« Der Weise, der Erwachte kann weil es seinem wahren Wesen entspricht, sagen: »Ich habe getan, was ich in mir trug zu tun, ich habe empfangen, was ich in mir zu empfangen trug, ich habe gegeben, was ich in mir zu geben trug.«

Diese Notwendigkeit oder diese Fähigkeit zu tun, zu empfangen und zu geben gilt für die Ebene des feinstofflichen Körpers und für alles, was die Hindus als *»latent«*, verborgen, unterbewußt bezeichnen und was auf den richtigen Zeitpunkt wartet, um sich zu zeigen. Sie tragen *vasanas*, Begehren aller Art, in sich, in vielen verschiedenen Bereichen. Das gleiche gilt auch für die kausale Ebene. Hier verspürt man die Notwendigkeit, etwas zu tun, doch weiß man noch nicht, was man tun soll; die Notwendigkeit, etwas zu geben, doch weiß man noch nicht, was man geben soll; die Notwendigkeit, etwas zu empfangen, doch weiß man noch nicht, was man empfangen soll. Erst von dem Moment an, wo der feinstoffliche Körper dazwischentritt, wird jedem klar, was er zu tun, was er zu empfangen und was er zu geben hat, dem »Karma« seiner Geburt entsprechend, das sich als Reaktion auf sein Schicksal entfaltet.

Einige tragen es in sich zu töten. Sie werden zu Mördern. Andere tragen es in sich, die Menschheit zu retten. Sie werden Prediger, politische Führer, Begründer philantropischer Bewegungen. Doch ist bei sämtlichen Manifestationen, bei den fallenden Blättern im Herbst ebenso wie bei den Menschen immer dasselbe höchste Gesetz am Werk.

Sie können sich den Kausalkörper folglich als das Auftreten des allerersten Gesetzes im Zentrum des Nicht-Manifesten vorstellen: die Notwendigkeit zu tun, die Notwendigkeit zu geben, die Notwendigkeit zu empfangen. Und der Weise, der in sich nicht nur das Kausale, sondern das Höchste, das Unaussprechliche, das Unbeschreibliche, das Ewige, das Atman, entdeckt hat, kann verkünden: »Ich habe getan, was für mich erforderlich war zu tun, ich habe empfangen, was für mich erforderlich war zu empfangen, ich habe gegeben, was für mich erforderlich war zu geben.« Andernfalls bleiben diese Latenzen, wie die Inder es im Englischen ausdrücken, weiter bestehen und veranlassen eine erneute Inkarnation, damit das vollendet wird, was noch unvollendet ist.

Das höchste Ziel, die Freiheit oder Befreiung, ist eine Errungenschaft, eine Vollendung. Nirvana bedeutet Erlöschen, Nirvana heißt »es ist vollbracht«. Es ist vollbracht, ich habe getan, was ich zu tun hatte, empfangen, was ich zu empfangen hatte, gegeben, was ich zu geben hatte – als Ego, als Ich. Das Ego ist nun überwunden, und es offenbart sich der egolose Zustand. Der Weise fährt anscheinend fort zu tun, zu empfangen und zu geben. Nun aber mehr einer ihm eigenen Notwendigkeit entsprechend, aus einer ganz persönlichen, seinem wahren Wesen entspringenden Notwendigkeit heraus. Er hat das erreicht, was man in Indien als »Spontaneität« bezeichnet. Das Gesetz ist immer dasselbe, selbst wenn es durch die störenden Tätigkeiten des Ego und des Geistes, *ahamkar* und *manas* im Sanskrit, verfälscht wird.

Welchen Vergleich können wir mit dem Vater, dem Sohn und dem Heiligen Geist anstellen, ohne sie weiterhin in den Himmel – oder auf die Streitigkeiten der Theologen – zu projizieren, sondern statt dessen das anzuwenden, was ich bis jetzt gesagt habe? Mir selbst ist eindeutig klar geworden: Der taoistische Vergleich mit der Triade »Mensch, Himmel, Erde« überzeugt mich nicht; der Vergleich mit Brahma, Vishnu und Shiva überzeugt mich nicht; der Vergleich mit *Sat-chit-ananda*, Sein – Bewußtsein – Glückseligkeit, überzeugt mich auch nicht mehr. Ich forschte weiter in dieser Richtung, als ein Vergleich durch die Worte Swamijis zustande kam, nämlich Tun, Empfangen, Geben, denen ich allmählich einen immer bedeutungsvolleren und tieferen Sinn beimessen konnte.

Wenn Swamiji diese drei Worte Tun, Empfangen, Geben verwendet hat, so muß ich sie ernst nehmen. Swamiji war ein Weiser im wahrsten Sinn des Wortes, der innerlich frei und darüber hinaus sehr gebildet und erfahren war. Da er mit diesen drei Worten die Freiheit zusammenfaßte, sich nicht mehr in dieser Welt zu inkarnieren, muß die gesamte Schöpfung in diesen drei Worten zusammengefaßt sein. Sobald die Wirklichkeit vom nicht-manifesten in den manifesten Zustand übergeht, tritt das allererste Gesetz in Kraft, nämlich die Notwendigkeit zu tun, zu empfangen und zu geben. Die gesamte Schöpfung beruht auf Tun, Empfangen und Geben. Es kann nicht den Menschen allein betreffen. Das Prinzip der Gleichwertigkeit von Makrokosmos und Mikrokosmos und von der Allgemeingültigkeit der Gesetze muß sich auch für die gesamte Schöpfung anwenden lassen. Man muß dieses Gesetz überall wiederfinden.

Was taucht aber nun in verschiedenen Aussagen des Alten oder Neuen Testaments immer wieder auf? Daß Gott die Opfer, Spenden, Lobpreisungen, die Anbetung empfängt, ein Thema, das sich durch die ganze Bibel zieht. Gott ist derjenige, dem man darbringt, dem man gibt, folglich derjenige, der empfängt: »Oh Vater, sei so gütig, dieses Opfer anzunehmen, sei so gütig, meine Verehrung anzunehmen, lasse meine Lobpreisungen Dich gnädig stimmen.« Sie können diese Sprache unerträglich finden, aber Gott, der Vater, empfängt, er nimmt die gesamte Menschheit Seiner Schöpfung auf. Es heißt, daß die Engelschöre im Himmel Lobpreisungen Gottes singen und daß wir in den Himmel kommen, um Gott zu rühmen und zu preisen. Der Vater ist derjenige, der empfängt, dem man gibt, dem man darbringt – und der die Güte besitzt anzunehmen oder nicht.

Christus als denjenigen zu betrachten, der vollbringt, als denjenigen, durch den alle Dinge vollbracht werden – nicht als den historischen Menschen Jesus, sondern als den unsterblichen Christus, den Logos, das Wort, ist ein anderer, wesentlicher Gegenstand der Theologie. Christus ist derjenige, der vollbringt, der durch Sein eigenes Opfer, Seine Kreuzigung, vollbracht hat. Ich möchte nur nebenbei erwähnen, daß man in sämtlichen esoterischen Lehren jenes Prinzip wiederfindet, das erschafft, indem es sich anstelle des Einen in vielfältige Formen zersplittert und somit auch die dieser Vielfältigkeit innewohnenden Spannungen hervorruft.

Der Heilige Geist schließlich schenkt uns »die Gaben des Geistes«. Dem einen schenkt er die Gabe der Redegewandtheit, dem anderen die Gabe des Heilens. In ursprünglichen Religionen verlieh der Heilige Geist dieses oder jenes Charisma. Der Heilige Geist ist immer mit dem Thema der »Gabe« verknüpft, und zwar im doppelten Sinne des Wortes Gabe – zum einen als Talent eines begabten Wesens, zum anderen als Geschenk, als Wohltat.

Tun, Empfangen, Geben; plötzlich wurde mir klar, daß diese drei Begriffe in einer offensichtlichen Verbindung zur Dreieinigkeit standen, die nun zu einer für mich anwendbaren Wahrheit wurde und in jeder Einzelheit meines Lebens seinen Sinn erhielt.

Für Ihre Weiterentwicklung ist es notwendig, daß Ihnen einerseits Ihre Engstirnigkeit und die Macht des Mentalen ganz deutlich bewußt werden und Sie andererseits den Mut aufbringen, Ihre unantastbare Würde als Mensch anzuerkennen. Den Menschen zu schmähen, bedeutet Gott zu schmähen. Wenn Sie in sich den großen Wunsch nach Überwindung, Verstehen, Offenbarung verspüren, dann wenden Sie sich bei Ihrer Suche dem spirituellen Bereich, der Esoterik, den heiligen Wissenschaften, befreienden Erfahrungen und dem zu, »dessen Kenntnis uns alles übrige erkennen läßt«, wie es in den Upanishaden heißt.

Sie werden heutzutage jedoch viel zu sehr von äußeren Interessen angetrieben. Wer begeistert sich denn überhaupt noch für die wissenschaftliche Erforschung unserer Innenwelt und für die Entdeckung des Geheimnisses des Universums in sich selbst, ohne irgendeinen Apparat, sondern mit den Instrumenten unserer sinnlichen Wahrnehmung, unseres Denkens, unseres Empfindens? Selbst die Sexualität, die bestimmten, einführenden Regeln entsprechend gelebt wird, kann zur höchsten Erkenntnis führen. Früher nahm die Spiritualität die Stelle der Wissenschaft ein, doch das haben wir heute vergessen, wir modernen Menschen, für die die Religion eine anti-wissenschaftliche Rolle einnimmt: »Ich glaube, ohne einen Beweis zu haben. Man sagt mir, daß man an die Dreieinigkeit glauben muß, also glaube ich an die Dreieinigkeit.« Ich kannte einen christlichen Wissenschaftler, einen Protestanten, der sich mir gegenüber folgendermaßen ausdrückte: »Als Biologe behaupte ich, daß beim Tod des physischen Körpers keinerlei Überleben irgendeines Bewußtseins möglich ist, als Gläubiger behaupte ich jedoch, daß die Seele unsterblich und Christus wiederauferstanden ist.«

Spiritualität wird heute als unwissenschaftlich betrachtet. Doch ich sage Ihnen, daß die Spiritualität eine große Wissenschaft ist, andernfalls wäre sie ohne Belang. Lassen Sie die Theologen über die Dreieinigkeit diskutieren und sich mit den

Mohammedanern streiten. Für Sie, die Sie von Liebeskummer oder beruflichen Mißerfolgen gequält werden, sich aber auch auf den spirituellen Weg begeben und entschlossen sind, ihn bis zum Ende, bis zur Freiheit, bis zum Absoluten zu gehen, ist dieser Vergleich viel nützlicher. Die Dreieinigkeit – der Vater, der Sohn und der Heilige Geist – drückt sich in mir durch diese drei Worte aus: empfangen, tun und geben.

Jeder christliche Mystiker bezeugt, die Dreieinigkeit in sich entdeckt zu haben, unter seinem eigenen Kopfkissen, wie Ma Anandamayi erzählte. Doch ist das, was am Ende des Weges wahr ist, bereits jetzt schon wahr. Jetzt sofort, nicht erst, wenn Sie den Bewußtseinszustand des heiligen Johannes vom Kreuz oder des Meisters Eckhart erlangt haben.

In Ihnen wirkt das universelle Gesetz, das so weit über Sie hinausreicht und das Sie indessen auf das beschränkte Bewußtsein Ihres getrennten Egos, von dem Sie sich jedoch vollkommen befreien können, begrenzen. Jedesmal wenn Sie etwas tun, etwas erschaffen, etwas vollenden, drückt sich jener Aspekt der Dreieinigkeit durch Sie aus, den man als den *Sohn* bezeichnet. Jedesmal wenn Sie etwas geben, wenn Sie aufrichtig etwas geben – unentgeltliche Gaben –, manifestiert sich in Ihnen jener Aspekt der Dreieinigkeit, den man den *Heiligen Geist* nennt. Jedesmal wenn Sie etwas empfangen, manifestiert sich in Ihnen jener Aspekt der Dreieinigkeit in Ihnen, den man den *Vater* nennt.

Was ich Sie jetzt bitte zu verstehen, ist dieses »Jedesmal«. Dies allein kann Ihrem ganzen Leben eine erhabene Bedeutung verleihen und einen wahrhaftigen Weg daraus machen. Andernfalls wird es nur jene Realität in Ihrem Leben geben, in der Sie ganz zufrieden sind, irgendein Geschenk, eine bestimmte Geldsumme zu erhalten, »aber das ist etwas rein Materielles«. Und dann eine Spiritualität, die förmlich die Luft durchdringt. Jedesmal wenn Sie etwas geben, jedesmal wenn Sie etwas tun, jedesmal wenn Sie etwas empfangen, wirkt die höchste Wirklichkeit in Ihnen, und die Dreieinigkeit wird durch Sie zum Ausdruck gebracht – selbst wenn Sie an Weihnachten einen Seidenschal von Hermès geschenkt bekommen, falls Sie ihn mit dem rechten Verständnis entgegennehmen.

Es gibt keinen Straßengraben, der nicht aufgefüllt werden könnte. Sicher, vom geistigen Standpunkt aus gesehen besteht eine tiefe Kluft zwischen der Angst, dem Verlangen, der Gewalt und der höchsten Weisheit, zwischen der weltlichen und der himmlischen Ebene, wie die Evangelisten sich ausdrücken. Doch vom non-dualistischen Standpunkt aus betrachtet gibt es keinen Straßengraben mehr. In jeder geringfügigsten Einzelheit des Lebens ist Gott, das höchste Gesetz, der universelle Kausalkörper am Werk. Bei jedem Akt des Empfangens, gleichgültig, was Sie empfangen, können Sie erkennen: Es ist Gott, der in mir empfängt, es ist der Vater in mir, der empfängt.

Warum sagt man der Vater, der Sohn und der Heilige Geist, das heißt, warum fällt einem viel eher empfangen, statt tun oder geben ein? Weil der Mensch, von der Sicht unseres Bewußtseins, von unserer menschlichen Erfahrung aus betrachtet, sich immer im Mittelpunkt der wahren Spiritualität befindet, weil es um den Menschen geht. Es ist der Mensch, an den man sich wendet. Das menschliche Wesen hat zunächst empfangen, nicht das Leben – das Leben an sich wird nicht geboren und stirbt nicht –, sondern einen physischen Körper, um wie die Orientalen zu sprechen. Bevor wir nicht einen physischen Körper empfangen haben, sind wir auch noch keine Menschen, die sich mit anderen Menschen auf der Welt unterhalten können. Der Mensch beginnt mit dem Empfangen. Sie können erst durch diesen physischen Körper und seine fünf Sinne empfangen. Von da an können Sie tun, was immer Sie wollen, Sie können eine Torte backen, eine kleine Skulptur aus Ton anfertigen oder viele Kinder zeugen, und Sie können geben.

Unterscheiden Sie diese drei Begriffe sehr genau: *Empfangen, Tun, Geben.* Ihr ganzes Leben, jeder Augenblick der Existenz stellt die Entfaltung eines dieser drei Begriffe dar. Und wenn man das allem zugrundeliegende Gesetz als das Gesetz der Anziehung und Abstoßung betrachten kann, dann kann man es auch als das trinitarische Prinzip von Tun, Empfangen, Geben ansehen – oder Empfangen, Geben und Tun – oder Geben, Tun und Empfangen. Sie wissen, daß sich die Dreieinigkeit aus drei

Personen zusammensetzt, die wiederum eine einzige sind. Unsere Akte des Tuns, Empfangens und Gebens geschehen alle gleichzeitig. Diese drei Tätigkeiten können voneinander unterschieden, aber auch als untrennbare Einheit betrachtet werden. Wenn Sie auch nur ein klein wenig von dem, was ich heute gesagt habe, verstanden haben, werden Sie die tiefe Bedeutung Ihrer Handlungen spüren.

»Empfangen«. Ich werde ein Ausdruck Gottes. Ich werde auf einer Ebene Erbe des Königreichs, der Sohn Gottes, der, der Gott ebenbürtig ist – ich empfange in meiner begrenzten Sphäre. Die gesamte Schöpfung lobpreist Gott heute morgen, und schon empfange ich: Die Sonne geht auf, ich empfange ihre Wärme, ich empfange ihr Licht, die Vögel singen für mich, die ganze Schöpfung ist da, um mir zu geben. Nun gut! Versuchen Sie das zu leben. Es hat weder mit Egoismus noch mit Egozentrik zu tun; dies ist die wahre Spiritualität. Empfangen Sie auf ganz neue Weise. Wenn Sie die heilige, übernatürliche Bedeutung des Empfangens verspüren, wird ein halbherziges Empfangen von selbst ein Ende finden, Sie werden sehen.

Was! Ich bin Gott, der die Lobpreisungen der Schöpfung empfängt, und trotzdem bin ich gierig darauf versessen, die kleinen, vergänglichen Dinge zu bekommen, von denen mein Ego nie genug haben kann. Allmählich wird sich alles verändern. Hören Sie auf zu denken, daß Empfangen egoistisch sei. Ihre Wirklichkeit, Ihre Weisheit besteht aus Empfangen, Tun und Geben. Empfangen macht einen Teil des Weges aus. Empfangen ist eine spirituelle Haltung, Empfangen ist eine heilige Geste. Lernen Sie zu empfangen. Und lernen Sie auf dieselbe Weise, etwas zu tun. Durch jegliche meiner Handlungen werde ich ein Mitwirkender Gottes in der Schöpfung. Der Vater, der Sohn und der Heilige Geist sind es, die in mir wirken. Es ist der Vater in mir, der empfängt, es ist der Sohn in mir, der handelt, es ist der Heilige Geist in mir, der gibt.

Wenn wir in dieser Weise darüber sprechen, fühlt sich ein Christ, der in der von mir heute verwendeten Ausdrucksweise Aussagen anderer Mystiker wiederfindet, wesentlich weniger vor den Kopf gestoßen. Nicht ich lebe, es ist Christus, der in mir lebt. Nicht ich empfange, es ist der Vater, der empfängt, nicht ich handle, es ist der Sohn, der in mir handelt, nicht ich gebe, es ist der Heilige Geist, der gibt. Dies ist die wahre spirituelle Einstellung, die Ihnen zu einem neuen und lebendigeren Verständnis jener verhelfen kann, die für Sie vielleicht noch ein Mysterium darstellen – jene, die wir Weise nennen, »zu Lebzeiten Erlöste« *(jivanmukta)*.

Was gibt mir das Gefühl, daß Männer oder Frauen wie Ramana Maharshi, Ramdas, Kangyur Rimpoche, Dudjam Rimpoche, Ma Anandamayi anders sind, obwohl sie doch genauso leben wie ich? Dieser Unterschied wird mir immer deutlicher bewußt, und ich möchte versuchen, ihn zu begreifen. Er besteht in jener neuen Art des Tuns, des Gebens und des Empfangens. Es bringt einen völlig aus dem Konzept, wenn man sieht, wie ein Guru etwas in Empfang nimmt. Jene, die in Indien oder jene, die bei einem Meister gewesen sind, haben all die vielen Geschenke gesehen, die man dem Guru darbringt. Ein Abschnitt in den Upanishaden endet mit den Worten eines Schülers – eines Königs –, dessen Geschenke seinen Meister alle nicht zufriedengestellt hatten: »Ich mache Ihnen mich selbst zum Geschenk.« Die Gurus empfangen, und dennoch quält uns das nicht, wenn wir unsere westlichen Vorurteile und Illusionen einmal überwunden haben.

Der Guru empfängt. Entweder Lobgesänge zu seinen Ehren oder Geschenke in Form von Rupien, die sich zu seinen Füßen häufen, oder weiße Schärpen, wenn er Tibetaner ist, oder das *pranam*[2] der Schüler. Wenn es Wesen auf der Welt gibt, die zu empfangen verstehen, so sind es sicherlich die Weisen. Empfangen ist eine heilige Handlung. Auch Sie können diese Art des Empfangens sofort zu etwas Geheiligtem machen, ohne zu erwarten, ein Guru in Indien zu sein. Die Art und Weise, wie ein Guru handelt, wie er gibt, veranschaulicht ganz deutlich die Möglichkeit, sich von der Richtigkeit dessen, was ich heute gesagt habe, zu überzeugen. Es ist das vollständige Bewußtsein dieses dreifachen Prinzips, es ist der Vater, der empfängt, der Sohn, der handelt, der Heilige Geist, der gibt, ohne die Verfälschungen des Egos, ohne die Interpretationen des Geistes.

---

2 Tiefe Verneigung des Schülers vor seinem Guru.

Ihr ganzes Leben kann diesen erhabenen Sinn gewinnen, und hierin besteht Ihre Verantwortung. Wenn Sie niemals daran denken, wenn Sie es vergessen, wenn Sie auf die gewöhnliche Ebene zurückfallen, wenn Sie das, was Sie empfangen, nicht bewußt empfangen, wenn Sie das, was Sie tun, nicht bewußt tun, wenn Sie das, was Sie geben, nicht bewußt geben, wenn Sie nicht wachsam sind, dann sind Sie tot, wie alle Weisen sagen. Dann haben Sie Ihr Leben als Mensch verfehlt.

Wenn Sie jedoch bewußt empfangen, wenn Sie bewußt geben, wenn Sie bewußt etwas tun, werden Sie entdecken, daß das, was ich heute gesagt habe, wahr ist. Und Sie werden immer besser verstehen, wieso Kalou Rimpoche, Ramdas, ein Zen-Meister oder ein weiser Sufi, dem Sie begegnet sind, »irgendwie anders« sind: Sie sind sich vollkommen bewußt, daß nicht sie leben, sondern daß die Dreieinigkeit in ihnen lebt.

Warum nicht auch Sie?

Kapitel 5

Mann und Frau

Ich werde heute ein etwas heikles Thema erörtern, heikel, weil wir bis in unser Unbewußtes hinein so unmittelbar und stark davon betroffen sind, daß wir, gerade weil wir so sehr darin verwickelt sind, Schwierigkeiten haben, das, was darüber gesagt weren kann, wirklich zu verstehen.

Dieses Thema findet sich gleichermaßen in den alten Weisheitslehren wie in der modernen Psychologie. Es handelt sich, so einfach wie möglich ausgedrückt, um die Tatsache, daß der Mann eine weibliche Komponente und die Frau eine männliche Komponente in sich trugen. Dies ist sogar physiologisch durch die Lehre von den endokrinen Drüsen bestätigt worden und bildet einen der wichtigsten Grundgedanken von C. G. Jungs Lehre über Animus und Anima. Ich werde jedoch von östlichen Erkenntnissen ausgehend darüber sprechen.

Eine hinduistische Skulptur, *ardhanareshwara*, ist halb männlich, halb weiblich. Die rechte Hälfte der Skulptur stellt einen Mann, die linke Hälfte eine Frau dar, und das menschliche Wesen, das als Stellvertreter der gesamten Wirklichkeit angesehen wird – was für eine Gottheit gilt, trifft auch auf den Menschen zu –, der vollkommene Mensch, ist ebenfalls *ardhanareshwara*, ein Wesen, in dem Mann und Frau wiedervereinigt sind. Ein vollkommener Mann hat auch das weibliche Element in sich angenommen, und eine vollständig entwickelte Frau hat auch das männliche Element in sich angenommen.

Dieses Thema spricht den Unterschied der Geschlechter und folglich auch deren Verbindungen an, und Sie wissen, daß die Rolle der Frau derzeit viele, oftmals unkontrollierte Emotionen hervorruft. Gewisse Prinzipien sind im gesamten Universum wirksam. Sie werden in den verschiedenen Mythologien mittels symbolischer Darstellungen zum Ausdruck gebracht und beeinflussen die metaphysische, die ontologische, die kausale Ebene bis hin zur feinstofflichen und physischen Ebene. Folglich ist die gesamte Schöpfung auf der Unterscheidung zweier Kräfte begründet, die verschieden und gleichzeitig doch unlöslich miteinander verbunden sind.

Sie haben sicher alle schon von Yin und Yang gehört, Yin, das weibliche, und Yang, das männliche Prinzip. Vielleicht haben Sie auch von *Purusha* und *Prakriti* gehört, wobei Purusha männlich, und Prakriti, die Natur, weiblich ist, oder von *Shiva* und *Shakti*, Shiva, der Formlose, der Unwandelbare, und Shakti, der dynamische Aspekt Shivas. Die Mythologien, die alles andere als kindliche Fabelgeschichten sind, veranschaulichen uns die großartigen Realitäten und sprechen gleichzeitig unser Denken, Fühlen und Empfinden an.

Die Teilung der Menschheit in zwei Geschlechter stellt also die Anwendung der fundamentalen Prinzipien der physischen, subtilen und kausalen Wirklichkeit auf der menschlichen Ebene dar. Die wirklich metaphysische Realität befindet sich jenseits oder vielmehr diesseits dieser uranfänglichen Unterscheidung in ein hauptsächlich männliches und ein hauptsächlich weibliches Prinzip.

Wenn man sehr tief meditiert, fühlt man sich nachweislich weder als Mann noch als Frau. Das zentrale Bewußtsein ist so vollkommen unberührt, daß es jegliche Identifikation mit einer männlichen oder weiblichen Gestalt transzendiert. Auf der Ebene des höchsten *Ich* löst sich alles, was ich jetzt sagen werde, auf. Das Atman ist weder männlich noch weiblich. Und jene Weisen, die ihre Tage in dem gelassenen Zustand des *samadhi* verbringen und nur gelegentlich einen Blick auf oder ein Wort an die sie umgebenden Menschen richten, fühlen sich nicht mehr als Mann oder als Frau, so sehr hat sich ihr Bewußtsein von ihrer äußeren Erscheinung gelöst. Doch kehren wir auf eine zugänglichere Ebene zurück. Diese beiden Prinzipien, das männliche und das weibliche, die Swamiji im Englischen als *male* und *female* bezeichnete, wirken in jedem Mann und in jeder Frau. Das weibliche Prinzip setzt sich bei der Frau durch, das männliche beim Mann.

Ein großer Teil des Weges der Weisheit, der mit vielen Schwierigkeiten verbunden ist, besteht darin, daß der Mann seine Männlichkeit und die Frau ihre Weiblichkeit vollkommen entwickeln, damit der Mann dann seine weibliche Komponente und die Frau ihre männliche Komponente mit einbeziehen können. Selbst wenn ein Großteil der modernen Psychologie die Existenz dieses weiblichen Elementes beim Mann und des männlichen Elementes bei der Frau berücksichtigt, so hat dies in Lehrbüchern über die persönliche Verwirklichung noch längst keinen Eingang gefunden. Es ist nicht leicht, die einem menschlichen Wesen innewohnende Fülle vollständig zu entwickeln.

Gehen wir doch einmal Schritt für Schritt vor. Vermeiden wir jene unterschwelligen Emotionen, die den Minderwertigkeitskomplex der Frau gegenüber dem Mann in einer sogenannten phallokratischen Gesellschaft betreffen, oder den Kastrationskomplex, den Penisneid und all die anderen Probleme, die in diesem Zusammenhang thematisiert werden könnten. Unglücklicherweise sind die Männer heutzutage nur noch selten Männer und die Frauen nur noch selten Frauen. Wir leben in einer Welt, in der bestimmte Vorstellungen, Parolen und Vorurteile darüber herrschen, was ein männlicher Mann und was eine weibliche Frau ist, und sind weit von der Entwicklung entfernt, zu der wir alle aufgefordert sind.

Diese weibliche Komponente im Mann und die männliche Komponente in der Frau müssen nicht erworben werden. Sie existieren bereits in uns. Sie müssen lediglich befreit und entfaltet werden, anstatt sie zu unterdrücken, zu verleugnen oder zu zerstören.

Ich werde heute den rein traditionellen oder esoterischen Aspekt Shiva-Shakti, Purusha und Prakriti und all das beiseite lassen, was in den spirituellen Lehren hinsichtlich der Ontologie, der Schöpfungsmythen, des universellen Aspektes von männlich und weiblich zum Ausdruck gebracht wird. Stattdessen möchte ich damit beginnen, Ihnen das Bild eines recht bekannten hinduistischen Gegenstandes vorzustellen, eines Gegenstandes, den jeder Indienreisende in Form einer Statue in den Tempeln sehen kann. Es ist der berühmte *Shiva-Lingam*, ein hoch aufgerichteter schwarzer, recht spärlich behauener Stein, der einem Phallus ähnelt. Der Lingam ist mit einer Art Schale, der *Yoni*, verbunden, und eine ganze Reihe von Autoren haben diese Skulptur auf recht oberflächliche Weise als Penis interpretiert, der in die Vagina eindringt, und behauptet, daß dies eine symbolische Vereinigung oder Wiedervereinigung darstellen könnte. Doch ist die Wahrheit viel subtiler. Der Lingam dringt nicht in diese Schale ein, sondern ragt aus ihr empor, wie eine Lotusblume aus einer Vase. Dieses Symbol bedeutet, daß die männliche dynamische Kraft der Schöpfung der weiblichen Unbewegtheit entspringt.

Wenn wir die hinduistischen Schöpfungsgeschichten lesen, stoßen wir auf Widersprüche: Manchmal wird das Wasser, manchmal das Feuer als das ursprüngliche Element genannt. Doch stellen wir fest, daß in diesen leicht voneinander abweichenden Schöpfungsgeschichten fast immer das Wasser oder die Erde, also zwei weibliche Elemente, als das ursprüngliche Prinzip der Verschiedenheit oder der Schöpfung auftauchen. Die Lehre von den vier Elementen ist überaus reichhaltig und darf nicht als ein alter, irrationaler Aberglaube primitiver Völker abgetan werden. Wasser und Erde sind weiblich, Luft und Feuer sind männlich. Diese Unterscheidung reicht bis in die tiefsten Ursprünge esoterischer Erkenntnisse zurück.

Die Hindus glauben, daß das Männliche aus dem Weiblichen hervorgeht. Dies gilt für uns alle, nicht nur, weil der *Lingam* aus einer Schale, der *Yoni*, emporragt, sondern weil auch Sie die männlichen Elemente aus den weiblichen hervortreten lassen können. Die traditionellen Bilder mögen einem modern denkenden Menschen fragwürdig erscheinen, dennoch versuchen sie, ein Prinzip zu illustrieren. Milch ist eine Flüssigkeit, die alle Eigenschaften des Elementes Wasser besitzt. Schlagen wir die Milch jedoch, gewinnen wir Butter aus ihr; gießen wir Milch auf ein Feuer, so erlischt es, aber mit Butter schüren wir die Flammen. Die männliche Butter ist also in einem nicht wahrnehmbaren Zustand in der weiblichen Milch enthalten. Sie können Wasser nicht verbrennen, aber Wasser setzt sich aus Sauerstoff und Wasserstoff zusammen, die beide brennbar sind. Vom naturwissenschaftlichen Standpunkt aus gesehen führt diese Vorstellung nicht sehr weit, doch ist sie von hoher symbolischer Bedeutung. Eine sehr gebräuchliche Vorstellung des Elementes Erde ist andererseits das Holz – das Kreuz Jesu Christi ist aus

Holz –, und wir wissen, daß wir durch das Aneinanderreiben zweier Holzstückchen Feuer erzeugen können.

Man muß zunächst begreifen, daß in jedem Menschen, Mann oder Frau, das männliche Wesen dem weiblichen Wesen entspringt. Dies gilt gleichermaßen für die Frau wie für den Mann, wobei man nicht vergessen darf, was einem gesunden Menschenverstand völlig einleuchtet, daß die weiblichen Werte bei der Frau und die männlichen Werte beim Mann vorherrschen. Ein vollständiger Mensch muß indessen *ardhanareshwara* werden.

Wie viele Male hat Swami Prajnanpad mir auf meine mehr oder weniger intellektuellen Fragen geantwortet: *»What does nature say?«*, »Was sagt uns die Natur?« Nicht, was sagen uns die Upanishaden, die vor 2500 Jahren geschrieben wurden, sondern was sagt uns die Natur? Betrachten wir einmal kurz das, was einen Mann und das, was eine Frau ausmacht. Es wird Ihnen helfen zu verstehen, was Männlichkeit und was Weiblichkeit bedeuten.

Was sagt uns die Natur? Sie sagt uns, daß Mann wie Frau zwei Augen, eine Nase und einen Mund, zwei Hände und zwei Füße besitzen, doch sind die Geschlechtsorgane des Mannes sichtbar, während sie bei der Frau nicht sichtbar sind. Die Geschlechtsorgane der Frau bilden ein Äquivalent zu denen des Mannes: Statt eines Penis und zweier Hoden hat sie eine Vagina und zwei Eierstöcke. In dem einen Fall sind sie jedoch offenkundig, im anderen Fall latent vorhanden, wobei latent einfach verborgen bedeutet, nach außen hin nicht sichtbar. Und was sagt uns die Natur sonst noch? Daß nicht die Frau das Ei im Körper des Mannes, sondern daß der Mann den Samen im Körper der Frau hinterläßt. Die Natur sagt es selbst: Der Mann gibt und die Frau empfängt.

Bis jetzt besteht für Ihren Verstand kein Grund, sich einzumischen, um eine so unbestreitbare Wahrheit zu leugnen. Aber wir können in unserem Bemühen, uns selbst und den Weg der persönlichen Entfaltung und Befreiung zu verstehen, noch viel weiter gehen. Bevor wir versuchen zu erkennen, was ein männlicher Mann und was eine weibliche Frau ist – was in unserer neurotischen Gesellschaft ziemlich schwierig geworden ist –, müssen wir uns zunächst klarmachen, daß die Frau den vom Mann ausgesandten Samen empfängt, die Frau nimmt also in sich auf, während der Mann etwas nach außen hin abgibt. Wenn es eine Weiblichkeit und eine Männlichkeit gibt, ein Yin und ein Yang, dann ist die weibliche Seite die Seite des Empfangens, des Aufnehmens, der Verinnerlichung, der in der Tiefe verborgenen Reifung, die männliche Seite ist die des Abgebens nach außen.

Die Hindus und die Buddhisten behaupten, daß man in mehreren aufeinanderfolgenden Leben manchmal ein Mann, manchmal eine Frau sein kann, wodurch sich auch erklären ließe, warum sich bei einem Mann gewisse weibliche Neigungen und bei einer Frau gewisse männliche Neigungen zeigen. Wir können diesen Aspekt der Wiedergeburt für unser Thema jedoch völlig beiseite lassen. Sie sind es schließlich, in diesem Leben hier, der die Chance hat, *sich bewußt zu sein, daß er ist*, und folglich sind Sie es, der das Geheimnis des Seins und des Bewußtseins entdecken kann.

Versuchen Sie, diese beiden wesentlichen Beobachtungen allmählich in Übereinstimmung zu bringen: jene, die Ihnen unmittelbar zugänglich ist und die ich noch näher ausführen werde, die natürliche Funktion der Zeugung sowie das bedeutsame Symbol des *Shiva-Lingam*, das Sinnbild des Phallus, das in einer nicht wirklichkeitsgetreuen Darstellung aus einer Schale, der *Yoni*, emporragt. Dies beinhaltet nicht nur, daß jedes menschliche Wesen aus der Mutter hervorgeht, sich im Uterus bildet und bei der Entbindung (von der Mutter aus gesehen) beziehungsweise bei der Geburt (vom Neugeborenen aus gesehen) zur Welt kommt. Kehren wir zur Symbolik der vier Elemente zurück, so sehen wir, wenn wir die Natur aufmerksam betrachten, daß Wasser und Erde in der Tat mit allem werdenden Leben verbunden sind. Tatsächlich findet der Keimprozeß in der Erde statt, und auch im Wasser vermehrt sich das Leben, das sich im Feuer nie entwickeln könnte. Ein Wasserbecken im Freien ist in vielerlei Hinsicht lehrreich für uns. Es überzeugt einfach, wenn man untersucht, was sich zur Frühlingszeit alles im Wasser bildet. »*What does nature say?*« sehen wir uns das Wasserbecken an.

Andere Ansätze verwenden das bekannte Bild der Wellen, die aus dem Meer geboren werden, oder des göttlichen Atems, der über die Wasser der Schöpfung weht; der Wind – das männliche Prinzip – weht über das Wasser – das weibliche Prinzip –, und aus dem Wasser steigen Wellen empor.

Auch wenn diese alten Vergleiche zugegebenermaßen nie perfekt sind, da sie materielle Bilder verwenden, um subtile Realitäten auszudrücken, so sind sie doch sehr ergiebig. Man muß auf eine gewisse starre Logik verzichten, die ihrem Wesen nach männlich, ja geradezu eine Karikatur des Männlichen ist, um diesen bildhaften oder allegorischen Ansatz anzuerkennen. Ich werde mich nicht weiter über diese archetypische Symbolik auslassen, da sie sehr bekannt ist, das flüssige, sich anpassende Wasser, die nährende Erde ... Alles, was wir über die Symbolik der Erde und des Wassers sagen können, läßt sich auf das weibliche Prinzip anwenden, während die der Luft (oder dem Wind) und dem Feuer innewohnende Symbolik uns viel über das männliche Prinzip lehrt.

In allen menschlichen Wesen hat das weibliche Prinzip die Bedeutung von Tiefe. Alles, was mit Tiefe verbunden ist, ist von Natur aus weiblich. Alles, was mit dem Übergang von der Tiefe an die Oberfläche zu tun hat, ist von Natur aus männlich. Man kann also sagen, daß die Meditation ihrem Wesen nach weiblich ist, da man sich dabei nach innen wendet, in seine eigenen Tiefen zurückkehrt, während der Unternehmungs- und Handlungsgeist, der Wunsch, die Welt zu gestalten, seinem Wesen nach männlich ist. Gewiß ist jedoch, daß bei jedem sich im Gleichgewicht befindlichen Wesen die Handlung aus der Tiefe geboren wird. Die Wellen steigen aus dem Meer empor, und rechtes Handeln entspringt den tiefsten Schichten unseres Wesens.

Doch kehren wir nun zu der psychologischen Betrachtungsweise und zu jenem physikalischen Tatbestand zurück: Der Mann gibt, und die Frau empfängt. Das ist sehr wesentlich.

Die von außen kommenden Eindrücke und Empfindungen dringen in uns ein. Sie berühren uns und bewegen uns auf der weiblichen Ebene unseres Wesens. Dies gilt für Männer wie für Frauen. Gegenüber allem, was wir wahrnehmen, nehmen wir, wenn wir auch nur ein klein wenig im Gleichgewicht sind – hinsichtlich des heute behandelten Themas sind wir im allgemeinen eher neurotisch – eine weibliche Haltung ein. Ein von außen kommendes Element dringt in uns ein, und es vollzieht sich ein Reifungsprozeß, eine Entwicklung in uns, die ihrem Wesen nach ebenfalls weiblich ist. Dann antworten wir der Situation entsprechend oder reagieren, was nur allzu häufig passiert, rein mechanisch; und diese Antwort oder Reaktion ist ihrem Wesen nach männlich. So einfach sich das anhört, ist es dennoch der Schlüssel zu einem wirklichen Verständnis seiner selbst sowie der gesetzmäßigen Beziehung zwischen den Geschlechtern. Wenn die Menschheit glücklich sein soll, ist es wichtig, daß die Frauen auf ungezwungene und natürliche Art ihre Weiblichkeit und die Männer auf ungezwungene und natürliche Art ihre Männlichkeit leben.

Alles, was mit Empfangen, Annehmen, Verinnerlichen und Reifenlassen zu tun hat, ist weiblich. Alles, was im Gegensatz dazu etwas mit Hervorbringen, Fördern, Erzeugen zu tun hat, ist männlich.

Wenn ich behaupte, daß der weibliche Aspekt die Vorbedingung für den männlichen Aspekt darstellt, so meine ich damit, daß vor dem Geben, Hervorbringen, Zum-Ausdruck-Bringen zunächst das Empfangen, das In-sich-Tragen notwendig ist.

Gehen wir Schritt für Schritt vor, weil dies vielleicht recht neu für Sie ist.

Was können wir aus der Natur ersehen? Damit die Frau eines Tages ein Kind zur Welt bringen kann – ein Akt, der an sich dem männlichen Aspekt der Schöpfung entspricht – muß sie zunächst den Samen tief in sich empfangen, ihn mit ihren eigenen Körperzellen verbinden und reifen lassen. Dieser Prozeß vollzieht sich sowohl auf der physischen als auch auf der psychologischen Ebene. In dem Maße, wie wir etwas empfangen und in uns reifen lassen, nehmen wir alle, Männer wie Frauen, eine weibliche Haltung ein. In dem Maße, wie wir uns, nachdem wir etwas in uns zur Reifung gebracht haben, nach außen hin zum Ausdruck bringen, nehmen wir alle, Männer wie Frauen, eine männliche Haltung ein. Deshalb sage ich, daß die männliche Seite des Lebens der weiblichen entspringt. Das Baby wird aus der Tiefe des Mutterschoßes geboren und jedes rechte Handeln kommt aus der Tiefe unserer Wahrnehmung.

Wie arbeitet dieses Prinzip? Hier setzt eine große Verwirrung ein, da Sie alle von oberflächlichen Vorstellungen über die Rivalität der Geschlechter erfüllt sind. Statt der Frau eine echte Entfaltungsmöglichkeit zu bieten, wirkt sich »die Emanzipation der Frau« zumeist so aus, daß die Frauen zu Karikaturen der Männer werden.

Voll und ganz Mann zu sein bedeutet, seine weibliche Komponente angenommen zu haben, voll und ganz Frau zu sein bedeutet, seine männliche Komponente angenommen zu haben. Das ist sicherlich ein wichtiger Punkt. Doch beinhaltet der Weg zu einem vollkommenen menschlichen Wesen darüber hinaus auch, als Frau voll und ganz Frau zu sein und als Mann voll und ganz Mann. Unsere moderne Welt hat allmählich eine Gesellschaft entwickelt, die den Männern den Vorzug zu geben scheint, wobei sie nicht nur die Bedeutung der Mutterschaft übersieht, zu der einzig die Frauen imstande sind, sondern auch die Bedeutung des weiblichen Prinzips immer mehr außer acht läßt. Unsere heutige Gesellschaft bringt sowohl uns Männer, wie auch euch Frauen aus dem Gleichgewicht, da sie die ursprüngliche – an erster Stelle stehende – Bedeutung der Weiblichkeit nicht mehr anerkennt.

Diese Tendenz wird immer schlimmer, genährt durch hohle Vorstellungen, deren früherer Wahrheitsgehalt mit der Zeit entstellt wurde, oder durch Vorstellungen, die zwar zutreffend sind, jedoch in falschen Zusammenhängen angewendet werden: »Die Frau ist intuitiv und unlogisch, der Mann ist hingegen logisch.« Lassen Sie sich nicht von solch oberflächlichen Aussagen beeindrucken. Richtig ist, daß die weibliche Seite eines menschlichen Wesens nichts mit dem Intellekt zu tun hat, so wie wir ihn heute verstehen. Doch der daraus gezogene Schluß, daß die weibliche Seite des Menschen minderwertig sei, ist ein Trugschluß, an dem unsere moderne westliche Welt zugrunde geht. Als ob ausschließlich der Intellekt, der Verstand, die Logik, die tatsächlich männlich sind, einen Wert hätten.

Man kann nicht denken, urteilen, überlegen, folgern, wenn man nicht zuerst gefühlt, wahrgenommen, aufgenommen hat, bevor man nicht »empfänglich« war, wie es die Frau auf natürliche Weise ist oder wie das sich in der Schöpfung manifestierende weibliche Prinzip. Der weibliche Aspekt der Wirklichkeit ist von ungeheurer Bedeutung: die Erde, das Wasser, der Uterus, die Empfängnis, die Tiefe, aus der der schöpferische Akt hervorgeht.

Man sagt, die Frau sei intuitiv, die Frau sei irrational, aber was bedeutet das? Spricht man von einer vollkommenen, anerkannten Frau oder von einer geringgeschätzten, seelisch verletzten, schlecht entwickelten, unterdrückten, von dieser pathologisch männlichen Gesellschaft beeinflußten Frau? Ja, die moderne Welt, in der wir leben, ist, ich verwende diesen geheiligten Begriff, phallokratisch, womit jedoch nicht ausgedrückt werden soll, daß diese Welt den Männern eine Vorrangstellung über die Frauen einräumt. Das wäre so gesehen nicht richtig. Es bedeutet, daß die moderne Welt dem kosmischen männlichen Prinzip den Vorrang vor dem weiblichen Prinzip gibt. Dies geht auf Kosten der Frauen wie auch der Männer, doch ist die feministische Reaktion falsch, weil sie diesen grundlegenden Irrtum nicht in Frage stellt. Die Emanzipationsbewegung besteht für die Frau vielmehr darin, nach besten Kräften den weiblichen Aspekt der Wirklichkeit zu verleugnen, um sich dem Mann gleichzustellen oder ihn auf dem Gebiet der Männlichkeit zu besiegen, während die armen Männer, die ihre Weiblichkeit verloren haben, genauso ratlos sind wie unter Umständen die Frauen auch.

Diese Gesellschaft wirkt sich weniger vernichtend auf die Frau und günstig auf den Mann aus, wie es Simone de Beauvoir in ihrem Buch *Le Deuxième Sexe* (dt. *Das andere Geschlecht*, rororo, Hamburg 1968) und viele andere nach ihr beschrieben haben, als vielmehr vernichtend auf das weibliche Element der Frau und auf das weibliche Element des Mannes. Das krankhaft verstärkte männliche Element kann indessen nur zur Neurose und zu einem gestörten Verhältnis zu sich selbst, mit anderen Worten zu einer Entfremdung führen. Der affektive und sensorische Bereich, die echte Sensibilität ist eine weibliche Gabe.

Swamiji sagte: »Be sensitive«, »Seien Sie empfindsam«. Nicht im Sinne von »Ein Nichts läßt mich in Tränen ausbrechen«, sondern als Fähigkeit zu empfinden. Die beiden Schlüsselworte von Swamijis Lehre lauten: *»to feel (feeling)«* und *»to see«. Feel, feeling:* empfinden. Der Weise hat keine Emotionen mehr, aber er ist sehr sensibel geworden, wie ein vervollkommnetes Instrument, das nicht bis auf ungefähr zwei Gramm, sondern auf ein tausendstel Milligramm genau auswiegt. *To see,* sehen, oder *seeing,* die Handlung des Sehens, stellt die männliche Seite eines menschlichen Wesens dar, *to feel* die weibliche, da man nur empfinden kann, wenn man sich öffnet, empfängt, vorbehaltlos in sich aufnimmt.

Ich möchte ein etwas saloppes Bild verwenden: Eine Frau, die ihre Oberschenkel zusammenpreßt, um ein Eindringen des Mannes zu verhindern, wird niemals das Wunder vollbringen, ein neues menschliches Wesen auf die Welt zu bringen. Wenn wir uns aus Angst vor der äußeren Welt »verschließen«, verleugnen und unterdrücken wir damit die weibliche Komponente in uns. Viele Menschen, Männer wie Frauen, unterdrücken heutzutage ihre Empfindsamkeit. Andererseits wollen sie handeln. Um handeln zu können, müssen wir eine gewisse Logik anwenden, die es uns ermöglicht, unsere Handlungen zu lenken. Diese Logik, eine männliche Funktion, der es an der Grundvoraussetzung zu sehen oder erst einmal wahrzunehmen mangelt, nimmt in der heutigen Welt völlig überhand.

Als Beweis für dieses bedenkliche Phänomen, das sich vor unseren Augen immer mehr verbreitet, möchte ich die gestiegene Anzahl rein intellektueller Prüfungen anführen. Die verstandesmäßige Logik ist zum alleinigen Beurteilungs- und Auswahlkriterium geworden. Alles geht über den Verstand. Unsere Gesellschaft zerstört sich selbst durch die Unterdrückung der Sensibilität und durch einen krankhaft übersteigerten Intellektualismus, durch die Unterdrückung der weiblichen Werte und der menschlichen Wirklichkeit sowie durch die krankhaft überbewerteten männlichen Werte. Die Empfindungsfähigkeit schwindet immer mehr. Sie wird durch Neurosen verletzt, unterdrückt, abgelehnt und entstellt. Als Ausgleich dafür werden die intellektuellen Fähigkeiten stärker betont.

Was für ein tragischer Verlust ist es für uns alle, für Männer wie für Frauen, für die gesamte Menschheit, daß die weiblichen Werte aufgegeben und die verformten männlichen Werte so überbetont werden. Die Frauen wagen es nicht mehr, Frauen zu sein; sie glauben, daß das, was sie für die gesamte Menschheit so kostbar macht, keinen Wert besitzt, und daß einzig ihre Fähigkeit zählt, ihre Männlichkeit mit dem dazugehörigen logischen Geist zu entwickeln. Dann wird man nicht mehr behaupten, daß die Frauen »so herrlich unlogisch« sind.

Wie wollen Sie auf rechte Weise handeln, etwas erschaffen, hervorbringen, den Lauf der Dinge ändern, sich zum Ausdruck bringen (alles männliche Funktionen), wenn Sie sich nicht allem, was auf Sie zukommt, zunächst öffnen, nicht mit Hilfe des Intellekts, sondern mit Hilfe der Empfindungen und der Intelligenz des Herzens? Swamiji sagte: »Alles ist sexuell«, jedoch nicht in dem Sinne, wie Freud dies behauptete. Jegliche Dualität ist sexuell; Dualität ist gleich Sexualität, Non-Dualität ist gleich transzendierte Sexualität. Was bedeutet sexuell? Es bedeutet, etwas durch eine Öffnung zu empfangen. Die Upanishaden sprechen von den sogenannten neun Öffnungen: den Ohren, der Nase, dem Mund ... Sämtliche Informationen dringen durch diese Öffnungen in uns ein.

Folglich gibt es hier ein weibliches Element des Sichöffnens und Empfangens. Wenn ich etwas in mich eindringen lasse und das, was ich mich eindringt, aufnehme, verkörpere ich ein weibliches Prinzip. Diese Empfänglichkeit verringert sich indessen mehr und mehr. Sie verschließen sich, Sie schützen sich. Sie nehmen nur noch über den Intellekt auf und wagen es nicht mehr, sich dem zu öffnen, was Ihnen durch die sinnliche Empfindung und das Gefühl übermittelt wird und direkt an Ihre Empfindsamkeit rührt. Es sind Informationen, die uns die äußere Welt vermittelt, die wir speichern und mit denen wir, was ganz normal ist, sozusagen schwanger gehen. Anschließend drücken wir etwas nach außen hin aus und werden männlich. Jedesmal wenn eine Frau entbindet, verkörpert sie damit, obwohl dies das Bild ihrer Rolle als Mutter schlechthin ist, die männliche Seite ihres Wesens, die »nach außen schleudert«, anstatt in sich aufzunehmen.

Ein Mann ist dann ein wirklicher Mann, wenn er die weibliche Seite seines Wesens in sich entwickelt hat, wenn er nicht nur starke Muskeln hat, sondern »sich wieder nach innen wendet«, entscheidet, aufbaut oder zerstört.

Es gehört heutzutage zum guten Ton, über Polytechniker oder ehemalige Schüler der Nationalen Verwaltungsschule zu spotten, doch ist die wahre Ursache für diesen Spott die Unterdrückung der Empfindungsfähigkeit durch die Logik. Und dies führt zur Katastrophe. Die Technokraten, die sich mit Hilfsmaßnahmen für die dritte Welt befassen, wo Empfindsamkeit und Intuition eine große Rolle spielen, empfinden nicht. Sie denken. Mit ihren Zahlen, ihren Berechnungen, ihrer Vernunft versetzen sie ganze Populationen von einem Ort zum anderen, entscheiden über neue Kulturen und zerstören ein natürliches Gleichgewicht, für das die Menschen, die ihre weibliche Fülle nicht unterdrückt haben, seit Ewigkeiten ein Gespür hatten. Ein Diplomingenieur des französischen geographischen Instituts, der heute morgen bei uns war, nannte mir einige anschauliche Beispiele für diese Schwierigkeit des westlichen Technokraten, die Art und Weise zu verstehen, in der sich diese sicherlich dürftigen, aber lebenswerten Gleichgewichte dank einer Empfindungsfähigkeit und Intuition seit Jahrtausenden aufgebaut haben, die bei dem Techniker, der nichts fühlt, für nichts offen ist, nur noch schwach ausgeprägt ist. Dieser Techniker kommt nun mit all diesen Ideen, die er während seiner Studien in Frankreich gierig aufgenommen hat, und fängt an zu bestimmen, was die Nomaden tun müssen, um seßhaft zu werden und welche Veränderungen bei Viehzucht, Ackerbau und Weidenutzung vorgenommen werden müssen. Unglücklicherweise häufen sich in Amerika, Afrika und Asien die Fehlschläge und Irrtümer.

Dieses Unverständnis bildet den Ruhm des männlichen Geschlechts und das Kriterium unserer Gesellschaft für die Anerkennung der Frau. Eine Frau tritt in die Technische Universität ein. Was für ein Vergeltungsschlag des weiblichen Geschlechts. Frauen machen auf der E. N. A. (Nationale Verwaltungsschule) ihren Abschluß. Was für ein Vergeltungsschlag des weiblichen Geschlechts. Haben sich die Frauen von heute wirklich zum Ziel gesetzt zu beweisen, daß auch sie verstümmelte und neurotische Menschen werden können? Während sie zu Frauen werden können, indem sie ihre Männlichkeit mit einbeziehen, müssen wir Männer unsere Weiblichkeit mit einbeziehen, um die Fähigkeit des Aufnehmens wiederzufinden, die Grundvoraussetzung für Schwangerschaft und Zeugung ist.

Es ist nicht notwendig, in dem Augenblick, in dem man den Penis und das Sperma des Mannes in sich aufnimmt, »logisch zu denken«. *»What does nature say?«* Es ginge der Welt weniger schlecht, wenn wir so, wie eine Frau ein Baby hervorbringt, ein Bewässerungssystem erfinden, einen Bauplan für eine Stadt entwerfen oder das französische Steuerwesen neu organisieren könnten, indem wir uns zunächst öffnen und uns von der Wirklichkeit durchdringen lassen, die sich sodann in uns ans Werk macht.

Aber wenn wir die Empfindsamkeit als eine innere Funktion beurteilen, die lediglich Hippies, Dichtern und Frauen – mit einem leicht verächtlichen Unterton – vorbehalten ist, die Intelligenz hingegen als eine höhergestellte Funktion, dann verfälschen wir das Spiel der Wahrheit, der Schöpfung selbst. *»To see«*, sehen, *buddhi*, die Intelligenz, und *»to feel«*, empfinden, sind gleichermaßen wertvoll, gleichermaßen notwendig.

Es ist ganz normal, daß man die Gebärmutter – ein ausschließlich weibliches Organ, aus der die Frau menschliches Leben hervorbringen kann – mit der Vorstellung von Tiefe verbunden hat. Sämtliche Symbole der Tiefe, die ganze Fülle, die dieses Wort miteinschließen kann, sind in der traditionellen Auffassung der Wirklichkeit auf natürliche Weise mit den weiblichen Organen und folglich mit der Weiblichkeit verglichen worden, was durchaus berechtigt ist. Sprechen wir über die Tiefenpsychologie, so sollten wir wagen, sie die Psychologie des weiblichen Aspekts der Wirklichkeit zu nennen. Tiefe impliziert Weiblichkeit, doch verlieren der moderne Mann und die moderne Frau immer mehr die Verbindung zu ihrer Tiefe. Daher auch diese ungeheure Gegenreaktion in Form von immer beliebter werdenden modernen Therapien. Seine eigene Tiefe wiederzufinden ist nicht leicht. Wenn alle, die ein Jahr lang Bioenergetik, Primär- und Urschreitherapie gemacht haben, befreit wären, würden sich viele unserer Zeitgenossen schon wohler fühlen in ihrer Haut.

Tiefenpsychologie ist also eine Psychologie der weiblichen Seite des Menschen, des Mannes oder der Frau, und wir werden in der Tat wieder zu der Bedeutung jener Fähigkeit, die äußeren Einflüsse oder Eindrücke wahrzunehmen, zurückfinden. Die Bemühungen der Tiefenpsychologie zielen nicht direkt auf den Intellekt ab, sondern versuchen, gerade den affektiven Bereich, den Bereich des Aufnehmens, der Empfindung zu berühren: »Wie habe ich die Liebe meiner Mutter, den Zorn meines Vaters wahrgenommen? Wie habe ich mich zunächst der Welt geöffnet, mich dann wieder von ihr abgekapselt und hinter den verschiedenen Schutzmechanismen verschanzt?« Wir befinden uns heute alle oder befanden uns alle in der Defensive, aus Angst, daß uns jemand zu nahe tritt. Geht man davon aus, daß die Affektivität eine weibliche Seite des Mannes ist, was ist das dann für ein Mann, der seine Affektivität verleugnet hat oder dessen Affektivität erkrankt ist?

Das *lying*, ein in Swamijis Lehre vorkommender Begriff (die Anamnese unbewußter Traumata) – keinen Widerstand mehr zu leisten und in seine eigene Tiefe hinabzusteigen – stellt eine weibliche Haltung dar. Damit können Männer und Frauen, die keine Frauen mehr sind, geheilt werden, weil sie dadurch die Möglichkeit erhalten, den tiefen Reichtum ihres irrationalen, affektiven Wesens wiederzuentdecken. Sage ich irrational, so ist das keineswegs abwertend gemeint. Dies wäre vielmehr der Fall, wenn ich rational sagte. Mit dem *lying* gab uns Swamiji eine Möglichkeit, die Weiblichkeit in uns wiederzufinden und zu wagen, uns sogar dem zu öffnen, vor dem wir uns früher verschlossen haben.

Das Kleinkind öffnet sich der Welt, aber aufgrund der seelischen Verletzungen, die ihm zugefügt werden, verschließt es sich und lehnt die Leiden und Enttäuschungen ab, die es durch seine Offenheit erfahren hat. All das wird verdrängt. Das Kind verliert die Verbindung zu seiner Tiefe, zu seinem Empfinden und mißt stattdessen, sei es nun ein kleiner Junge oder ein kleines Mädchen, seinem Intellekt eine immer größere Bedeutung bei. Lesen, lesen, lesen, als ob ein Buch über das Schwimmen das Vergnügen, in einem Schwimmbecken herumzuplantschen, ersetzen könnte. Das kleine Mädchen wie auch der kleine Junge müssen vor allem gute Schüler sein. Das wird geschätzt und anerkannt. Die Gesellschaft berücksichtigt indessen nicht, daß die Affektivität des Kindes jetzt praktisch gleich Null ist. Der Junge oder das Mädchen werden später, wenn der Leidensdruck zu groß wird, die Hilfe eines Psychotherapeuten oder vielleicht eines Gurus suchen.

Wenn Sie Ihre Weiblichkeit verleugnet haben, werden Sie anormal, was so weit gehen kann, daß einige ihre spirituelle Suche auf die Flucht vor einem Sichöffnen und auf die Ablehnung dessen konzentrieren, was sich, je nachdem, wie offen sie einstmals waren, in ihnen eingeprägt hat. Alles geht über den Verstand: und noch ein Buch über die Sufis und noch ein Buch über Zen und noch ein Buch über Meditation und noch ein Buch über den Vedanta. Man kann sämtliche Werke Freuds lesen, ohne jemals auch nur die kleinste Analyse anzufangen, mit dem Ödipuskomplex, der Kastration, der analen oder oralen Phase herumjonglieren, um sich besser gegen sein eigenes Unbewußtes zu schützen. Die Tiefenpsychologie ist die Wiederentdeckung Ihrer weiblichen Potentiale.

Der Schaffensdrang des Menschen, der das Antlitz der Erde verändert, der organisiert, entscheidet, Gesetze verordnet, eine Gesellschaft gründet, ein Unternehmen leitet, all jene Aktivitäten unternimmt, die wir heute mit dem Männlichen verbinden, ist nur dann berechtigt, wenn er zunächst Ausdruck einer vollkommenen, »auf das Sein bezogenen«, wie Gurdjieff sagte, Öffnung zur Wirklichkeit hin ist. Eines der dominanten Zeichen in meinem Horoskop sind die Zwillinge, die von mehreren Planeten besetzt sind; ein intellektuelles Zeichen, das die männlichen Werte fördert: Kontakte herstellen, reisen, Treffen organisieren, Handel treiben, sei es mit Ideen oder mit Stoffen. Ich mußte allmählich entdecken, daß die Werte, mit denen ich in dieser modernen Gesellschaft großgeworden bin, falsch waren und vor allem, daß das Leben nicht darin besteht, ein guter Schüler zu sein. Ich habe bereits erwähnt, daß die *lyings* nur einen kleinen

Teil von Swamijis Lehre ausmachten und möchte noch hinzufügen, daß das *lying* mich in bezug auf das eben Gesagte rettete, weil ich meine eigene Tiefe, meine Irrationalität vollkommen akzeptiert und all das wiedererkannt habe, was ich seit meiner Kindheit erlebt und empfunden habe.

Ein Mann, der seine Weiblichkeit verbannt hat, ist kein echter Mann, selbst wenn er eine immer stärkere, jedoch nicht in der Tiefe verwurzelte Männlichkeit beweist und im negativen Sinn dieser Worte männlich, logisch, unerbittlich, ein Techniker wird, der von seiner Empfindsamkeit abgeschnitten und ständig in Bücher, Zahlen und Statistiken vertieft ist. Wenn ein Mann mit seiner Weiblichkeit oder eine Frau mit ihrer Männlichkeit, mit der Fähigkeit zu erschaffen, nachzudenken und hervorzubringen, schlecht umgegangen sind, werden sie dem anderen Geschlecht gegenüber besonders verletzlich, da sie in ihm verzweifelt jene Dimension des Lebens suchen, die normalerweise in ihnen selbst existieren müßte. Das ist es auch, was Sie so anfällig macht.

Was Marco gestern abend den Mut hatte zu sagen: »Mehrere Frauen haben mir im Laufe meines Lebens gesagt ›ich liebe dich‹, und dennoch bin ich überzeugt, niemals geliebt worden zu sein«, gilt für die meisten Männer unter Ihnen, weil Sie bei der Frau jene Weiblichkeit suchen, die Sie in sich selbst nicht zu entdecken wagen. Je mehr Sie die Verbindung zu Ihrer Weiblichkeit verlieren, desto schwächer werden Sie Frauen gegenüber. Sie haben Angst vor dieser Schwäche, Sie mißtrauen sich, Sie reagieren mit Härte und, wie es die moderne Sprache so schön ausdrückt, Sie transformieren die Frau zu einem Objekt, damit sie Ihnen keinen Schaden zufügen kann.

Ich möchte noch einen weiteren Punkt hinzufügen. Wenn Sie, meine Herren, Ihre eigene intuitive, irrationale Weiblichkeit verdrängt oder zerstört haben, fühlen Sie sich von Frauen angezogen und haben gleichzeitig Angst vor ihnen, weil sie das repräsentieren, was Sie in sich selbst fürchten. Die berühmte Angst vor den Frauen, die im Herzen eines jeden Mannes existiert, werden Sie erst dann wirklich verlieren, wenn Sie die Notwendigkeit akzeptieren zu empfinden, »sensitiv« zu werden, sich uneingeschränkt dem Wind zu öffnen, dem Regen, dem Gesang eines Vogels, einem Duft, sich mit *allen* Ihren Sinnen den Eindrücken und Wahrnehmungen zu öffnen. Wenn Sie den Mut haben, Ihre Emotionen wiederzuentdecken, wieder empfänglich, intuitiv, irrational, »wie kleine Kinder« zu werden, so werden Sie vor Ihrer weiblichen Seite und folglich auch vor der stark ausgeprägten weiblichen Seite der Frau keine Angst mehr haben. Somit entgehen Sie der Furcht und gleichzeitig der Verblendung, die Sie angesichts einer Frau infantil werden läßt.

Was die Frauen angeht, so sind auch sie sicherlich erst dann vollkommene menschliche Wesen, wenn sie die männlichen Werte, die der Symbolik der Luft und des Feuers entsprechen, in sich entwickelt haben. Doch damit die Frau diese männlichen Werte verkörpern kann, muß sie zunächst ihre eigenen weiblichen Werte annehmen. Endet sie jedoch damit, daß sie Angst vor ihrer Sensibilität hat, vor ihrer Fähigkeit zu kommunizieren, sich in Liebe mit dem gesamten Universum zu vereinigen, dann wird ihre männliche Seite erkranken. Die Frau, die täglich zwei Packungen Gitanes raucht und in dem Unternehmen, in dem sie arbeitet, von drei Telefonen belästigt, Männer unter sich befehligt, führt sie ein wirklich erfolgreiches Leben? Alles in allem ist dies intellektuell recht einfach zu verstehen, gefühlsmäßig jedoch wesentlich schwieriger nachzuvollziehen, da Sie sich alle vor Ihrer Affektivität schützen, was übrigens auch deshalb so schlimm ist, weil Sie, da Sie ihr keinen Platz in Ihrem Leben einräumen, um so stärker von ihr überwältigt werden. Es sind die weiblichen Werte, die einen wahren Mann ausmachen. Indem ich den Unterschied zwischen Mann und Frau bekräftige, würdige ich die Frau nicht herab, und ich habe auch niemals bestritten, daß die Fähigkeiten des Mannes einer Frau nicht zugänglich wären.

Wir müssen uns nochmals mit einem überraschenden Gedanken befassen. Wenn eine Frau entbindet, agiert sie als Mann, da sie etwas erschafft, ein neues menschliches Wesen hervorbringt. Auch die Männer widmen sich in Wirklichkeit dem Versuch, etwas »in die Welt zu setzen«. Zwei Techniker zögern beispielsweise nicht zu fragen: »Wie geht es unserem Kind?«, womit sie irgendein Projekt meinen, beispielsweise ein neues Automodell, das Peugeot herauszubringen beabsichtigt. Oder: »Ich habs! Ich habe die ganze Nacht darüber zugebracht, aber jetzt ist mein Projekt geboren.« Die Sprache ist in dieser Hinsicht recht aufschlußreich. Wenn die Frau niederkommt, agiert sie als Mann. Sie verändert etwas auf dem Antlitz der Erde und anstatt die Tour Montparnasse oder die Südautobahn zu konstruieren, hat sie den »kostbaren menschlichen Körper« eines zukünftigen Erwachsenen hervorgebracht.

Eine Frau agiert auch insofern als Mann, als sie, wie sie es früher war, Swamijis Worten entsprechend, *»Queen of her Kingdom«*, Königin in ihrem Königreich ist, im Haus beziehungsweise am Herd, um es altmodisch auszudrücken. Auch wenn die Frau in diesem ihr traditionsgemäß bestimmten Königreich lebt, kann sie sich dennoch durch die Entfaltung der männlichen Seite ihres Wesens weiterentwickeln: nachdenken, organisieren, lenken, über die Herzen regieren. In weniger kranken Zivilisationen wie der unseren haben die Männer die Autorität der Frauen auf zahlreichen Gebieten vollkommen anerkannt. Und es hat zweifellos immer Frauen gegeben, die in dieser Hinsicht außerordentliche Fähigkeiten besaßen. In Indien beispielsweise hat es vom Altertum bis hin zu Indira Ghandi zahlreiche Regentinnen gegeben, die die Geschichte der Menschen lenkten.

Wenn die Frauen doch wenigstens wieder die weiblichen Werte achten würden. Aber schon von Kindheit an haben sie gelernt, diese anzuzweifeln. Glauben Sie, daß es einem kleinen Mädchen nichts ausmacht, wenn es zu einem kleinen Jungen sagen hört: »Weine nicht, nur Mädchen weinen«? Was für eine Dummheit. Dies führt nicht nur dazu, daß die Jungen ihre Empfindsamkeit unterdrücken und nurmehr von Herz und Gefühl getrennte Verstandesmenschen werden, sondern bestärkt die Frauen darin, daß »die Mädchen weinen, weil sie ja nur Mädchen sind«, während die kleinen Jungen nicht weinen. Es ist ganz klar, daß Frauen, wenn sie sich von derartigen Sprüchen und vorgefertigten Meinungen beeinflussen lassen, sich nicht mehr getrauen, Frauen zu sein. Und wenn sie keine guten Schülerinnen gewesen sind – im männlichen Sinne! – wenn sie ihr Abitur nicht mit ›gut‹ bestanden haben, fühlen sie sich minderwertig. Doch ist eine Zivilisation, die Studien und Intellekt absoluten Vorrang gibt, eine morbide, schizophrene Zivilisation.

Ein wirkliches Paar ist ein Paar, bei dem der Mann der Frau dankbar ist, daß sie ihm hilft, seine weibliche Seite anzunehmen, und die Frau dem Mann, daß er ihr hilft, ihre männliche Seite zu entfalten. Solange die Männer ihren weiblichen Teil verleugnen und die Frauen es ihnen aufgrund irgendwelcher in der Gesellschaft vorherrschenden Vorstellungen gleichtun, wird das Zusammenleben eines Paares immer so belastet sein wie in der heutigen Zeit: eine nie erfüllte Hoffnung, Liebe, die zerbricht, Mißverständnisse, Streitereien, ungeheures Leid. Das ist tragisch, wenn man bedenkt, welche Fülle und Schönheit andererseits in der Beziehung zwischen einem Mann und einer Frau liegen kann. Eine partnerschaftliche Beziehung ist nur für den Mann möglich, der seine Weiblichkeit vollkommen anerkennt, und nur für die Frau, die nicht nur ihre Männlichkeit, sondern auch ihre Weiblichkeit annimmt, die sogar Frauen heutzutage nicht mehr anzuerkennen wagen.

Es ist ein schwerwiegendes, die gesamte heutige Welt betreffendes Problem, daß die weiblichen Werte verleugnet, verrufen, verachtet werden, was sowohl durch Handlungen als auch durch Worte zum Ausdruck gebracht wird. Wir sind im Begriff, an diesem Verlust zugrunde zu gehen, und die sogenannten Auswege, um bei der Emanzipation der Frau anzufangen, sind lediglich Sackgassen. Der einzige Hoffnungsschimmer ist die Wiederentdeckung des affektiven Bereichs durch die moderne Psychologie. Leider wird dieser affektive Bereich jedoch nur insofern wiederentdeckt, als er nicht mehr funktioniert. Man entdeckt ihn wie eine Krankheit, und der Ausdruck »Affekt« bezeichnet in der modernen Psychologie eine gestörte Funktion.

Der affektive Bereich ist von größter Bedeutung. Alles andere ist zweitrangig. Zuerst vollkommen empfinden, dann sehen, was getan werden muß, nicht mehr »reagieren«, sondern »antworten«. Glücklich ist der Mann, der ganz klar erkennen kann, daß all seine Diplome die Fähigkeit einer Frau, zu empfinden, sich zu öffnen, die Botschaften, die uns die Welt übermittelt, in sich aufzunehmen, nicht aufwiegen können; glücklich ist der

Mann, der begreift, daß die Frau sich in anderer, jedoch gleichwertiger Weise an die Welt anpaßt.

Solange die Menschen weiterhin ihre eigene Empfindsamkeit verachten und nur offen sind für die äußere Welt, *um sie zu beherrschen, anstatt sie in sich aufzunehmen und mit ihr zu kommunizieren,* wird eine Gesundung unserer Gesellschaft unmöglich sein. Es können höchstens einige bestimmte Individuen dem allgemeinen Verfall entgehen.

Nehru, den man nicht als einen Inder im herkömmlichen Sinne betrachten kann, protestierte dennoch auf eine typisch indische Weise, als triumphierend verkündet wurde: Der Mount Everest ist »besiegt« oder »erobert« worden. Hier tritt ein hauptsächlich männliches Verhalten zutage. Die der weiblichen Wurzeln beraubte männliche Einstellung sieht in der Natur lediglich einen Gegner, den es zu besiegen gilt. Und Nehru hat gesagt: »Der Mount Everest ist unser Freund geworden«, so als hätten wir seine Bekanntschaft gemacht. Die heutigen Männer und Frauen sind von ihrer Empfänglichkeit für die Botschaften der Natur abgeschnitten. Dies wirkt sich nachteilig auf die Erde aus, worauf die Ökologen aufmerksam zu machen versuchen, und bedeutet, was noch schwerwiegender ist, einen menschlichen und spirituellen Verlust.

Es ist andererseits wichtig, mit dem allumfassenden Leben in Verbindung zu stehen. Nur daraus kann rechtes Handeln hervorgehen, das Handeln des Weisen, der die gesamte weibliche Dimension der Menschheit vollkommen in sich entwickelt hat. Er kann verstehen. Der Verstand kann Fakten und Statistiken sammeln, aber das Verstehen an sich ist eine Funktion des ganzen Seins, und niemand kann im wahren Sinn des Wortes verstehen, wenn er nicht die ihm innewohnende Weiblichkeit und Männlichkeit auf harmonische Weise in sich entfaltet hat. Verstehen bedeutet einschließen. Wagen Sie es, sämtlichen weiblichen Werten wieder ihren Vorrang einzuräumen, sowohl Ihr Frauen als auch Ihr Männer, aus denen diese Werte hervorgehen: die Mythen, Allegorien, Gleichnisse, Symbole. Lassen Sie sich von diesen weiblichen Werten durchdringen. Dann wird Ihnen der wahre Weg des Glücks endlich offenstehen.

Kapitel 6

Männlich und Weiblich

Kehren wir zum Thema männlich und weiblich zurück, das wir bereits gemeinsam angeschnitten haben. Zunächst ist anzumerken, daß es sich hierbei sowohl um einen metaphysischen und theologischen als auch um einen psychologischen und physischen Gegenstand handelt. Die dem manifesten Universum zugrundeliegenden Gesetze und Prinzipien regieren auf allen Ebenen der Schöpfung, und die bestehende Einteilung der Menschen in zwei Geschlechter, in Männer und Frauen, ist lediglich eine Erscheinungsform jenes gewaltigen Prinzips von männlich und weiblich, wie wir es nennen.

Der moderne Ansatz geht von der herkömmlichen Ebene aus, um die höheren Ebenen zu erklären und betrachtet jegliche spirituelle Doktrin höchstens als ideelle Wiedergabe oder sinnbildliche Darstellung biologischer Gegebenheiten. Ausgehend von der Feststellung, daß die Männer einen Penis und die Frauen eine Vagina besitzen, kann man auf diese Weise, indem man einen bestimmten Gedankengang verfolgt, wie beispielsweise die Beziehung zwischen Vater und Tochter oder zwischen Mutter und Sohn, ein ganzes Erklärungssystem für religiöse Vorstellungen ausarbeiten. Zahlreiche Psychoanalytiker haben das gemacht.

Man kann aber auch, im Gegensatz dazu, die Wahrheit der traditionellen Lehren anerkennen. Die Schöpfung ist ein von ihrem Ursprung ausgehender fortschreitender Verdichtungsprozeß. Aus dem Nicht-Manifesten heraus trat zunächst die kausale Ebene in Erscheinung, dann die subtile und schließlich die physische Ebene. Diese drei Ebenen befinden sich in jedem von uns. Die Prinzipien, die den Übergang vom Nicht-Manifesten zum Manifesten regeln, wirken auf sämtlichen Ebenen der Wirklichkeit sowie auf allen inneren Ebenen des Menschen. Diese Erklärungsweise, die wir in den verschiedenen esoterischen Lehren der Sufis, Hindus, Christen, Tibeter oder Juden wiederfinden, bewirkt eine grundlegende Veränderung unseres Zugangs zu der banalen, alltäglichen Wirklichkeit unseres Lebens, da diese als konkreter Ausdruck spiritueller Wirklichkeiten betrachtet wird.

Das ist auch der Grund, warum die Sexualität fast immer als etwas Heiliges angesehen worden ist, oder warum die Sexualität, oder jedenfalls ihre sinnbildliche Darstellung, in mehreren spirituellen Lehren eine so bedeutende Rolle gespielt hat. Niemand streitet heutzutage mehr ab, daß die Außenansichten bestimmter indischer Tempel neben vielen anderen Skulpturen auch alle möglichen sexuellen Variationen darstellen, sogar die der Homosexualität; und das *Kama Sutra*, bis heute als erotische Schrift bekannt, ist in der Tat eine von einem Weisen verfaßte umfangreiche Abhandlung, die sich jedoch nur in einem kleinen Teil mit der sexuellen Vereinigung von Mann und Frau befaßt.

Jede einzelne unserer Aktivitäten, selbst diejenige, die wir mit den Tieren gemein haben, nämlich die Sexualität, ist Ausdruck einer spirituellen Wirklichkeit und kann folglich als eine heilige Handlung betrachtet werden, als eine Epiphanie, die uns jene »Prinzipien« enthüllt, zu der die Weisen oder Yogis in ihren Meditationen oder höheren Bewußtseinszuständen Zugang finden. Ebenso kann die Einteilung der Menschheit in Männer und Frauen, die heutzutage heftig diskutiert wird und Anlaß für so viele Bücher, Fernsehdebatten und Interviews gibt, als Ausdruck einer physischen, in erster Linie jedoch spirituellen, kausalen und subtilen Wirklichkeit betrachtet werden. Sie können dieses Problem nur dann richtig, das heißt vollständig erfassen, wenn Sie es von diesem Gesamtzusammenhang aus betrachten. Die Dualität oder Bi-Polarität männlich und weiblich findet sich auf fast jeder Seite der alten Schriften oder in jedem von einer traditionellen Lehre behandelten Thema wieder.

Die Bestätigung des Egos ist eine Verfälschung der männlichen Haltung, die Auslöschung des Egos ist eine weibliche Haltung. Das spirituelle Leben, *sadhana*, bedeutet empfänglich, offen zu sein, auch wenn das Wort *sadhana* Bemühungen machen heißt, und dient nicht der Bestätigung des Egos. Doch wie schwierig ist es für die Männer, die Vorstellung zu akzeptieren, daß sie den weiblichen Werten gegenüber viel aufgeschlossener werden müssen, als sie es bisher waren. Es ist die größte Wiederentdeckung, dir wir alle machen können: Unsere Seele wird geheilt, wenn wir den Wert dieser weiblichen Haltung vollständig anerkennen. Ich muß jedoch vorsichtig sein bei dem, was ich sage, weil jeder Satz, den ich ausspreche, Gedankenassoziationen, die nur Wiederholungen sind, und Emotionen, die nur Nachahmungen und entfremdete kulturelle Einflüsse sind, in Ihnen wecken kann.

Alles, was hinsichtlich des Mannes als männliches und der Frau als weibliches Wesen verbreitet wird, ist eine Mischung aus Vorurteilen und allseits bekannten Wahrheiten, die nach wie vor von Bedeutung sind. Ein englisches Sprichwort, das die Inder oft zitieren, lautet: »Schütte das Kind nicht mit dem Bade aus.« Wenn Sie Gewohnheiten oder Vorstellungen, die Ihnen schlecht erscheinen, verwerfen wollen, so achten Sie darauf, daß Sie nicht gleichzeitig Wahrheiten verwerfen, die sich als wertvoll erweisen, wenn wir sie von der Abgedroschenheit, in die sie abgesunken sind, befreien und ihnen ihre ewige Frische zurückgeben.

Die weibliche Haltung ist mit dem Akt des Empfangens, die männliche Haltung mit dem Akt des Gebens verbunden. Verwenden Sie diese Wahrheit als Ansatzpunkt für eine gründliche Überlegung, die Sie über Klischees und Allgemeinplätze hinaus zu einem Verständnis führen kann, das nicht auf die intellektuelle Ebene beschränkt bleibt, sondern Ihr Sein, Ihr Leben umwandeln und Sie bis zur »Verwirklichung« bringen wird. Dies ist wie das Atmen eine doppelläufige Bewegung: empfangen und geben. Ich atme ein, ich empfange, ich atme aus, ich gebe. Auch die Pflanzen atmen ein und aus, empfangen und geben. Das eine kann ohne das andere nicht bestehen. Jedesmal wenn sich ein Prozeß von außen nach innen vollzieht, empfangen wir, und jedesmal wenn die Energie von innen nach außen geht, geben wir. Man sagt zum Beispiel: *»donner des coups de pioche«*, »Schläge mit der Hacke geben«. Wir machen der Erde kein Geschenk, indem wir auf ihr herumhacken; dennoch verwenden wir den Ausdruck »geben«, was sich manifestieren, sich zum Ausdruck bringen, mit einbeschließt. Jegliches Leben – unter anderem auch das menschliche Leben – liegt dieser Doppelbewegung zugrunde: empfangen und zurückgeben. Der Mensch ist ein Apparat, der verschiedene grobstoffliche und feinstoffliche Nahrungsmittel und verschiedene Energien aufnimmt, ein Umwandlungs- und ein Sendeapparat, doch funktioniert dieser Apparat beim Weisen anders als beim gewöhnlichen Menschen. Wir senden auch Schwingungen aus und geben Energie nach außen ab.

Sie haben gehört, daß die Frau eher passiv und der Mann eher aktiv sei. Ja, aber was genau ist in diesen beiden Worten aktiv und passiv, die für eine Übertragung hinduistischer und buddhistischer Vorstellungen unerläßlich sind, mit enthalten? Passiv bedeutet anscheinend träge, also etwas Schlechtes, während aktiv im Gegenteil eine Tugend ist. Und die bekannte Behauptung: »Der Mann repräsentiert den aktiven Pol und die Frau den passiven« ist beleidigend für die Frau. In Wirklichkeit ist die Aktivität der Passivität keineswegs überlegen. Denken Sie einmal über so erstaunliche Aussagen wie die von Ramana Maharshi nach: »Die Passivität des Weisen ist tausendmal aktiver als die gewöhnliche Aktivität.« Die Passivität verdient unsere Achtung, da die Passivität schöpferisch ist.

Kehren wir nochmals zu unserem Ausgangspunkt, zu Swamijis *What does nature say?* zurück, und zwar ohne Vorurteile hinsichtlich der Unterdrückung oder Befreiung der Frau. Die bedeutendste Leistung der menschlichen Spezies besteht darin, einen weiteren Mann oder eine weitere Fau auf die Welt zu bringen, mit der Vorstellung, die in traditionsverbundenen Völkern noch vorherrscht, bei uns allerdings ziemlich in Vergessenheit geraten ist, daß aus diesem Mann oder aus dieser Frau vielleicht ein Weiser, eine Leitfigur für die Menschheit werden kann. In einer traditionellen Zivilisation versucht die schwangere Frau zu beten, sich zu reinigen, um der Empfängnis eines zukünftigen Weisen würdig zu sein. Aber da die Heiligen kaum noch jemanden interessieren (abgesehen von ihrer Namensliste im Kalender), frage ich mich, wieviele Männer und Frauen sich mit dem Gefühl vereinigen, diesem kostbaren menschlichen Wesen, das genauso kostbar ist, wie einstmals für die Menschen der Vorzeit das Feuer war, vielleicht einen physischen Körper zu schenken.

Die Zeugung vollzieht sich indessen auf eine passive Weise. Eine Frau kann vielleicht ihren Gehalt an Proteinen oder Mineralsalzen steigern, aber sie kann sich nicht an die Arbeit machen – »jetzt werdet ihr mal sehen, was herauskommt« –, um ein Kind zu erzeugen. Sie können Ihre Ärmel hochkrempeln, um einen Graben auszuheben oder innerhalb eines Tages eine Mauer hochzuziehen, doch bringt eine Frau auf diese Weise kein neues Leben hervor.

In dieser passiven Haltung begnügt sich die Frau damit zu empfangen, den Sauerstoff aus der Luft aufzunehmen, verschiedene natürliche Nährstoffe wie Proteine, Kohlehydrate, Fette, zu sich zu nehmen und emotionelle Nahrung aufzunehmen. *Sarvam annam*, »alles ist Nahrung«. Es ist sehr wichtig, womit sich eine schwangere Frau nährt. Nährt sie sich mit Kriminalromanen oder mit religiösen Werken, mit heiliger Musik oder mit den allergewöhnlichsten Fernsehsedungen? Nährt die Frau sich und insbesondere das Kind mit Tee und Nikotin, weil sie ohne Rücksicht auf den Embryo, den sie in ihrem Schoß trägt, weiterraucht?

Swamiji hat mir und anderen eine recht unwahrscheinliche Geschichte erzählt, die er sehr ernst zu nehmen schien. Ein junger Mann von zwanzig Jahren, der aus einer angesehenen Familie stammte, hat ein bestimmtes Verbrechen begangen, und seine Mutter erinnerte sich, daß sie während ihrer Schwangerschaft ein Buch gelesen hatte, in dem genau jenes Verbrechen beschrieben war, das zwanzig Jahre später von ihrem Sohn begangen worden ist. Swamiji beharrte darauf – er, der in erster Linie Physiker und kein verrückter Okkultist war –, daß ein Zusammenhang bestand zwischen der Tatsache, daß die Frau von der Lektüre des Buches stark beeinflußt war (selbst in Indien können Irrtümer dieser Art vorkommen) und ihr Sohn zwanzig Jahre später genau dieses Verbrechen begangen hat, das sich ihm als Foetus wie ein *samskara* eingeprägt hat.

Ich gebe zu, daß es mir trotz meiner Achtung vor Swamiji und seiner hervorragenden Laufbahn als Physiker an der Universität von Kalkutta schwerfiel, seine Behauptung zu akzeptieren. Ich zitiere diese Geschichte heute nicht, um näher auf sie einzugehen, sondern nur, um Ihnen zu vergegenwärtigen, wie empfänglich eine Frau ist, die ein Kind erwartet. Sie nimmt drei verschiedene Arten von Nahrung auf: Sie nährt sich von Lebensmitteln, von Luft – von *prana*, wie man in Indien sagt – und von Eindrücken. In Indien herrscht die Meinung vor, daß lediglich die subtilen, verfeinerten Eindrücke auf eine schwangere Frau einwirken.

Mit der Entbindung wandelt sich die empfängliche Haltung der Frau in eine männliche. In dem Augenblick, in dem die Frau ein Kind zur Welt bringt, vor allem, wenn sie, anstatt sich vom Schmerz überwältigen zu lassen, bewußt mit den Kontraktionen mitgeht, führt sie eine männliche Handlung aus: Sie erschafft, sie zeugt, sie handelt in der Welt. In gleicher Weise ist auch das Stillen des Kindes eine männliche Handlung, selbst wenn das Bild einer Frau, die voller Zärtlichkeit das Baby an ihrer Brust betrachtet, eines der weiblichsten überhaupt ist.

Wir können nun einen Schritt weitergehen. Sie werden zugeben, daß jedes ausgeglichene menschliche Wesen, Mann oder Frau, normalerweise beide Fähigkeiten besitzt, zu geben und zu empfangen, sich umwandeln zu lassen und umzuwandeln. Heutzutage jedoch neigen Sie, Männer wie Frauen, viel eher zu einer Haltung oder einem Verhalten, das lieber umwandeln will, anstatt sich umwandeln zu lassen. Sie haben Angst, passiv zu sein und geben der Aktivität den Vorzug. Nun ist die Passivität aber genauso wichtig wie die Aktivität. Es gibt kein ausgeglichenes menschliches Wesen, das nicht auch imstande wäre, passiv zu sein. Sie müssen die Fähigkeit wiederfinden aufzunehmen, ohne sich zu schützen, zu wagen, verwundbar zu werden und sich umwandeln zu lassen.

In vielen alten Lehren findet sich die Weisung, sich durch das Wirken des Heiligen Geistes in uns umwandeln zu lassen. In einem spirituellen Leben sind zahlreiche Bemühungen, *sadhana* im Sanskrit oder Askese im Deutschen genannt, notwendig und auch jene passive Haltung, die so viele Mystiker betont haben: sich dem Wirken des Heiligen Geistes zu öffnen, sich dem Wirken der Gnade zu öffnen, sich der Offenbarung des Atman zu öffnen.

Das Begrenzte kann sich nicht des Unbegrenzten bemächtigen, das Endliche kann sich nicht des Unendlichen bemächtigen, das Ego kann sich nicht des Supra-Individuellen bemächtigen, das Mentale kann sich nicht des Supramentalen bemächtigen, das Wenige kann sich nicht des Vielen bemächtigen. Sie können einzig und allein loslassen und sich öffnen. Und dies ist Ihnen praktisch unmöglich geworden. Sie moderne Männer und Frauen befinden sich in der Defensive und verlassen sich nur auf Ihre eigenen Kräfte. Das in Indien verwendete Wort *surrender* bedeutet sich überlassen. Man muß bereits viel von der Lehre Ramana Maharshis oder anderer Weisen in sich aufgenommen haben, um allmählich offener zu werden für die Aussage, daß das Summum Bonum, *surrender*, das Sichüberlassen, das Aufgeben ist. Aufgeben vor wem oder was? Sie geben entweder vor Ihrem Unbewußten und vor Ihrem Geist auf, durch die Sie heute vollkommen gelenkt werden, oder Sie geben vor Gott selbst auf, der aus metaphysischer Sicht Ihre fundamentale Wirklichkeit, Ihr höchstes Selbst ist, auch wenn Sie sich dessen nicht bewußt sind.

Zu einer Zeit, als ich mich allmählich der hinduistischen Lehre öffnete und verwirt begann, diese Wahrheiten zu erahnen, habe ich, bevor ich Swamiji begegnet bin, in dem kleinen Buch *Yoga et Spiritualité* geschrieben: »Wir wollen wirklich alles, solange wir es sind, die handeln.« »Ich« bleibe, um zu handeln, um die Hände zehn Minuten in den Schoß zu legen, auch wenn es schwerfällt, gegen drei Uhr morgens aufzustehen und an den nächtlichen Meditationen teilzunehmen, um durch ein Nasenloch ein- und durch das andere auszuatmen, um mich dreihundertmal niederzuwerfen. Wir wollen uns wirklich allen Mühen des *sadhana* unterziehen, zumindest in Augenblicken großer Begeisterung und glühenden Eifers, aber nur unter der Voraussetzung, daß *wir* es sind, die handeln. Das *Loslassen*, das Aufgeben des Egos muß völlig neu entdeckt werden.

Kehren wir zu jenem fundamentalen Ausgangspunkt zurück. »Was sagt uns die Natur?« Bei dem eigentlichen Akt der Zeugung eines neuen menschlichen Wesens macht sich die Frau empfängnisbereit. Empfängnisbereit zunächst für den Mann. Abgesehen von der künstlichen Zeugung und anderen zukünftigen Entdeckungen der modernen Wissenschaft geschieht die Befruchtung durch die Penetration. Die Frau öffnet sich dem Eindringen des Mannes. Wenn sie gänzlich, vollkommen offen ist, kann der Orgasmus sogar eine spirituelle Bedeutung gewinnen. In einer der Upanishaden heißt es, daß »der Weise in einem unaufhörlichen Orgasmus lebt«. Hat diese Aussage einen Sinn, und welchen Sinn kann sie haben? Die Frau öffnet sich der Penetration des Mannes, die Gebärmutter öffnet sich, um die Spermien zu empfangen. Hierin liegt eine Haltung von Schutzlosigkeit.

Jeglicher Yoga ist unvermeidlich ein Weg des Sichöffnens, des Geschehenlassens, des Wirkenlassens jener Kräfte in uns, die das Ego überwinden. Vorausgesetzt, daß Sie sich wirklich ernsthaft auf einen Weg begeben haben und Yoga nicht nur als Liebhaberei betreiben, werden Sie nach einiger Zeit alle einmal einem bestimmten Punkt begegnen müssen. Es ist der Augenblick, wo wir das aufgeben müssen, was wir sind, auch wenn es uns große Mühen kostet, wo wir unsere Befreiung gewinnen und wo wir keine andere Haltung als die weibliche mehr einnehmen, nichts anderes mehr tun können, als uns zu öffnen und uns verfügbar zu machen.

In dem Gleichgewicht zwischen weiblich und männlich, empfangen und geben, passiv und aktiv, stellt das menschliche Leben auch einen Gleichklang dar zwischen Ja und Nein, und wir können erkennen, daß Ja eine weibliche und Nein eine männliche Haltung widerspiegelt. Jedesmal, wenn eine Frau nein sagt, bringt sie die männliche Seite ihres Wesens zum Ausdruck, und jedesmal, wenn ein Mann ja sagt, bringt er die weibliche Seite seines Wesens zum Ausdruck.

Vielleicht erinnern Sie sich an eine kleine, wahre Geschichte, die ich in einem meiner letzten Bücher über das Thema »Ja« erzählte und die eine Offenbarung für mich bedeutete. Ich war im Begriff, nach Bost zu fahren und begab mich ein letztes Mal in ein Fernsehstudio, um für die Sendung einiger Filme über die Sufis, die für September 1974 geplant waren, einen Eintragungsvermerk zu machen. Ich kam etwas zu früh in dieses Studio und sah eine Gruppe von Technikern, die sich alle in eine Ecke des Raumes drängten, um sich irgend etwas anzuhören.

Aber was? Einige hatten bereits mit mir zusammengearbeitet, andere kannten den Namen Desjardins, und da ich fühlte, wie interessiert sie waren, näherte ich mich ihnen. »Was hört ihr euch da an?« – »Ah!« antwortete einer, »das ist nichts für dich; das wird deine Einstellung zu deinem Indien und zu deinen Weisen ändern.« Es handelte sich um ein außergewöhnliches Bravourstück, wie man in diesem Metier zu sagen pflegt, um eine Schauspielerin, die einzig und allein durch die Verwendung des Wortes »ja« mit fesselnder Erotik die Entfaltung des Sexualaktes darstellte. Vom Künstlerischen her gesehen war dies eine bewundernswerte Leistung, weil die Darstellung ohne ihr Talent genausogut eine ordinäre Pornoshow hätte sein können. Doch dies war nicht der Fall. Vom ersten fröhlichen, ausgelassenen, schmeichelnden, dann verwirrteren Ja bis hin zum ernsten, rauhen, seufzenden, erregten Ja konnte man die ganze Entwicklung einer Liebesbegegnung verfolgen. Einzig und allein durch das Ja. Und während es sich die anderen wie eine »pornographische« Aufzeichnung anhörten, hatte ich, wobei mir das unvergleichliche Talent dieser Schauspielerin bewußt wurde, immer nur das Wort ja im Ohr: ja, ja, ja. Ich war erfüllt von den hinduistischen und tibetanischen Lehren über den erotischen Symbolismus als sinnbildliche Darstellung der Spiritualität, und gleichermaßen durchdrungen von dem Wort ja, von dem *yes* Swamijis. Durch das Ja einer Frau, die sich hingibt, klingt das höchste Ja hindurch.

Gibt es denn noch viele Frauen, die fähig sind, sich völlig hinzugeben und folglich frei sind von unbewußten Ängsten? Solange diese Ängste anhalten, kann diese Hingabe nicht echt, vollkommen und ohne Hintergedanken sein. Und wer kann schon behaupten, daß er keine unbewußten Ängste hat, sich hinzugeben? Die menschliche Sexualität ist fast immer unbefriedigend, weil die richtige Einstellung fehlt. Der Geist verleitet zu einem Kompromiß, der zu keinem Ziel führt, nämlich sich hinzugeben, ohne sich hinzugeben. Ja zu sagen bedeutet, sich zu öffnen, bedeutet, sich nicht mehr zu schützen.

Selbstverständlich ist das menschliche Wesen, Mann oder Frau, auch angehalten, nein zu sagen. In einem ausgeglichenen Leben herrscht ein Gleichgewicht zwischen männlich und weiblich, aktiv und passiv, ja und nein, wodurch das Ja als das, was es ist, als *Aum, Amen,* auf dem nicht nur Swamijis Lehre, sondern die gesamte Spiritualität begründet ist, keineswegs in Frage gestellt wird. Es gibt sogar eine *Notre-Dame-du Oui,* und in einem christlichen Leben steht das berühmteste Ja im Mittelpunkt, die Zustimmung der Heiligen Jungfrau bei der Verkündigung: »Ich bin die Dienerin des Herrn, und es soll geschehen, wie du gesagt hast.« Maria verkörpert die weibliche Dimension der Menschheit. Sie ist eine vorbildhafte Gläubige Gottes, und jeder christliche Mystiker, ob Mann oder Frau, wählt Maria als Ratgeberin. Es ist für einen Mann absolut nicht schändlich, eine weibliche Haltung als Kriterium anzunehmen, um ein vollkommener Mann zu werden und keine Karikatur, die nur die Hälfte der Wirklichkeit akzeptiert. Kann ein menschliches Wesen überleben, das zwar aus- aber nicht einatmen will?

Wozu werden wir ja sagen, wozu werden wir nein sagen? Ja zu dem, was ist. Dieses »Ja zu dem, was ist« hat zur Folge, daß der Bruch mit dem ganzheitlichen Leben und das durch die Emotionen versinnbildlichte Gefängnis des Egos verschwindet. Und jedesmal, wenn wir die Lehre in die Praxis umsetzen und wir *ja, es ist* sagen, weil es ist, hier und jetzt, haben wir eine weibliche, empfängliche, offene Haltung. Dann handeln wir, jedoch aufgrund dieser Zustimmung zur Wirklichkeit, dieser Non-Dualität, die im Hinduismus oder Buddhismus durch Statuen von Gottheiten, die sich sexuell vereinigen, zum Ausdruck gebracht wird.

Dann kann ich eine männliche Haltung einnehmen, ob als Mann oder als Frau, und versuchen, das, was ist, zu verändern, jedoch auf der Grundlage der Übereinstimmung, der Teilnahme, und nicht auf der Grundlage von Ablehnung, Verzerrung, Auflehnung, mit einem Wort, von Emotionen. Ich kann verändern. *Es ist,* und ich werde versuchen, es zu ändern. Ich bin krank, *ja,* und ich werden versuchen, wieder gesund zu werden. Versuchen gesund zu werden ist eine Art nein zu sagen zu der Tatsache, daß man krank ist, doch folgt dieses männliche Nein einem weiblichen Ja. Das menschliche Leben setzt sich aus diesem Gleichgewicht von ja und nein zusammen. Sie spüren deutlich, daß das Ja vorrangig ist; das Nein ist nur nach dem Ja gerechtfertigt. *Ja*, ich bin krank, fiebrig, zerschlagen, ekelerregend. *Nein*, ich werde mich dabei nicht hängenlassen, ich werde versuchen, gesund zu werden. Das ist einfach, zu einfach für unseren komplizierten Geist.

Die weibliche Haltung hat Vorrang vor der männlichen Haltung, und die männliche Haltung ohne die weibliche ist falsch. »Ich akzeptiere es nicht, krank zu sein« bringt uns um etwas ganz Wesentliches, nämlich um die Schönheit des Ja. Dieses Ja an sich, sei es zu einer Krankheit oder zu irgendeiner anderen Situation, die zwar unangenehm, aber dennoch real ist, hier und jetzt, dieses Ja hat eine Bedeutung, die die meisten von Ihnen nicht einmal mehr ahnen. Sagt man ja, so sagt man damit auf andere Art: »Treten Sie ein.« Klopft man an eine Türe, so antworten manche: »Treten Sie ein« und andere »ja«, was soviel heißt wie: »Ja, Sie können hereinkommen.« Dies ist in der Tat eine weibliche Haltung: treten Sie ein.

»Treten Sie ein.« Öffnen Sie immer, es ist stets Gott, der anklopft. Dies ist die Entdeckung der Mystiker, die von jenen ignoriert wird, die in ihrem Leben weiterhin allein durch das Licht ihres Geistes Klarheit zu erlangen suchen, ein gebrochenes Licht, das wie durch ein Vexierglas scheint.

Bis jetzt muß ich immer wieder feststellen, daß Ihnen das »Ja zu dem, was ist« als Resignation erscheint, gleichsam als das Akzeptieren einer Niederlage: Ich bin gezwungen aufzugeben, die Wirklichkeit ist stärker als ich. Ich halte einen offiziellen Bescheid in der Hand, der mir ankündigt, daß ich einen wesentlich höheren Steuerbetrag zahlen muß als den, den ich laut Auskunft des Finanzbeamten erwartete, eine ziemlich hohe Differenz, mit der ich nicht gerechnet hatte. Nun gut, ich sage ja, wider eines besseren Verstehens sage ich ja, »weil es so ist, und ein Leugnen nichts nützt.« Doch Sie wissen noch nicht, daß das Jasagen allein schon Wunder wirkt, daß dieses Wort ja das Sprungbrett ist, das Sie in jenen Bewußtseinszustand befördert, den Sie durch Meditation, Gebet, Atemübungen und Konzentrationstechniken zu finden suchen. Die Fülle des Ja kann einer Frau oder einem Mann den Orgasmus schenken, durch die Fülle des Ja kann das Leben, wie die Upanishaden es ausdrücken, zu einem immerwährenden Orgasmus werden.

Nur, welches Ja werden wir sagen? Es ist ein Ja, das einen neuen Sinn erhalten muß, das ebenso uneingeschränkt sein muß wie das Ja einer vollkommen freien und liebenden Frau, die sich dem Mann hingibt, den sie liebt. Öffnen Sie sich immer, es ist stets Gott, der anklopft. Für diejenigen, die Gott lieben, wendet sich alles zum Guten. Der Geist sieht das Gute ebenso wie das Schlechte, die Wahrheit indessen sieht nur das Gute. Von dem Augenblick an, wo *es ist*, sage ich *ja*. Alles beruht auf der Fülle Ihres Ja. Dieses Ja braucht nicht mehr als eine Resignation, als eine Niederlage angesehen zu werden. Sagen Sie von ganzem Herzen ja zu dem, was offensichtlich nur die Niederlage des Egos und in Wirklichkeit immer ein Sieg für die Weisheit in uns, für die Freiheit in uns ist.

Dieses Ja, das von Ihnen gefordert wird, muß zu einem religiösen Akt werden. Obgleich es von der gewöhnlichen Intelligenz aus gesehen sehr verständlich sein sollte, daß die Zustimmung zur Wirklichkeit die Emotionen verschwinden läßt und daß es bereits eine große Freiheit bedeutet, keine Emotionen mehr zu haben, offenbart dieses Ja keine Psychologie, sondern eine Trans-Psychologie, eine Metapsychologie. Dies hängt ganz davon ab, wie Sie es verstehen, wie Sie es leben, wie Sie von ganzem Herzen ja sagen zu dem, was ist. Das Ja ist immer ein Siegesschrei oder das Zeichen eines Sieges, selbst wenn man ja sagt zu der Gewißheit, Krebs zu haben, oder zum Tod eines geliebten Menschen.

Hierin und nirgendwo anders liegt das Geheimnis dessen, was wir ein spirituelles Leben nennen, doch ist dies für den modernen Menschen schwieriger zu verstehen als für den Menschen der Vergangenheit. Früher drückte sich dieses Ja, sei es das Ja des Islam, das des Hinduismus oder des Christentums, auf natürliche Weise aus, weil die weiblichen Werte der Menschheit weniger verunglimpft und die männlichen Verhaltensweisen und das Nein noch nicht so krankhaft übertrieben wurden wie heute.

Seit Urzeiten hat der Mensch nicht aufgehört, nein zu sagen: Nein, ich werde diesen Winter nicht frieren, ich werde mich in Tierfelle hüllen, mehr in Höhlen als unter freiem Himmel nächtigen, das Feuer, das der Blitz entzündet hat, weiter schüren, anstatt es ausgehen zu lassen. Der Mensch hat nicht aufgehört, nein zu sagen, nein zu den Ungerechtigkeiten, nein zu den Unterdrückungen. Das ist die männliche Haltung, die die Menschheit einnimmt; doch wie wird sie gehandhabt, mit welchem Denken, mit welchem Verständnis des Ganzen?

Das Nein spielt seine Rolle im Leben eines Menschen, aber in einem ausgewogenen Verhältnis zum Ja. Männlich und weiblich, sich öffnen und sich schützen, empfangen und handeln, sich umwandeln lassen und die äußere Umgebung verändern; die Gegensätze müssen sich jeweils gegenseitig ausgleichen. Es geht nicht darum, das Wort nein aus Ihrem Wortschatz zu streichen, sondern darum, es aus Ihrem Gefühl verschwinden zu lassen, um so die Emotionen Schritt für Schritt, und eines Tages endgültig, zu beseitigen.

Es ist normal, daß der Körper nein sagt. Ich lege meine Hand aus Versehen auf eine heiße Herdplatte; der Körper sagt nein, und ich ziehe meine Hand zurück. Es ist normal, daß der Kopf nein sagt. Ich habe fünfzig Millimeter starke Eisenstangen bestellt, man liefert mir Stangen mit einem kleineren Durchmesser, und ich sage nein, ich lehne ab. Der Kopf sagt ja, der Kopf sagt nein; der Körper sagt ja, der Körper sagt nein. Doch dem Herzen ist es bestimmt, immer ja zu sagen. Nun aber sagt das Herz jedesmal nein, wenn ein negative Emotion, das heißt eine verneinende Emotion auftaucht. Andererseits basieren bestimmte, scheinbar auf dem Ja begründete Emotionen nicht auf einem ruhigen, friedlichen, sondern auf einem übertriebenen Ja. Sie sind von einem Glücksgefühl überwältigt, das jedoch genauso schädlich für Sie ist wie ein schmerzliches Gefühl.

Die rechte Haltung ist ein emotionsloses Ja, dem der Geist nichts wegnimmt und nichts hinzufügt, ein Ja, das gleichbedeutend ist mit dem Wort *ist*. In der religiösen Sprache sagt man mehr *ja*, in der non-dualistischen Sprache der Metaphysik sagt man eher *ist*, das *asti* der Upanishaden. Das gereinigte Herz sagt immer ja: es ist. Der Körper sagt nein, der Kopf sagt nein, aber das Verschwinden des Nein auf der Ebene des Herzens bedeutet ein Verschwinden der Emotion, das Erwachen dessen, was wir

Empfindung nennen – über die Bedeutung, die wir diesem Wort geben, müssen wir uns noch einigen –, und das ist die Essenz jeglichen spirituellen Lebens, ob Sie es nun Gehorsam gegenüber der göttlichen Vorsehung nennen, Zustimmung zur Wirklichkeit oder »Zerstörung des Mentalen« *(manonasha)*.

Erkennen Sie, wie unmittelbar dieses wesentliche Thema der Non-Dualität im täglichen Leben mit dem Thema männlich und weiblich verbunden ist. Die Männlichkeit der Frau und die Weiblichkeit des Mannes sind lediglich die Widerspiegelung des männlichen und weiblichen Prinzips auf allen Ebenen der Schöpfung. Hier liegt Ihre Schwierigkeit im Vergleich zu den Menschen vergangener Jahrhunderte: aus der Defensive zu kommen und die Passivität zu akzeptieren. Diese Haltung schwindet mehr und mehr aus unserem Sein, und wenn Sie sich die Mühe machen, sich von der Richtigkeit dessen zu überzeugen, was ich zu behaupten wage, werden Sie sehen, daß es sogar noch wahrer ist, als Sie es sich jetzt, während Sie mir zuhören, vorstellen. Ich selbst habe für diese Erkenntnis fünfundzwanzig Jahre lang benötigt, und ich muß zugeben, daß mir meine enge Verbindung zu Indien und anderen asiatischen Zivilisationen sehr dabei geholfen hat.

Ich kann auch Gurdjieffs Lehre, die erste, die eine Rolle in meinem Leben spielte und die ich nie verleugnen werde, meine dankbare Verehrung aussprechen. Obwohl ich von Anfang an nicht alles verstand, was in dieser Lehre enthalten ist, lernte ich durch sie eine Art von Bemühen kennen, das kein gewöhnliches Bemühen ist: das Bemühen, sich nicht zu bemühen. Dies erfolgte in Form von Übungen, wie das immer stärkere Entspannen der Muskeln, bewußtes Atmen, sich Schwingungen zu öffnen, von denen wir normalerweise nichts wissen und derer wir uns durch Übungen bewußt werden können. Fünfzehn Jahre lang habe ich mich im Schweigen, im Entspannen der Muskeln, in der Aufnahmefähigkeit geübt, doch leider mit nur teilweisen Erfolgen, weil die *vasanas* und *samskaras* im Unterbewußtsein zu stark waren, als daß ich ihnen mit diesen Methoden allein hätte auf den Grund gehen können. Es bedurfte einer langen und langsamen Umwandlung mit vielen Rückschritten und Schicksalsschlägen, damit ich die weiblichen Werte oder die weibliche

Seite meines Wesens immer mehr einbezog, damit ich nicht mehr von der Vorstellung des tatkräftigen Helden geprägt war und verstand, um wieviel und worin der Weise größer ist als der Held.

Die Muster, die sich unserem Unterbewußtsein von Kindheit und Jugend an einprägen, sind Muster des Nein. Die Religion gibt uns im Gegensatz dazu, durch Marias Zustimmung, die sie dem Engel gibt, das höchste Beispiel für das Sichöffnen. Aber wieviele von Ihnen können behaupten, wahre Christen zu sein? Wie Gurdjieff lehrte, ist nicht derjenige ein Christ, der behauptet oder glaubt, einer zu sein, sondern derjenige, der das Wesen eines Christen hat. Das Wesen eines Christen zu haben bedeutet, das Wesen Marias, eines vorbildlichen Gläubigen zu haben und ja zu dem zu sagen, was uns verwandelt.

Es erscheint uns leicht, zuzustimmen, Jesus Christus auf die Welt zu bringen, doch wenn wir das, was in der traditionellen Lehre der Kirche überliefert wird, genau betrachten, dann mußte das junge Mädchen Maria, das Jungfrau war und seinen Verlobten nicht kannte, erst einmal akzeptieren, auf einmal schwanger zu sein. Dies ist ein Aspekt, über den man normalerweise nicht nachdenkt. Und über Josef hatte man sich anfangs zunächst empört, wenn Sie sich ein klein wenig der Evangelien entsinnen. Ob Sie an Marias Jungfräulichkeit glauben oder nicht, ist zweitrangig; ich spreche hier von der Lehre selbst, vom Mythos im edelsten Sinne des Wortes, von der Lehre, die Sie zur Befreiung führen kann. Alles, wogegen Sie sich unaufhörlich schützen, wogegen Sie sich verschließen, was Ihnen als Unglück, Täuschung, Mißerfolg, Leid erscheint, kann eine Umwandlung bei Ihnen bewirken, in einem Sinn, den Sie selbst wünschen. Ich schlage Ihnen eine innere Wandlung vor, eine Revolution, die Umkehrung all jener Dinge, derer sich Ego und Geist sicher sind. »Das, was in den Augen der Menschen Weisheit ist, ist in den Augen Gottes Dummheit, und das, was in den Augen der Menschen Dummheit ist, ist in den Augen Gottes Weisheit.« Indem wir ja sagen zu dem, was kommt, können wir uns im wahrsten Sinne des Wortes trans-formieren: über unsere Form hinausgehen.

Wer klopft an die Tür? Die Krankheit? *Ja.* Zunächst die

Haltung uneingeschränkten, vollkommenen Annehmens. Dann mischt sich der männliche Aspekte der Wirklichkeit ein, und Sie beginnen, gegen die Krankheit zu kämpfen. Derselbe Swamiji, der *accept, accept* sagte, meinte auch: *It cannot be tolerated*, »Es kann nicht geduldet werden«. Nehmen Sie auf vollkommene, mystische, metaphysische Weise das an, wozu Sie einen Augenblick später auf andere Weise nein sagen werden. Genau dieser Punkt ist dem einen oder anderen noch nicht völlig klar.

Bleiben wir bei dem Beispiel Krankheit. Einige vertreten eine so absolut tiefreligiöse Einstellung, daß sie sich selbst bei der Heilung auf Gott verlassen: »Wenn es Gottes Wille ist, daß ich immer kränker werde und sterbe, Amen; wenn es Gottes Wille ist, daß ich gesund werde, dann wird Er mich heilen.« Ma Anandamayi selbst jedoch sagte: »Es ist Gottes Wille, daß ihr krank seid, doch es ist ebenso Gottes Wille, daß es in der Nähe des Ashrams einen Arzt gibt.« Können Sie, vorausgesetzt, Sie sind entschlossen, sich zu pflegen, folglich nein zu der Krankheit sagen, zunächst ohne Vorbehalt, ohne Einschränkung restlos ja sagen zu der Tatsache krank zu sein, zu den Symptomen, die Sie wahrnehmen können, selbst zu der Röntgenaufnahme, die einen von großen weißen Flecken überschatteten Lungenflügel zeigt?

Dieses Ja muß vollkommen sein. Es ist immer ein Ja des Sieges, niemals ein Ja der Niederlage. In der religiösen Sprache können Sie dies folgendermaßen ausdrücken: »Ich sehe Gottes Wille überall; Gott kommt zu mir durch das Leid; Gott tut alles für mein Wohl; ich weiß nicht einmal, was gut oder schlecht für mich ist; wird bei diesem Unfall, dieser Krankheit, diesem beruflichen Mißerfolg nicht auch etwas Gutes herauskommen?« Auf dem Weg wird sich für diejenigen, die Gott lieben, alles zum Guten wenden. Sie müssen entdecken, daß diese Ergebenheit nicht Ihre Schwäche, sondern Ihre Stärke bedeutet, und daß die sogenannten Menschen in der heutigen Welt immer schwächer werden. Ein Nichts wirft sie um: eine Grimasse, ein verletzendes Wort, ein Mißgeschick, ein beruflicher Fehlschlag ... Ein Nichts wirft sie um, und dies alles im Namen der Stärke.

Mit diesem Thema, dem wesentlichen Teil des Wegs, ist alles verbunden. Wir finden es im Christentum wieder, wie beispielsweise in der Lehre, die Graf Karlfried von Dürckheim uns offenbart hat, nämlich die des *hara*: darauf zu verzichten, den Bauch einzuziehen und den Oberkörper vorzuwölben und die Verlagerung unseres Schwerpunktzentrums in den Unterleib zu akzeptieren, sich, wenn ich es so ausdrücken darf, seinem Bauch zu öffnen, und das ist nicht einfach. Indem die Menschen von heute einem Aspekt der Wirklichkeit den Vorzug geben, entfernen sie sich immer mehr von der Wirklichkeit des *hara*. In verschiedenen Werken des Karlfried von Dürckheim sind Fotografien mittelalterlicher Statuen mit einem »gotischen Leib«, wie die Kunsthistoriker ihn nennen, abgebildet, die bezeugen, daß diese Haltung im Mittelalter bekannt war und gelebt worden ist. Dennoch ist Ihnen das *hara* zunächst suspekt, selbst wenn Sie intellektuell zustimmen, daß das Loslassen vom Verstand notwendig und der Unterleib wichtig ist, weil wir alle eine eingefleischte, fundamentale, unbewußte Angst vor allem haben, was man nicht sehen kann.

Seinen Bauch wiederzufinden und auf die Diktatur des Verstandes zu verzichten, bedeutet den Beginn von Gesundheit. Was das Herz angeht, so ist dieses so sehr mit Emotionen überladen, daß man überhaupt nicht mit ihm rechnen kann. Es zwingt Ihnen lange Zeit sein Gesetz auf, in Form von Anziehung und Ablehnung dessen, was Sie verrückt vor Freude oder verrückt vor Schmerz macht. In beiden Fällen macht das Herz Sie verrückt, was das Gegenteil der Weisheit ist.

Die Anwendung des *hara* stellt ein wunderbares Gleichgewicht zwischen der weiblichen und der männlichen Haltung her. Der weiblichen Haltung deshalb, weil es ein Loslassen gibt: Ich lasse mein Gefühl des Schwerpunkts bis in den Bauch hinabsinken und bemühe mich nicht mehr, die Brust vorzuwölben, um mein Ego zu bestätigen. Im Bauch befinden sich die Geschlechtsorgane der Frau, und in ihrem Bauch vollzieht sich auch das Wunder einer Schwangerschaft. Gleichzeitig stellt die Anwendung des *hara* aber auch eine männliche Übung dar, weil sie eine aktive Konzentration der Aufmerksamkeit und einen gewissen Druck auf die Bauchmuskeln verlangt. Deshalb hat diese Übung nicht nur im japanischen Buddhismus eine so große Bedeutung, sondern auch im tibetanischen Buddhismus, zumindest bei den

Kargyu-pa. Das Männliche und das Weibliche, das Aktive und das Passive in uns zu vereinigen bedeutet, die beiden Pole der Schöpfung in uns zu vereinigen, ein wahrer Mensch zu werden. Sobald wir irgend etwas ablehnen, ziehen wir den Bauch ein, sind wir unvollkommen und folglich schwach.

Die Begrenzung des individuellen Bewußtseins, *ahamkara* im Sanskrit, das wir mit Ego übersetzen, ist auf dem Nein begründet. Das Kind wächst heran und bestätigt sich, indem es nein sagt, und dies ist die gewöhnliche menschliche Situation. Aber wenn Sie dieser gewöhnlichen menschlichen Situation entgehen und das erreichen wollen, was man Erwachen, Weisheit, Erleuchtung, himmlisches Königreich genannt hat, müssen Sie weiblich werden. Sie müssen sich öffnen, Sie müssen damit einverstanden sein zu empfangen, sich umwandeln zu lassen, das Ego loszulassen, die Logik aufzugeben. Voraussetzung hierfür ist jedoch, seine Angst loszulassen. Das menschliche Wesen lebt in der Angst, aus der sich auf sämtlichen Ebenen alle nur denkbaren Kompensationen bilden, um eben diese Angst zu betäuben. Je mehr sich die Angst verringert, desto mehr sind wir imstande, uns zu öffnen; und im selben Maße wie wir uns öffnen und sehen, daß wir, weit davon entfernt, zugrundegerichtet zu sein, immer mehr innere Sicherheit gewinnen, verringert sich die Angst.

Was wird Ihr Ausgangspunkt sein? Ihr Ausgangspunkt kann für den Anfang intellektueller Art sein. Die vedantische Lehre beispielsweise ist von einer strengen Logik, die Ihre Zustimmung finden könnte. Die Überzeugung führt Sie allsdann in die Tiefe und veranlaßt Sie, dem Herzen den Vorrang zu gewähren. Der Geist ist oberflächlich, das Herz ist gründlich.

Oder es wird zunächst Ihr Herz berührt, wenn Sie religiös veranlagt sind. Der christliche Mythos, angefangen bei dem Ja der Maria und bei Christus selbst, bis hin zur Verurteilung, Kreuzigung und Wiederauferstehung, läßt mächtige Energien in Ihnen aufleben, auf die Sie sich stützen und die Sie in sich wirken lassen können.

Einige haben sogar an einem physischen Punkt begonnen; die Sprache des Körpers hat sie angesprochen, die Entspannung des Bauches beim Ausatmen. Tatsächlich können Sie jedoch nur dann Menschen sein, wenn Körper, Herz und Verstand überzeugt sind und gemeinsam an dieser Umwandlung teilnehmen. Sie können nur dann Menschen sein, wenn Sie das Weibliche ebenso wie das Männliche, das Empfangen ebenso wie das Handeln, das In-sich-eindringen-Lassen ebenso wie das Eindringen akzeptieren, wenn Sie bereit sind, diese weibliche Dimension wiederzufinden, die nicht nur die Männer bedauerlicherweise verloren haben, sondern die auch die Frauen im Begriff sind zu verlieren, weil sie sich von einer Welt beeinflussen lassen, die, ich leugne es nicht, erschreckend männlich ist.

Zuerst das Ja, dann die Handlung. Das, was Sie umwandeln wird, das, was Sie über die Identifikation mit den *koshas*, mit den verschiedenen Schichten des Selbst hinaus ans Ziel, zum Frieden, zur Non-Dualität führen wird, ist dieses Ja. Kein Ja der Niederlage, sondern ein Ja, das Ihrer vollen spirituellen Überzeugung, Ihrer vollen metaphysischen Überzeugung, Ihrer vollen mystischen Überzeugung entspringt, ein immenses, göttliches Ja, selbst zum Mittelmäßigsten, zum Entmutigendsten, zum Trügerischsten. Immer ja, weil es immer ein Ja zu Gott selbst ist.

Kapitel 7

Das Nicht-Handeln

Das Wort »*Sadhana*« schließt »sich bemühen« mit ein. Aber welche Bemühungen sind damit gemeint? Dies ist offensichtlich die wichtigste Frage. Wie kann das Ego Anstrengungen unternehmen, die schließlich zu seiner Überwindung führen? Wie kann das Mentale Bemühungen machen, die letztlich zu seiner Zerstörung führen? Bedeutet das nicht, sich in eine bestimmte Art von Bewußtsein zurückzuziehen, um sich schließlich immer mehr darin zu verfangen? Ramana Maharshi verglich dies mit einem Dieb, der wegrennt und dabei laut ruft »haltet den Dieb«, auf diese Weise den Verdacht von sich ablenkt und sich in einen Polizisten verwandelt, um sich selbst zu fangen!

Früher oder später drängt es Sie, sich folgende Frage zu stellen, vor allem wenn Sie bereits einige ernsthafte Bemühungen gemacht haben: »Wie werden mich die Bemühungen, die ich von einer bestimmten Bewußtseinsebene aus unternommen habe, über diese Ebene hinaus zur Befreiung, zur Entsagung, zum Erwachen führen?« Intensive Bemühungen beim Studium können Ihnen akademische Erfolge einbringen, und intensive körperliche Anstrengungen können aus Ihnen einen großen Turner machen. Aber kann diese Art von Bemühungen, die Sie normalerweise machen, Sie zu einem anderen Bewußtseinszustand führen, in dem Ihre üblichen Motive – Ihre Ängste, Ihre Wünsche – wegfallen, wo doch all unsere Bemühungen gerade mit dem Wunsch verbunden sind, ein bestimmtes Ziel zu erlangen und ein bestimmtes Ergebnis zu erzielen? Dies ist sicherlich eine heikle Frage.

Ich habe Ihnen gesagt, daß die moderne Welt die weiblichen Werte unglücklicherweise immer mehr verkennt. Sie glauben, daß die gewöhnliche Anstrengung – »Ich will, und ich werde es erreichen« – das besondere Niveau eines Menschen, der sich aus der Mittelmäßigkeit emporarbeitet, ausmacht; die bedeutendste

Handlung indessen, die ein menschliches Wesen vollbringen kann, nämlich ein Kind auszutragen, hat nichts mit irgendeiner gewöhnlichen Anstrengung zu tun. Aus dieser natürlichen Tatsache lassen sich alle möglichen Wahrheiten ableiten und bestätigen.

Das Leben offenbart sich nur durch den ständigen Wechsel von Tag und Nacht, von ein- und ausatmen, von Handlung und Ruhe, von Aktivität und Passivität. Passivität ist genauso wichtig wie Aktivität, jedoch ist damit nicht jene Passivität gemeint, die sich aus Benommenheit, Faulheit, Dösen ergibt, sondern eine bewußte, wachsame Passivität. Diese Haltung wird Ihnen immer fremder, und das hängt unmittelbar mit dem Verfall der Religiosität zusammen. Sie wissen, daß die Kirchen kaum noch besucht werden, daß sich immer weniger zum Priester berufen fühlen, aber den Unterschied zwischen einer Gesellschaft wie der, in der Sie aufgewachsen sind, und einer früheren, von tiefer Religiosität durchdrungenen Gesellschaft können Sie dennoch nicht völlig ermessen.

Ich habe einige Jahre in religiösen Gemeinschaften verbracht. Ich spreche nicht nur von Ashrams, Klöstern oder den Sufiorden, sondern auch von der bis zur heutigen Regierung sehr homogenen moslemischen Gesellschaft in Afghanistan, von tibetanischen Volksstämmen im Himalaja und von Hindus außerhalb der großen Städte und manchmal sogar in Bombay oder Delhi. Alle haben sich den Sinn für das Heilige und die Überzeugung bewahrt, daß der Mensch nur ein Aspekt der Wirklichkeit ist, während der andere Aspekt Gott, die göttliche *Shakti*, die göttliche Vorsehung ist. Von seltenen Ausnahmen abgesehen lebt der moderne Mensch, selbst wenn er sich als Christ bezeichnet, sein Leben nicht mehr für Gott, durch Gott, in Gott, unter den Augen Gottes. Diese Worte sind mit keiner uns erfüllenden *Gewißheit* und *Erfahrung* mehr verbunden. Aber auf dem Weg der Weisheit, selbst wenn man einem Weg folgt, der sich in der non-dualistischen Sprache der Metaphysik ausdrückt, wo die Beziehung von einer Person zu einer anderen, zwischen einem Geschöpf und dem Schöpfer überhaupt keine Rolle spielt, muß die religiöse Gesinnung unbedingt eine entscheidende Rolle spielen. Und diese Gesinnung, die uns verbindet – dies ist zumindest eine Bedeutung des Wortes Religion – schließt die Überzeugung mit ein, daß unsere gewöhnlichen Bemühungen und unsere Möglichkeiten begrenzt sind und daß wir uns einer Kraft, einem Einfluß öffnen können, die über das hinausgehen, was das Ego begreifen kann: Das Kleinste kann nicht das Größte enthalten, das Begrenzte kann nicht das Unbegrenzte enthalten und das Endliche kann nicht das Unendliche enthalten. Wenn wir nur uns selbst, unserer Kraft, unsere Schwächen und unsere Bemühungen auf die übliche Weise berücksichtigen, kommen wir niemals ans Ziel.

Jedes Wesen, sei es ein Mann oder eine Frau, das sich ernsthaft auf einen Weg begeben hat, wird dazu gebracht, die weibliche Seite seines Wesens in harmonischer Weise in sich zu entwickeln. Der Mensch nimmt im Hinblick auf die große Wirklichkeit, auf die Wahrheit, auf das göttliche Leben, eine weibliche Haltung ein. Der echte Mystiker ist nach religiösen Begriffen jemand, der die Kühnheit besitzt zu sagen »Ich bin in Gott verliebt«, selbst wenn er männlichen Geschlechts ist. Auch wenn dies einige unter Ihnen überrascht, so ist es im Vergleich zu den bekannten religiösen Traditionen nichts Neues. Bei den christlichen Mystikern wie auch bei der hinduistischen Gottesverehrung findet sich eine Ausdrucksweise, die dieser sehr nahe kommt.

Nun aber ist diese weibliche Haltung, durch die eine große Kraft zutage tritt, heutzutage in dieser nicht von Männern, sondern von männlichen Werten beherrschten Welt, praktisch in Vergessenheit geraten. Was sagt uns die Natur? Wenn eine Frau schwanger wird und ein Kind austrägt, ist sie passiv, so passiv wie nur irgend möglich – sie braucht kein bewegtes Leben führen, und dennoch ist eine Energie, eine Lebenskraft in ihr am Werk (ich verwende absichtlich vage Begriffe, damit jeder einen finden kann, mit dem er übereinstimmt). Sie ist der Ort, an dem das Werk sich vollendet. Von ihr wird lediglich verlangt, sich diesem Werk nicht zu widersetzen, sondern daran mitzuwirken. Wenn ich sage »nicht zu widersetzen«, so meine ich nicht nur den freiwilligen Schwangerschaftsabbruch, sondern alle möglichen Lebensweisen, die mit einer Schwangerschaft nicht vereinbar sind. Abgesehen von der Erzeugung eines

Kindes begreifen wir modernen Männer und Frauen nicht, wie man großartige Ergebnisse erzielen kann, indem man einfach völlig passiv ist, und die Vorstellung des »Nicht-Handelns«, das jeder als Schlüsselbegriff des Taoismus kennt, ist fast nur noch ein Wort für uns. Was kann ein Ausspruch dieser Art bedeuten: »Es gibt nichts, was durch das Nicht-Handeln nicht vollbracht werden könnte«? Ganz gewiß jedenfalls kann durch das Nicht-Handeln der Frau etwas so Bewundernswertes hervorgebracht werden wie ein neues menschliches Wesen.

Dies gilt auch für den Weg, und es kann im Hinblick darauf viele Irrtümer und Mißverständnisse geben. Hier verwenden wir keine typisch religiöse Sprache. Ich habe niemals das Christentum kritisiert, und ich habe niemals die Absicht gehabt, irgend etwas, sei es die Überlegungen zu den Evangelien oder die Lehre Christi, umzukehren – ich habe sogar oftmals auch auf meine zahlreichen Aufenthalte in einem Zisterzienserkloster in Vendée hingewiesen –, aber ich habe mir den intellektuellen Rahmen des hinduistischen Vedanta bewahrt, den ich bei Swamiji gefunden habe. Dennoch war Swami Prajnanpad ein von seinem eigenen Guru ordnungsgemäß ordonierter Mönch. Er knüpfte an die heiligen Schriften Indiens an, wie beispielsweise die Upanishaden oder das Yoga Vasishta und zitierte das Mahabharata oder die Puranas. Ich habe ihn stets als Repräsentanten der Spiritualität und nicht der Wissenschaft oder der modernen Psychologie angesehen, selbst wenn er sich auf beiden Gebieten sehr gut auskannte.

Wenn Sie den allgemeinsten und am wenigsten provokanten Begriff »Spiritualität« akzeptieren, dürfen Sie nicht vergessen, daß das, was Ihnen hier unterbreitet wird, lediglich eine Ansicht der Spiritualität ist, die die fundamentalen Gesetze der Spiritualität als Ganzes und auch die gemeinsame Basis nicht verletzen kann, selbst wenn die Wege sehr verschieden sind. Die allen gemeinsame Essenz in dieser für uns so schwer verständlichen Haltung besteht in der Passivität, in dem Sichöffnen, in der Ergebenheit, im Nicht-Handeln. Dieses Nicht-Handeln bewirkt Wunder. Es ist imstande, Ergebnisse zu erzielen, die das gewöhnliche Handeln nicht hervorbringen könnte.

Swamiji sagte mir einmal: »Seien Sie innerlich auf aktive Weise passiv; seien Sie äußerlich auf passive Weise aktiv.« Was ist damit gemeint?

»Seien Sie innerlich auf aktive Weise passiv«, verlangt ein gewisses Bemühen um Passivität. Liegt darin nicht etwas Widersprüchliches? Versuchen Sie zu begreifen.

Aufgrund der Bedingungen, die mehr oder weniger für alle modernen Menschen des Abendlandes bestimmend sind, haben wir es uns angewöhnt, einen Großteil unseres Bewußtseinsinhaltes, einen Teil unserer Erinnerungen, Wünsche und Ängste zu verdrängen, und all dies brodelt am Grunde des Unbewußten. Folglich haben wir Schwierigkeiten, ruhig zu sein, wenn wir ruhig sein wollen, entspannt zu sein, wenn wir entspannt sein wollen, zu meditieren, wenn wir meditieren wollen, weil es viele verschiedene, widersprüchliche Spannungen gibt, die im Unbewußten oder Unterbewußten miteinander kämpfen und Erschütterungen erzeugen, die bis an die Oberfläche dringen. Versuchen Sie zu meditieren, und Sie werden von immer neuen Gedanken gestört, die Sie in die eine oder andere Richtung davontragen, von Ängsten, Befürchtungen oder Hoffnungen, einschließlich all jener Gedanken, die das, was wir zu leugnen suchen oder nicht angenommen haben, kompensieren oder verschleiern wollen.

Diese Gedanken rufen darüber hinaus noch physiologische Störungen hervor. Es ist bekannt, daß Emotionen auf Dauer den Organismus zugrunderichten, und alle, die versucht haben, zu meditieren, kennen das unwiderstehliche Bedürfnis, sich zu bewegen, das sie manchmal mit einer Intensität, die fast komisch ist, überfällt. Die einfache Forderung unbeweglich zu bleiben, ruft bei uns alle möglichen Arten von unerwartetem Juckreiz, Verkrampfungen und Schmerzen hervor, die wir normalerweise nicht verspüren, sowie große Schwierigkeiten, ruhig zu bleiben.

Deshalb müssen wir eine gewisse Aktivität aufbringen, um passiv und still zu sein, denn von ganz allein wird sich nichts ergeben. Wenn Sie gerade erst begonnen haben, sich beispielsweise mit Entspannung zu beschäftigen und sich damit begnügen, sich auf Ihrem Bett auszustrecken, werden sich Ihre Muskeln nicht wirklich entspannen. Wenn Sie jedoch aktiv Ihre

Muskeln auffordern, sich zu lockern, wenn Sie Ihre Aufmerksamkeit auf jeden einzelnen Teil Ihres Körpers lenken und die Muskeln veranlassen, sich immer stärker zu entspannen, dann werden Sie allmählich Resultate erzielen. Diese Notwendigkeit eines bewußten Eingreifens gilt auch für alle anderen Arten von Unruhe, die auftreten, sobald Sie versuchen, innerlich still zu bleiben. Sie müssen dies wirklich begreifen. Sie können mit herkömmlichen Methoden einen Muskel zusammenziehen, das ist nicht schwer. Ich kann meine Faust ballen oder die Zähne zusammenbeißen. Doch geschieht dies nicht in derselben Weise, wie ich mich entspannen kann. Hierfür ist eine subtilere Anstrengung notwendig. Dennoch können Sie Ihre Muskeln nur dann wirklich entspannen, wenn Sie aktiv sind. Wenn Sie bei der Entspannung nicht aktiv sind, werden Sie lediglich vor sich hin dösen, und dieses Dösen wird von einem Zusammenziehen verschiedener Muskeln begleitet sein. Sie müssen wachsam, in gewisser Weise aktiv sein, jedoch im Sinne einer Entspannung, das heißt in der Passivität.

Sobald Sie zu Ihrer gewöhnlichen Haltung zurückkehren, ziehen sich die Muskeln zusammen, sei es, um zu fliehen, sei es, um sich einer Sache zu bemächtigen, die Sie haben wollen, sei es, um zu vernichten. Dies sind die drei grundlegenden Verhaltensweisen des Menschen in seiner Eigenschaft als Tier: sich dessen, was er begehrt, zu bemächtigen, sei es Nahrung oder eine Frau; zu flüchten, wenn eine Gefahr besteht, die ihm Angst macht; oder anzugreifen, um den Feind zu vernichten. Diese drei Antriebskräfte verursachen ein Zusammenziehen der Muskeln. Solange nun das Ego und das Mentale regieren, sind es genau diese drei fundamentalen Handlungsweisen, die unser Leben beherrschen. Wir kennen praktisch nur diese drei Antriebe. Sie sind die Ursache all unserer Verhaltensweisen, auf den grobstofflichen Ebenen ebenso wie auf den offensichtlich gehobeneren, verfeinerten, intellektuellen, ästhetischen Ebenen, zumindest solange die religiöse Dimension unser Leben nicht wirklich durchdringt.

Da diese drei Antriebskräfte sich in einem latenten Zustand in Ihnen befinden, wird Ihnen eine Bemühung von einer neuen, sehr neuen Qualität abverlangt: wachsam sein, um zu entspannen. Wenn Ihre Muskeln vollkommen entspannt sind, sind Sie nicht mehr bereit zu nehmen, sich einer Sache zu bemächtigen, zu flüchten oder zu vernichten. Die Entspannung der Muskeln ist gleichzusetzen mit Passivität, Ergebenheit und von einem bestimmten Gesichtspunkt aus sogar mit Entsagung und Hingabe, obwohl gewisse Tiere in Augenblicken der Gefahr zu einem unmittelbaren und völligen Zusammenziehen der Muskeln imstande sind. Doch ist das Unbewußte des Tieres wesentlich weniger belastet als das Ihre.

Der heutige Mensch, der sich selbst überlassen ist, da die Religion bis auf wenige Ausnahmen nur noch eine recht oberflächliche Rolle in seinem Leben spielt, verläßt sich nur noch auf seine eigenen Kräfte, um zu leben, seine Bedürfnisse zu befriedigen und sich gegen seine Ängste zu schützen. Sie befinden sich ständig in der Defensive. Sie kennen den Ursprung dieser Spannungen nicht, aber sie sind da. In einem Zustand vollkommener körperlicher Entspannung sind Sie, zumindest in diesem Augenblick, weder willens zu fliehen, noch zu vernichten oder zu nehmen.

Dieser Punkt sollte Ihnen ganz klar sein. In diesem Entspannen der Muskeln liegt ein grundlegender Verzicht auf das Vorrecht, ein angespannter, quasi auf Kriegspfad befindlicher Mensch zu sein, der bereit ist zu nehmen, der bereit ist anzugreifen, der bereit ist zu reagieren. Glauben Sie, daß eine Frau, die ihre Zähne zusammenbeißt, um ihre Aufgabe als werdende Mutter besser zu erfüllen, eine hervorragende Schwangerschaft haben wird? Sicherlich nicht! Je weniger eine Frau ihre Muskeln anspannt, *je weniger sie sich in einem Zustand des Selbstschutzes* befindet, desto harmonischer wirken die natürlichen Gesetze und desto harmonischer wird die Schwangerschaft verlaufen.

Die Entspannung der Muskeln ist die erste Art von Entspannung, zu der wir Zugang haben und die uns am unmittelbarsten verständlich ist, doch wird auch bei emotionellen und geistigen Spannungen eine Entspannung angestrebt. Sie war lange Zeit Ausdruck religiöser Überzeugung, sei sie nun christlich, moslemisch oder hinduistisch: »Ich vertraue völlig auf Gott, ich lege mein Schicksal in Seine Hände, ich habe Vertrauen in die göttliche Vorsehung, wenn mir gewisse Prüfungen auferlegt werden, so sehe ich darin Gottes Hand, die mich reinigenund mich der inneren Verwirklichung näherbringen will ...« Ein tiefer religiöser Glaube ist ein starkes Element emotioneller Entspannung: weniger Wünsche, weniger Ängste, wobei das Leben im Licht einer Gegebenheit betrachtet wird, die von einem Großteil der Menschen heutzutage entschieden beiseite geschoben wird, und die man die göttliche Gnade, die göttliche Vorsehung, Gott, der in der Welt wirkt, genannt hat.

Auch geistig sind wir selten entspannt, sondern immer aktiv mit Gedanken wie: Dies muß gemacht werden, jenes dürfte man nicht tun, ich hätte dies nie machen sollen, warum hat er jenes getan? ... Wenn Sie versuchen, nicht mehr in Abhängigkeit von Ihrem momentanen Bewußtseinszustand des Getrenntseins, der Begrenzung, der Verletzbarkeit zu denken, werden Sie feststellen, wie schwierig es ist, offen und still zu bleiben. Diese Worte »offen«, »still« tauchen überall in der religiösen oder spirituellen Sprache auf. Ich habe sogar das Wort Hingabe, das englische *surrender*, wiederentdeckt: auf unsere Vorrechte, unsere Bedürfnisse zu befriedigen oder uns vor Gefahren zu schützen, zu verzichten, um unser Vertrauen stattdessen in eine Kraft zu setzen, die über unser begrenztes egozentrisches Bewußtsein hinausgeht. Ob Sie diese Kraft nun die große Kraft des universellen Lebens, *Atma-Shakti*, wie Swamiji sie bezeichnete, oder Gott nennen, ist lediglich eine Frage der Wortwahl. Die sämtlichen spirituellen Einstellungen zugrundeliegende Basis muß indessen völlig anerkannt werden. Und dies ist für Sie modernen Europäer nicht leicht. Innerlich loszulassen, sich zu öffnen, fällt Ihnen viel schwerer als selbst zu handeln.

Hanteln zu stemmen, bis Sie eine wohlgeformte Muskulatur haben, dazu sind Sie imstande. Sogar sprachliche oder mathematische Vorbereitungskurse durchzuarbeiten, um an die Universität oder ins Polytechnikum gehen zu können, das bringen Studenten fertig. In der Hitze Radrennen zu fahren wie die »Giganten der Straße« der Tour de France, auch das bringen Menschen zustande. Die Tugend des Nicht-Bemühens, dieser weiblichen Haltung, zu entdecken, die möglich macht, die mitarbeitet, die aber auch akzeptiert und geschehen läßt, erscheint Ihnen jedoch immer weniger annehmbar oder zulässig.

Damit wir zu dieser Passivität zurückfinden, müssen wir uns auf bestimmte, wohlverstandene Weise als aktiv erweisen. »Seien Sie innerlich auf aktive Weise passiv.« Andernfalls bleiben Sie auf gewöhnliche Weise aktiv, das heißt gereizt, unruhig, angespannt. »Befreiung« bedeutet zunächst das vollkommene Nachlassen aller Spannungen – der körperlichen wie der emotionalen und geistigen Spannungen. Dies geschieht jedoch nicht von allein.

Kehren wir noch einmal zu dem eingängigen Beispiel der Muskelentspannung zurück. Sie können Ihre Muskeln nicht auf dieselbe Weise entspannen, wie Sie sie anspannen, und die Muskeln werden sich auch nicht von ganz allein wieder entspannen. Ich bin wachsam und folglich auf eine bestimmte Art aktiv. Entspannen wir die Stirn, dann die Augenbrauen, das Kinn, die rechte Schulter, die linke Schulter, das rechte Handgelenk, das linke Handgelenk ... Ich entspanne, ich entspanne. Diese Bewegung der Entspannung wandelt die gewöhnliche Haltung ins Gegenteil um, weil entspannt zu sein gleichbedeutend ist mit verletzbar zu sein, mit dem Verzicht, sich zu verteidigen und handeln zu wollen. Mit dem Prinzip der Entspannung wenden wir der Anspannung der Muskeln den Rücken, die uns das vermeintlich sichere Gefühl gibt, aktiv zu sein.

Sie haben Angst vor dieser passiven Haltung. Die mystische Ausdrucksweise, sei es die der Sufis oder der Christen, ist nicht mehr gebräuchlich, sie entlockt ein Lächeln oder sie mißfällt; und alle Welt träumt davon, möglichst wenig passiv zu sein. Männer oder Frauen, alle wollen aktiv sein. Die Leute halten sich für zu passiv und verleihen diesem Wort die Bedeutung von »enttäuscht, müde, Mangel an Energie«. Dies ist jedoch keineswegs dasselbe, und dieser Punkt muß Ihnen völlig klar sein. So wie das Wort »einatmen« mit dem Wort »ausatmen« oder das Wort »Tag« mit dem Wort »Nacht« verbunden ist, so müssen Sie auch das Wort »aktiv« mit dem Wort »passiv« in Ihrem Geist verbinden und beiden jeweils den gleichen Wert beimessen. Finden Sie genauere Begriffe für Zustände wie Müdigkeit, Mutlosigkeit, Depression, Erschöpfung und die Unfähigkeit des Herzens, sich zu öffnen, die lediglich bewirken, daß man sich um ein Stärkungsmittel bemüht, das man einnehmen könnte, oder daß man sich einfach einen Urlaub oder etwas Erholung gönnt.

In der Spiritualität überwiegt in Wirklichkeit die Passivität gegenüber der Aktivität. Das Verständnis des Wertes, den die Passivität besitzt, bedeutet Ihre Rettung, weil die gewöhnliche Aktivität eine Grenze hat. Sie geht aus einem Bewußtseinszustand hervor, den man Blindheit, Unwissenheit, Schlaf nennt, und diese Art von Aktivität kann Sie nicht über das Ego oder über das »Mentale«, das zerstört werden muß, hinausführen. Sie kann Ihnen lediglich dazu dienen, Schritt für Schritt die falsche Aktivität zu überwinden, um die echte Passivität zu entdecken. Seien Sie innerlich auf aktive Weise passiv. Seien Sie wachsam genug, um die innere Unruhe zu beseitigen, die gewöhnliche Haltung umzuwandeln, eine Veränderung zu bewirken und wieder ganz zu werden, damit Sie eine Kraft in sich wirken lassen können, die viel größer ist als das begrenzte Ego oder der begrenzte Geist.

Seien Sie äußerlich auf passive Weise aktiv. Natürlich sind wir äußerlich aktiv, aber es gibt eine unbeschwerte Art zu sein, ohne Spannung, vergleichbar mit der des Schauspielers, der eine Rolle in Szene setzt. Äußerlich kann der Schauspieler sehr aktiv sein. Die Rolle des Cyrano de Bergerac ist für Athleten vorgesehen, und am Ende des Stückes geht der Schauspieler »völlig erschlagen« von der Bühne. Dennoch kann der Schauspieler die ganze Rolle des Cyrano spielen, die Zuschauer zum Weinen bringen, vielleicht sogar selbst Tränen vergießen und dabei innerlich trotzdem sehr entspannt sein, da er als Ego nicht davon betroffen ist. Er weiß genau, daß er am Ende des fünften Aktes nicht an einer Kopfverletzung sterben wird. Der Schauspieler auf der Bühne ist ein »Akteur«, ein Handelnder, aber innerlich ist er still, unbewegt, völlig vertieft in seine Rolle und deren Inszenierung.

Genau dazu sind auch Sie aufgefordert: anscheinend aktiv, vielleicht sogar sehr aktiv zu sein, jedoch auf passive Weise aktiv. Einige Weise waren *anscheinend* viel mehr aktiv als kontemplativ. Buddha, der mit vierundzwanzig Bihar und Nordindien durchquert hatte, oder Shakaracharya, der quer durch ganz Indien gelaufen war, obwohl er sehr jung starb. Ma Anandamayi war bis ins hohe Alter hinein sehr aktiv. Seien Sie innerlich passiv, ohne Spannungen, offen, um das Instrument eines Verständnisses, einer Intelligenz, einer Sichtweise, einer Energie zu sein, die sich von Ihren gewöhnlichen Möglichkeiten unterscheiden. Die kosmische Energie und die kosmische Intelligenz in uns sind begrenzt und eingeengt und bilden gleichsam einen Teilausschnitt der Unendlichkeit. Sie werden nur dann Fortschritte machen, wenn Sie sich diesen Vorstellungen öffnen und deren Wahrheit fühlen.

Ramana Maharshi sagte: »Es gibt nur zwei Methoden. Entweder die Suche nach dem Selbst (die nicht-religiöse, vedantische, metaphysische Methode) oder *surrender*«, loslassen, sich vom Ego abwenden und gänzlich der göttlichen Vorsehung vertrauen, ein Vertrauen, das man nicht mehr zurückzieht. Wenn ich krank bin, muß deswegen nicht gleich mein ganzes Vertrauen in die göttliche Vorsehung schwinden. Ich bin damit einverstanden, krank zu sein, aber ich erkenne, daß es ebenso die göttliche Vorsehung ist, die mir einen Arzt schickt oder die es mir erlaubt, einen aufzusuchen. Wenn man sich diese fundamentale religiöse Haltung konsequent bewahrt, kann man dadurch ebenfalls den egolosen Zustand erlangen. Das war nicht der Weg, den Ramana Maharshi im speziellen lehrte, aber es ist ein Weg, dessen Bedeutung er öffentlich immer wieder betonte.

Der direkte vedantische Weg der Entdeckung des Selbst ist auch ein Weg der Stille. Das Denken tritt allmählich in den Hintergrund, die Spannungen lösen sich auf, der tiefverwurzelte Gedanke »Ich bin ich« verstummt ebenfalls, und es offenbart sich das unendliche Bewußtsein. Wir können es aber nicht zwingen, sich zu zeigen. Machen Sie sich darüber keine Illusionen. Wenn auch mächtige, sogar verblüffende Praktiken gelehrt worden sind, so bestätigen doch alle Meister einstimmig, daß es sich dabei lediglich um eine Vorbereitung handelt und daß wir uns *öffnen* müssen für die göttliche, metaphysische, unbegrenzte, unendliche Wirklichkeit, die unser Ego weder verstehen noch erfassen kann.

Die vorbereitenden Übungen reinigen das Ego, machen den

Geist geschmeidig und ermöglichen uns, die mächtigen Trieb-
kräfte der großen Ängste und Wünsche, durch die wir immer
wieder in gewohnte Handlungsmuster zurückfallen, unwirksam
zu machen. Manche Asketen haben zuweilen heroische Methoden angewandt, und Christus hat gesagt: »Die Starken bemächtigen sich des Himmlischen Königreichs mit Kraft.«

Sie können bestimmte wirksame Methoden als Vorbereitung
verwenden, um bis ans Ende all Ihrer Wünsche und Ängste, aus
denen sich Ihr tiefstes Wesen zusammensetzt, und jener drei
Antriebskräfte zu gehen: nehmen, was Sie anzieht; fliehen oder
zerstören, was Sie abstößt. Auf dem Weltmarkt werden im
Namen des Hinduismus oder Buddhismus gefährliche Praktiken verkauft, abgesehen von den mehr oder weniger riskanten
Experimenten und ganz zu schweigen von einigen zeitgenössi-
schen Extravaganzen.

Seien Sie innerlich auf aktive Weise passiv, seien Sie äußerlich
auf passive Weise aktiv. Dies bedeutete eine Veränderung, eine
Umkehrung der gewöhnlichen Einstellung. Das Ego kennt nur
sich selbst; es hat keinerlei Gewißheit, daß ihm eine göttliche
Kraft zu Hilfe kommen könnte; es möchte alles selbst lösen,
durch die üblichen Anstrengungen. Zweifellos ist die andere
Seite dieser gewöhnlichen Anstrengung die gewöhnliche Passivität, die Trägheit, die Müdigkeit, die Depression: Es wird mir
alles zu schwer, ich finde an nichts mehr Gefallen. Sie können
das Paar Aktivität – Passivität nicht trennen. Wenn Sie auf gewöhnliche Weise aktiv sind – und neunundneunzig Prozent der
Menschen im Westen sind auf gewöhnliche Weise aktiv – dann
ist in Wirklichkeit das Ego aktiv, das nur sich selbst vertraut,
das die auf ein bestimmtes Ziel hin gerichtete Spannung in
Ihnen aufrechterhält und dessen andere Seite die Entmutigung,
wenn nicht gar der völlige Zusammenbruch ist.

Sie können im üblichen Sinn des Wortes nicht ständig aktiv
bleiben, aber wenn Sie Aktivität und Passivität in ein harmonisches Gleichgewicht bringen, werden Sie diese regelmäßig
wiederkehrenden Wechsel von Überschwenglichkeit und Depression, wo Ihnen an einem Tag alles möglich erscheint und Sie
eine Woche später in tiefste Hoffnungslosigkeit verfallen, nicht
mehr kennen. Wenn Sie innerlich auf aktive Weise passiv und

äußerlich auf passive Weise aktiv sind, kann Sie nichts mehr aus dem Gleichgewicht bringen, ob es nun heiß oder kalt ist, ob es nun viel Arbeit oder wenig Arbeit gibt, ob alles gut oder alles schlecht läuft. Dann werden Sie den wechselnden inneren Zuständen, auf die Sie nicht den geringsten Einfluß haben, nicht mehr unterworfen sein. Sie werden eine innere Festigkeit erlangen.

Solange Sie nur den allein auf *ahamkara* oder das Ego beschränkten Bewußtseinszustand und nur jene Art des Sehens und Verstehens kennen, das wir das »Mentale« nennen, wird es schwierig für Sie sein, das, was ich heute zu sagen versuche, zu begreifen. Trotzdem werde ich noch einen Schritt weitergehen. Das Ziel eines jeden menschlichen Wesens, ob es sich nun dessen bewußt ist oder nicht, ist die Überwindung der Dualität. Sie werden sehen, daß dies gar nicht so kompliziert ist, wie es scheint. Dualität bedeutet, daß es zwei gibt, das ist alles. Die für uns entscheidende Dualität ist: ich und das, was nicht ich ist. Durch unsere Inkarnation verfestigen wir uns in der Dualität. Ein kleines, abgetrenntes Teilchen taucht im Ganzen in Form einer Verschmelzung von Ovulum und Spermium auf. Daraus entsteht ein Mensch mit einer bestimmten Persönlichkeit, der juristisch »eine Person« genannt wird. Wir haben von jetzt an nur ein Ziel, nämlich diese Dualität zu überwinden, weil wir von dem Gesetz der Anziehung und Abstoßung gelenkt werden.

Wir können nicht akzeptieren, von dem, was uns anzieht, getrennt zu sein, wir wollen es auf die eine oder andere Weise an uns binden, es besitzen. Wenn ein Mann in eine Frau verliebt ist, fühlt er eine Dualität: »Da bin ich, da ist diese Frau, diese Frau zieht mich an, ich bin in sie verliebt, ich kann nicht glücklich sein, wenn sie mir entschwindet, wenn ich sie nie wiedersehe oder wenn sie einen anderen heiratet; deshalb versuche ich, sie an mich zu binden.« Vielleicht, »wenn alles gut geht«, verbinden sich dieser Mann und diese Frau durch die Bande der Ehe. Verbinden bedeutet eins machen.

Nun bringt uns die Erziehung dazu, unsere Ansprüche zu mäßigen, und wir wissen sehr wohl, daß wir nicht in ein Geschäft gehen und uns nach Belieben bedienen können. Wir müssen zahlen. Jegliche Existenz ist auf solch einfachen Wahrheiten begründet. Unser Bewußtsein befindet sich in einem Zustand der Dualität, und wir lehnen diese Dualität ab. Deshalb will ich, wenn ich eine Anziehung verspüre, den Gegenstand der Anziehung mit mir verbinden, und dann habe ich, da es jetzt nur noch eins gibt, die Dualität beseitigt.

Aus demselben Grund will ich eine Ablehnung, die ich spüre, zunichte machen und werde auf diese Weise ebenfalls die Dualität aufheben, da eine Seite der Dualität verschwunden sein wird. Es gibt zwei Möglichkeiten, um diese andere Seite der Dualität verschwinden zu lassen: sie zu zerstören (das existiert nicht mehr) oder sie zu fliehen. Es kommt vor, daß ein Mann, der schrecklich verliebt ist in eine Frau, die einen seiner Freunde zu heiraten beabsichtigt, nach Hongkong oder nach Australien geht, um den größtmöglichen Abstand zwischen sich und der Frau zu schaffen. Die Entfernung verringert das Leid. Und es ist uns wohlbekannt, daß in einem aus Leidenschaft begangenen Verbrechen die Frau vernichtet, ermordet wird, die man um eine Heirat angefleht und der man eine Stunde zuvor zum letzten Mal »Ich liebe dich« gesagt hat.

Hier sind die drei fundamentalen Mechanismen, denen Sie unterworfen sind. Sie sind unaufhörlich am Werk. Wenn eine Wissenschaft Sie interessiert, beseitigen Sie die Dualität zwischen sich und den Phänomenen, die Sie studieren. Sie wollen nicht, daß diese Phänomene sich in einer und Sie sich in der anderen Ecke befinden. Sie versuchen, die Non-Dualität mit diesen Phänomenen durch ein Studium zu erreichen.

Sie werden keine einzige Aktivität finden, außer bei Menschen, die sich auf einen spirituellen Weg begeben haben, die sich nicht auf eine dieser drei Kategorien zurückführen läßt und die mehr oder weniger offensichtlich oder versteckt nicht die Absicht hätte, mit den üblichen, uns bekannten Mitteln, die Dualität zu überwinden. Spricht man von Dualität, so spricht man vom Bewußtsein des Egos oder von der Tätigkeit des Geistes, von einer egozentrischen, nicht objektiven Sicht der Welt. Von alledem wollen Sie sich lösen. Doch wie werden Sie dies bewerkstelligen?

Wenn sich kein neues Verständnis mit einschaltet, werden Sie das, was Sie als Pfad, Weg, Yoga, spirituelles Leben bezeichnen, jenen Aktivitäten gleichsetzen, die Ihnen vertraut sind. Es gibt ein bestimmtes Ziel, das Sie sich als Erwachen, Weisheit, Befreiung, Reinigung der Seele, Zerstörung des Mentalen vorstellen – ein Ziel, von dem Sie sich getrennt fühlen und das Sie zu »erreichen« wünschen, mit dem Sie folglich vereint sein wollen. Für einen Schüler, der seine Abschlußklasse begonnen hat, ist das Abitur noch eine von ihm getrennte Wirklichkeit. Es existiert eine Dualität. Am Tag, an dem er »Abiturient einer höheren Schule« geworden ist, hat er die Non-Dualität verwirklicht. Die Bezeichnung »Abiturient« und er stimmen überein. Diese Art von Bemühung wird es Ihnen jedoch nicht ermöglichen, den Titel eines Weisen oder Befreiten zu erhalten, so wie man den Titel des Abiturienten erhält. Auch dies muß Ihnen vollkommen klar sein. Wenn Sie nicht sehr wachsam sind, werden Sie sich Ihren »spirituellen« Zielen mit der üblichen Mentalität zuwenden und glauben, daß die gewöhnlichen Methoden zum Erfolg führen können. Sie werden erfolglos bleiben. Ich bin sehr kategorisch in diesem Punkt. Sie werden weiterhin auf unbrauchbare Weise aktiv sein, mit Augenblicken der Passivität. Augenblicke, in denen Sie beschließen »jetzt setze ich die Lehre in die Praxis um, jetzt stehe ich früh auf, ich mache Yoga, ich faste, ich rauche nicht mehr, ich meditiere, ich bin eins mit allem, was geschieht«, und andere Momente, in denen diese große Begeisterung früher oder später erlischt, das Pendel in die andere Richtung schwingt, die Mutlosigkeit unausweichlich wieder Oberhand gewinnt und Sie kein Interesse mehr an dieser Lehre haben. Dann erhalten Sie beispielsweise durch die Begegnung mit einem tibetanischen Weisen neuen Auftrieb, und unter dem Ansporn, den seine Gegenwart hervorruft, kehrt sich die Bewegung erneut um, und Sie beschließen abermals: »Man wird schon sehen, was dabei herauskommt; ich werde mich auf den Weg begeben.«

Wenn Sie sich bereits seit mehreren Jahren für den spirituellen Weg interessieren, wird das, was ich hier sage, bei Ihnen vielleicht ein Echo finden. Sie alle erkennen die Wünsche, deren Gesamtheit den Wunsch nach Befreiung bildet und umgekehrt, sei es Trägheit und Hoffnungslosigkeit, sei es die Faszination einer neuen Liebe, eine Verbesserung in Ihrem Beruf, eine Erfüllung in dieser Welt der Formen. Solange Sie Ihren eigenen Kräften überlassen sind und die Methoden anwenden, die Sie kennen, werden Sie, selbst wenn Sie Mut, Intelligenz und Ausdauer besitzen, immer in Ego und Geist verhaftet und durch diese in Ihrem Handeln bestimmt bleiben.

In Indien oder in anderen spiritualisierten Zivilisationen wird die Schwangerschaft als etwas Göttliches verehrt. Die schwangere Frau wird einzig aufgrund der Tatsache, daß sie schwanger ist, als Abbild der Göttin, der *Devi*, der *Shakti* betrachtet, ihr wird geholfen, auf aktive Weise passiv zu sein, noch passiver, noch offener, noch bereitwilliger, noch stiller, noch stärker in sich zentriert, um an einem Werk mitzuwirken, das über sie hinausgeht. Genau darin drückt sich die religiöse Haltung aus: auf aktive Weise passiv zu sein, um an einem Werk mitzuwirken, das über uns hinausgeht. Dieses Werk können Sie die Gnade Gottes oder die Offenbarung des Atman nennen, und kein einziges gewöhnliches Mittel wird Ihnen die Tore zum Himmlischen Königreich oder zur Verwirklichung des Selbst öffnen.

Im Grunde ist dies nicht nur die religiöse, sondern auch die metaphysische Einstellung. In den Upanishaden steht geschrieben: »Das Atman offenbart sich jenen, denen es sich offenbaren will.« Was Sie tun können, ist, diese Haltung des Sichöffnens anzunehmen und beizubehalten. Dies bedeutet, daß Sie durch Ihre Bemühungen, durch Ihr *sadhana* lernen, tatsächlich passiv, auf aktive Weise passiv und offen zu werden. Dann wird dieses Leben, diese Wirklichkeit, diese Kraft, deren Möglichkeiten Ihr Ego und Ihr Geist niemals besitzen werden, beginnen, sich durch Sie zu manifestieren, Sie zu beleben und sogar Ihre Handlungen zu lenken. Sie werden eine Intelligenz in sich entdecken, die Sie bis dahin nicht geahnt hatten und durch die Sie eine Situation, die Wahrheit eines Augenblicks, gleichsam in einem neuen Licht sehen. Man sagt manchmal, daß es uns wie Schuppen von den Augen fällt, daß die Vexiergläser, die uns die Sicht trübten, verschwunden sind, daß der Blinde sehen, der Taube hören und der Lahme wieder gehen kann. Die Wunder Christi können wörtlich genommen, aber auch symbolisch als Bild für diese Umwandlung betrachtet werden.

Denken Sie an den bekannten Ausspruch des heiligen Paulus: »Nicht ich lebe, es ist Christus, der in mir lebt« oder auch: »Ich lebe, aber das bin nicht ich, es ist Christus, der mich lebt.« Dieser Ausspruch besitzt eine allumfassende Bedeutung. Nicht ich lebe in meiner Eigenschaft als Ego, es ist die *Shakti*, die in mir lebt, es ist die Buddhaschaft, der Zustand des Buddha, der in mir lebt, es ist das göttliche Leben, die höchste Energie.

Sie können nicht stärker, gerissener, listiger sein als diese Notwendigkeit, auf die Anstrengung zu verzichten und einzig und allein ein Instrument zu werden; diese grundlegende Haltung gilt für alle Arten von Spiritualität, selbst für jene, wo Mut, Energie, Entschlossenheit, also offensichtlich Aktivität und Anstrengung, eine sichtbare Rolle spielen. Dieses neue Verständnis muß von jetzt an jede Einzelheit Ihres *sadhana* durchdringen. Dies ist nicht nur ein Schlüssel, der Ihnen für später geschenkt wird, wenn Sie reif sind loszulassen. Seien Sie innerlich auf aktive Weise passiv. Seien Sie also in beiden Fällen entspannt.

Können Sie sämtliche Spannungen lösen? Sie wissen, wie man sich körperlich entspannt. Man kann einen Muskel nicht genauso entspannen, wie man ihn anspannt. Wie können Sie auf aktive Weise passiv, wirklich passiv sein? Die Meditation ist absolutes Nicht-Bemühen. Nun sind Sie aber ständig bemüht, weiterhin zu unterdrücken, zu verdrängen, zu zensieren und zu verhindern, daß aus Ihrem Innersten etwas an die Oberfläche dringt, und genau diesen Widerstand gilt es zu beseitigen. Wir können uns zwar nicht zwingen, unser Innerstes zum Ausdruck zu bringen, aber wir können auf das einwirken, was uns daran hindert. Hierfür müssen wir eine Fähigkeit finden. Manche entdecken sie sehr schnell, sofort, während andere viel länger brauchen und weiterhin mit dem Versuch ringen, das Äußere mit dem Inneren zu verbinden.

Es gibt keine Bemühung, die Bestand hat. Daher ist es notwendig, durch Wachsamkeit das Geheimnis des Nicht-Bemühens zu entdecken, und in diesem Sinne ist jegliches Streben nach Stille von großem Wert. Ich lasse los, ich versuche loszulassen, nicht mehr zu handeln, geschehen zu lassen. Nicht das

Atman, sondern Ihre verdrängten Ängste, Ihre ungetrösteten Traurigkeiten, Ihre unerfüllten Sehnsüchte werden sich zunächst enthüllen, aber Ihr Weg wird Sie eines Tages so weit bringen, daß die Unendlichkeit Sie genau in dieser inneren Stille empfängt. Es handelt sich hier um eine ganz besondere Art von Bemühung. Suchen Sie nach ihrem Geheimnis, bis Sie es gefunden haben. Dieses Bemühen des Nicht-Bemühens besteht darin, auf aktive Weise nicht-aktiv zu werden, damit sich etwas erfüllt, was sich nur durch Hingabe, Loslassen, Vertrauen, Ergebenheit, Offenheit erfüllen kann.

Was bedeutet Nicht-Handeln in der Außenwelt? Zunächst müssen Sie die Art und Weise herausfinden, die Ihnen am ehesten verständlich ist, damit Sie entspannt, ohne innere Unruhe handeln können: »Ich mache das, was mir möglich ist; ich mache das, was die Umstände von mir verlangen.« Dies ist immer ein Sichergeben. Ein Sichergeben in die Erfordernisse von Situationen und Umständen, in denen Sie sich befinden.

Es treten zuweilen Umstände ein, auf die Sie nur sehr geringen Einfluß haben, selbst wenn Sie eine gewisse Macht besitzen. Auf die Umstände zu antworten heißt zunächst, sich ihnen zu unterwerfen, damit Sie die richtige und angemessene Antwort finden. Dadurch sind Sie imstande, tatsächlich aktiv zu werden, ein Telefonat zu führen, einen Brief zu schreiben, vielleicht nachdrücklich und ernsthaft zu sprechen, vielleicht sogar einen Wutausbruch zu haben, wobei Sie jedoch innerlich genauso neutral und entspannt sind wie der Schauspieler auf der Bühne, der nach außen hin zwar in seine Rolle verwickelt zu sein scheint, innerlich jedoch völlig unberührt ist.

Es gibt jedoch mehr, nämlich das, was wirklich religiöse Wesen wissen und was wahr ist, auch auf einem anscheinend nicht-religiösen Weg, wie beispielsweise dem Vedanta. Tief religiöse Wesen wissen, daß sich das, was sie zu vollenden nicht imstande waren, von selbst vollenden kann, wenn sie nicht aktiv, aber wachsam sind. In der üblichen religiösen Ausdrucksweise nennt man das: sein Problem in Gottes Hände legen. Beten. Oh! Worte, die uns bekannt sind und die mehreren unter Ihnen, das weiß ich, sogar suspekt sind, weil sie unangenehme Erinnerungen damit verbinden. Es gibt zwar heutzutage viele trügerische Aspekte im Katholizismus und im Protestantismus, aber verwerfen Sie nicht die Wirklichkeit der Spiritualität im selben Moment, in dem Sie ein Christentum, das Sie enttäuscht hat, oder eine religiöse Geisteshaltung ablehnen, die Ihnen nur durch Frömmler oder in eigene Probleme vertrickte Priester vermittelt zu werden scheint. Die Wahrheit wird immer die Wahrheit bleiben. Was für »Wunder« und Erfüllungen ergeben sich durch dieses wachsame Nicht-Handeln, durch dieses still vollzogene, aktive Nicht-Handeln für denjenigen, der eine religiöse Haltung besitzt und der, eins mit ihr, sein Problem Gott darbietet.

Man denkt, man diskutiert, man versucht zu handeln, man versucht zu »tun« und man scheitert, man erreicht nichts. Wenn Sie vollkommen still sind – »Ich versuche nichts mehr, das übersteigt meine Kräfte, es liegt an Dir, oh Herr, zu handeln« –, werden Sie zu Ihrer Überraschung feststellen, daß sich das gewünschte Ergebnis von selbst einstellt.

Ich werde Ihnen zwei Beispiele geben, die mir gerade einfallen. Der Bau des Ashrams in Bost hatte meinem Sohn, damals gerade sechs Jahre alt, einen, wie wir es bezeichnen, tragischen Schock versetzt. Er hatte immer bei mir gelebt, die Umstände hatten es erlaubt, daß er mich auf all meinen Reisen begleiten konnte, und plötzlich verschwand sein Vater aus seinem Leben, genau zur selben Zeit, als er durch eine Leberentzündung noch verletzlicher war. Er kam dann für einige Tage nach Bost, und das war recht schlimm für ihn. Seine Mutter war in Paris. Ich hatte nur Josette als Hilfe, die aber dann in der Klinik war. Eine betagte Dame, die aufgrund ihrer Begeisterung und ihres Übereifers etwas dazu neigte zu bevormunden, hatte zu diesem Kind gesagt: »Du glaubst, daß du hier daheim bist, nicht wahr? Du bist in einem Ashram! Dein Zuhause ist in Paris.« Diese Worte waren für den kleinen Jungen unerträglich gewesen.

Als ich Zeit hatte für ihn, hatte er sich zwischenzeitlich in ein Zimmer eingesperrt und mir einen Zettel unter der Tür hindurchgeschoben: »Ich werde nie mehr aufmachen, bis ich tot bin, ich bin zu traurig und zu unglücklich.« Es muß so gegen acht oder acht Uhr dreißig abends gewesen sein. Ich versuchte es durch die Tür: »Hör mir zu, Emmanuel!« Keine Antwort. »Los, mach auf!« Keine Antwort. »Nun hör doch, wir können sicher darüber sprechen.« Dann, nach einem kurzen Augenblick hörte ich: »Lies das Papier, das ich unter der Tür durchgeschoben habe.« Ich antwortete ihm: »Aber das habe ich doch schon getan.« Wieder Stille. Eine schreckliche Situation, so schien es. Wäre ich indessen nicht eins gewesen mit der Situation, so grausam sie auch zu sein schien, wäre da irgendeine Emotion gewesen, hätte sich alles noch verschlimmert. Aber in meinem Herzen empfand ich Verständnis für den Kummer dieses Kindes, das sich in das Zimmer eingeschlossen hatte, und ich spürte, wie verletzt es war. Ich setzte mich vor die Tür. Das war alles. Ich habe nichts getan. Weder gesprochen noch diskutiert. Nichts. Ich setzte mich, um ganz still und passiv, auf aktive Weise passiv zu sein. Christlich ausgedrückt habe ich »Gott diese Situation dargeboten«. »Hier ist das Problem, hier ist meine Grenze, hier ist mein Unvermögen, Du bist an der Reihe zu handeln.« Ich war still, vollkommen passiv, ohne irgendeinen Gedanken, bloß wachsam, wie in einem Zustand des Betens ohne Worte, der Meditation, ich war nur Ergebenheit und Liebe. Dann hörte ich irgendwann, wie sich der Schlüssel im Schloß drehte. Nun war die Tür nicht mehr abgesperrt. Ich blieb still, ich öffnete nicht. Einige Minuten später machte der kleine Junge die Tür auf. Ich erzähle Ihnen nicht, wie jener Abend endete. Ich mußte zwei, drei, vier Jahre lang auf passive Weise aktiv, sehr aktiv sein, um die Verletzung meines Sohnes zu heilen, der sich so unwohl in seiner Haut, so unglücklich gefühlt hatte, so daß er, wie jedes Kind, das leidet, recht anspruchsvoll und launisch wurde.

Mir kommt noch das Beispiel eines Mannes in den Sinn, der ein sehr schweres Karma hatte. Schon von Kindheit an mußte er viel Leid erfahren, und er hatte große Schwierigkeiten, sich in unserem Ashram einzufügen, auf den er seine ganze Hoffnung gesetzt hatte. Er versuchte *lyings* zu machen und wurde, nachdem er in eine Sackgasse geraten war, von widerstreitenden Gefühlen der Hoffnung und der Verbitterung mir gegenüber hin- und hergerissen. Ich probierte die eine oder andere Methode aus. Ich sprach mit ihm auf die eine oder andere Weise. Ohne Ergebnis, Dann, eines Morgens, kam er zum *lying* ins Zimmer, legte sich hin; ich tat nichts, absolut nichts. Es ging eine fast unerträgliche Spannung von ihm aus. Ich verharrte in einem Zustand des Betens, Schweigens, Nicht-Handelns, des aktiven Passivseins, sonst tat ich nichts. Er lag da, ausgestreckt, angespannt, gepeinigt, schmerzerfüllt, doch ich spürte, daß das, was von ihm ausging, an Heftigkeit nachließ. Allmählich entspannte er sich und begann zu weinen. Und während die Tränen flossen, fand er wieder zu sich selbst. Er fing an zu schluchzen, er ergriff meine Hand, ich schloß ihn fest in die Arme, dann ging er weg. Ich hatte kein einziges Wort gesprochen. Das Nicht-Handeln hat das vollendet, was durch das Handeln, selbst durch das innerlich passive Handeln, ohne den egoistischen Wunsch nach Erfolg, nicht erreicht werden konnte.

Das spirituelle Leben beginnt, wenn wir das Instrument einer Wirklichkeit, eines Lebens, einer Energie werden, die all unsere gewöhnlichen Funktionen, selbst unsere Leistungsfähigkeit, unsere Intelligenz, unser Wissen, in jeder Hinsicht bei weitem übertrifft. Nicht ich handle, es ist die Weisheit, die durch mich handelt. Das ist der Zustand ohne Ego, wie die Inder es bezeichnen. Ramdas sagte: »Seien Sie ein Instrument, jedoch ein bewußtes Instrument, nicht wie ein Füller, der sich dessen, was mit ihm geschrieben wird, nicht bewußt ist.«

Mehr noch als andere sprach Ramdas sehr beredt über das Nicht-Handeln. Er war es auch, den ich einmal folgende kleine Geschichte erzählen hörte: Vishnu und Lakshmi, seine Gattin, sind zusammen im Paradies, als Vishnu plötzlich weggeht: »Mein Diener Haridas wird gerade von Räubern angegriffen, ich eile ihm zu Hilfe.« Eine Sekunde später kehrt Vishnu zurück und Lakshmi wundert sich: »Schon?« – »Ja, Haridas bückte sich gerade, um einen Stein aufzuheben.« Die Geschichte endet hier. Wenn dieser Haridas einen Stein aufhebt, dann beabsichtigt er, sich selbst zu verteidigen, folglich braucht er mich nicht. Dies erklärt in der Tat auch den Eindruck, den man beim Lesen von Ramdas' Buch *Les Carnets de pèlerinage* (»Notizen einer Pilgerfahrt«) gewinnt, nämlich daß dieser nicht einmal versuchte, sich zu pflegen, wenn er krank war. Er verließ sich darauf, daß Ram ihn heilte, ud Ram schickte ihm tatsächlich Personen vorbei, die sich des vom Fieber geschüttelten Sadhu erbarmten und ihn gesund pflegten.

Ich fühlte mich nicht reif, um nicht doch Steine aufzuheben, falls mich Räuber im Wald angegriffen hätten. Ich fühlte mich nicht reif für dieses Loslassen. Doch habe ich mich der Wirkung, die jene Worte Ramdas auf mich gemacht hatten, niemals entziehen können. Bei Swamiji schließlich konnte ich Aktivität und Passivität, die männliche und die weibliche Haltung, Handeln und Nicht-Handeln wieder in Einklang bringen. Die gewöhnliche Bemühung, die einzige, in der Sie seit langem erfahren sind, wird Sie nicht weit bringen. Wie können Sie innerlich auf aktive Weise passiv werden? Indem Sie gegenüber der großen Wirklichkeit – nennen Sie sie Gott oder Shakti oder Brahman – eine weibliche Haltung einnehmen und sich wie die Jungfrau Maria vom Heiligen Geist befruchten lassen. Wirken Sie aktiv mit bei dieser Kraft, die um so vieles größer, intelligenter und präziser ist als Ihr Ego und Ihr Geist. Handeln Sie entspannt, körperlich entspannt, emotional entspannt, geistig entspannt, als Intrument dessen, was Swamiji »die Gerechtigkeit der Situation« nannte und andere als »Wille Gottes« bezeichnen, bis Sie schließlich entdecken, daß überall ein und dieselbe unendliche Energie, die *Atma-Shakti*, am Werk ist. Finden Sie Ihre Identität oder Ihre Übereinstimmung mit dieser einzigartigen Energie wieder.

Kapitel 8

Die Ehe

Wer hat den einen oder anderen Augenblick oder sogar mehrere Male in seinem Leben, von der Jugend bis ins hohe Alter, nicht schon von der großen Liebe geträumt, geglaubt, sie zu finden oder ein gemeinsames Leben zu führen versucht, in der Hoffnung auf ein Gelingen und vielleicht mit ungeheuren Erwartungen verbunden?

In diesem Zusammenhang muß man sich vor Augen führen, daß die Ehe in allen Traditionen als heilig betrachtet wird. Für jene, die auch nur die geringste Ahnung vom Christentum haben, ist das Wort »Sakrament« beispielsweise ein sehr bedeutsamer Begriff. Es handelt sich dabei nicht um einen einfachen Segen. Aus theologischer Sicht betrachtet sehen wir, welche Bedeutung das religiöse Denken dieser Verbindung von Mann und Frau einst verliehen hat. In Indien ist der Ritus der Ehe gleichermaßen bedeutend, und die Gemahlin spielt eine ganz besondere Rolle in der ehelichen Gemeinschaft; sie ist in gewisser Hinsicht die Priesterin des Hauses.

Die Selbstverständlichkeit, mit der man heutzutage heiratet, sich trennt, zusammenlebt, ohne zu heiraten, den Partner wechselt, sich scheiden läßt, zeigt, daß wir in einer Welt leben, in der dies durchaus üblich ist, die wir jedoch nicht als Norm für das menschliche Verhalten betrachten können, und wir müssen auf jeden Fall erkennen, daß sie sich immer weiter von dem entfernt, was bisher in allen Traditionen gelebt worden ist. Sie können dies, wenn Sie so wollen, für einen Fortschritt halten, das ist eine Frage der Interpretation. Doch müssen wir wenigstens sehen – weil dies nicht bestritten werden kann –, daß es sich hier um eine sehr eigenartige Denkweise handelt, von der wir allerdings völlig durchdrungen sind und auf die viele Jugendliche mittlerweile anfangen zu reagieren.

Ein Teil dessen, was Swamiji hierzu an mich weitergegeben

hat, befindet sich bereits im zweiten Band von *Chemins de la Sagesse*, im Kapitel »Faire l'amour«, in dem es nicht nur um die Sexualität, sondern auch um das Ehepaar und die Ehe geht.

Wenn man glaubt, den idealen Partner oder die ideale Partnerin gefunden zu haben und zu heiraten beabsichtigt, stellt sich zunächst die Frage: »Wie können wir sichergehen, daß wir uns nicht irren?« Diese Frage ist mir seit einigen Jahren mehrere Male gestellt worden. Solange man von glühender Leidenschaft durchdrungen ist, stellt man keine Fragen, doch es kommt der Augenblick, wo diese Faszination die aufkommenden Zweifel nicht mehr verbergen kann: »Täusche ich mich nicht? Habe ich wirklich denjenigen oder diejenige gefunden, von dem/von der ich schon in meiner Jugend geträumt habe? Sind wir füreinander geschaffen?« Wie soll man auf diese Frage antworten?

Sicherlich nicht aus den Emotionen und der Faszination des Verliebtseins heraus und auch nicht ausgehend von den Vorurteilen unserer Gesellschaft. Laut Swamiji gibt es fünf Kriterien, nach denen man beurteilen kann, ob zwei Wesen »füreinander geschaffen« sind und ob ihre Verbindung sie glücklich machen und nicht zum Leid, zu Zwistigkeiten, zu Versöhnungen, zu jenen schwankenden, verletzenden, schmerzvollen Liebesbeziehungen führen wird, die nur fortbestehen, weil man nicht den Mut hat, sie zu beenden, und die nichts von dem enthalten, wonach derjenige strebt, der den *Weg* der Weisheit, des Friedens, der Heiterkeit, der inneren Stabilität, der Entwicklungsmöglichkeit und der echten Gemeinschaft eingeschlagen hat.

Diese Gemeinschaft, die Krönung der Liebe oder des Paares, entsteht im Laufe der Jahre. Man darf eine Ehe nicht mit einer großen, kurzen Leidenschaft verwechseln, wie es in manchen Filmen oder Romanen dargestellt wird. Gestatten Sie, daß ich das Wort »Ehe« verwende, auch wenn heute immer weniger Ehen geschlossen werden. Man heiratet schon nicht mehr in der Kirche, und in »höheren Kreisen« beabsichtigt man, über kurz oder lang auch die Heirat auf dem Standesamt abzuschaffen. Dann wird es nur noch bestimmte Verträge geben, die vor dem Notar geschlossen werden. Ich werde den Begriff der »Ehe«

weiterhin verwenden, auch auf die Gefahr hin, rückschrittlich und reaktionär zu erscheinen.

»Sie werden nur mehr eine Seele und ein Körper sein.« Dieser Ausspruch darf nicht unüberlegt hingenommen werden. »Eine einzige Seele und ein einziger Körper«, das ist keine banale Vereinigung. Die Anziehungskraft der Liebe führt niemals zu dieser echten Gemeinschaft; sie erzeugt lediglich eine Illusion von Einheit, die das Getrenntsein jedoch aufrechterhält. In dem Maße, in dem diese Einheit, diese Gemeinschaft – ein Miteinander – von einem Mann und einer Frau hergestellt wird, kann die Ehe, ebenso wie der klösterliche Weg, als ein spiritueller Weg angesehen werden. Aus diesem Grunde wird die Ehe durch ein Sakrament geheiligt. Früher gab es die königliche und die priesterliche Weihe; man kann auch eine eheliche Weihe anerkennen. Wir sprechen vom *Weg* der Weisheit, der Offenbarung des Selbst, des höchsten Bewußtseins aus gesehen: Eine eheliche Verbindung ist für die Dauer bestimmt. Eine tiefe Liebe unter ungewöhnlichen, schnell sich verändernden Umständen kann das Thema eines großartigen Films sein, doch ist sie an und für sich kein Weg, der zu einer Reinigung der Emotionen und zur Überwindung des Egos führt. Die Ehe ist ein Weg in Richtung *monasha*, wie wir es bezeichnen, der Beseitigung des Mentalen, und zu *chitta shuddi*, der Reinigung der Seele.

Swamiji hat mir eines Tages fünf Kriterien dargelegt, dank derer man den tiefen Wert einer Beziehung zwischen Mann und Frau erkennen kann. Ich habe oft darüber nachgedacht. Es ist erstaunlich, daß das Wort »love«, »Liebe«, in diesen fünf Kriterien nicht enthalten ist. Das hat mich anfangs überrascht. Dann erinnerte ich mich daran, daß Swamiji das Wort »love« nur mit großer Feierlichkeit anwandte. Im Französischen verwenden wir das Wort »l'amour« sozusagen für alle Soßen; Swamiji gebrauchte meist die Worte »Sympathie« oder »Mitgefühl«; er verwendete das Wort »Liebe« nur dann, wenn ich es wert war, es zu hören, wie ein Wort, das auszusprechen man kein Recht hat, wenn man ihm nicht seinen wahren Sinn verleiht. Wie oft verwenden wir das Wort »Liebe« für etwas, das lediglich Emotion oder Anziehung ist. Die Anziehung enthält immer auch ihr

Gegenteil, die Möglichkeit, das zu verabscheuen, was wir einen Augenblick zuvor noch leidenschaftlich liebten.

Das erste dieser Kriterien wird im Englischen *»feeling of companionship«* genannt, das Gefühl, zwei Gefährten zu sein. Tatsächlich sagt man auch manchmal »meine Gefährtin«, »mein Gefährte«. Man kann sich die Frage stellen: »Habe ich das Gefühl, nicht mehr allein zu sein?« Einen Gefährten zu haben bedeutet, sich nicht mehr allein zu fühlen.

Nun aber, und ich glaube, Sie werden mir zustimmen, fühlen sich viele Männer und Frauen, die verheiratet sind – oder so leben, als wären sie verheiratet –, immer allein. Ich bin es nunmehr seit zehn Jahren gewöhnt, von dem einen oder anderen das Wehklagen des Herzens zu vernehmen, und ich habe gehört, wie es aus den Herzen verheirateter Männer und Frauen, oder solcher, die im Gegensatz dazu mehrere intensive Liebesbeziehungen hinter sich hatten, hervorbrach: »Ich bin allein«; »Ich bin immer allein gewesen.« Der Kummer über diese Einsamkeit, deren Ursprung möglicherweise in der Kindheit liegt, kann durch eine Liebesbeziehung nicht ausgelöscht werden. Das Verlockende an der Liebe ist sicherlich die Hoffnung, sich nicht mehr allein zu fühlen, die Illusion, sich nicht mehr allein zu fühlen. Wird diese Liebe von Dauer sein? Das ist die eigentliche Frage.

Das, was ich heute sagen möchte, bezieht sich immer auf einen dauerhaften Weg, dem man gemeinsam folgt. *»To grow together«*, wachsen, größer werden, sich entfalten, gemeinsam fortschreiten auf dem Weg der Reife, der Fülle, ohne die engstirnigen kindischen Emotionen des Egos, durch die das Dasein auf Dauer schal, seiner Fülle beraubt und herabgewürdigt wird.

»Feeling of companionship«, das Gefühl, nicht mehr allein zu sein, einen echten Gefährten, eine echte Gefährtin zu haben. Der Ehemann oder die Ehefrau muß auch unser bester Freund sein. Die Gattin muß für ihren Mann alle Rollen spielen können, die eine Frau für einen Mann spielen kann; und der Gatte muß für seine Frau alle Rollen spielen können, die ein Mann für eine Frau spielen kann. Der Mann – oder die Frau – ist sehr glücklich

und verspürt keine Sehnsucht, woanders das zu suchen, was ihm nun nicht mehr fehlt. Kann ich meinen Gatten oder meine Gattin als meinen besten Freund betrachten? Das ist eine einfache Frage. Das Wort »Liebe« mischt sich gar nicht ein, jenes Wort, das Sie so zum Narren hält und täuscht.

Nun aber werden Sie anmerken, daß sich eine Freundschaft im Laufe der Jahre nicht abnutzt. Es kann zwar vorkommen, daß uns das Leben von einem Freund trennt oder daß sich unsere Interessen auseinanderentwickeln, doch meistens ist derjenige, der mit zwanzig unser bester Freund war, es auch noch, wenn wir siebzig Jahre alt sind. Man erinnert sich an gemeinsam erlebte glückliche und schwierige Momente, man spricht eine gemeinsame Sprache und ist durch eine tiefe Komplizenschaft verbunden. Warum gibt es in der heutigen Welt unzerstörbare Freundschaften, während sich so viele Liebesbeziehungen abnutzen und man nach zwei, drei Jahren wieder anfängt, seine Blicke umherschweifen zu lassen und sich für andere Männer und Frauen zu interessieren?

Wenn dieses Gefühl, einen echten Gefährten gefunden zu haben, wirklich besteht, dann wird es mit den Jahren, mit den gemeinsamen Erfahrungen und Erinnerungen immer stärker, es hört nicht auf zu wachsen, im Gegensatz zu der gewöhnlichen leidenschaftlichen Liebe, die dazu verurteilt ist, ihre Intensität zu verlieren, wie ein Feuer, das sich verzehrt und allmählich erlischt.

Das zweite Kriterium ist noch einfacher: »*Ateaseness*«. »*At ease*« bedeutet »sich wohl, ungezwungen fühlen, »*ness*« macht das Wort zu einem Substantiv. Ungezwungenheit, die Tatsache, daß die Dinge einfach und leicht sind. Es ist interessant, daß das Wort »*disease*« im Englischen »Krankheit« bedeutet und »*at ease*« sich auch auf eine vollkommene Gesundheit bezieht. Man hat keinerlei Schmerzen, man fühlt sich gut. »*Ateaseness*«, das ist ein vollkommenes Wohlgefühl, alles ist leicht, alles ist einfach. Nun aber beinhaltet die Anziehungskraft der Liebe allzu häufig Verzückung, intensive »göttliche« Momente – andernfalls wäre diese Anziehungskraft nicht so stark –, doch fehlen Ungezwungenheit und Leichtigkeit. Diese Worte, die Swamiji in seinem kleinen Ashram in Bengalen aussprach, stießen auf einen starken

Widerhall in mir, da ich spürte, wie wenig ich diese Entspannung gekannt hatte, außer in meiner Jugend, mit vierundzwanzig, oder anläßlich aufgelöster Verlobungen und später aufgrund einer schweren Lungentuberkulose. Hinsichtlich dieser Verlobungen, die so friedlich wie nur irgend möglich gewesen, jedoch durch das Leben zerschlagen worden waren, mußte ich eingestehen, daß es in den verschiedenen Liebesbeziehungen, an die ich geglaubt hatte, Begeisterung, Tränen, Verständnislosigkeit, inständiges Flehen, Streit, Versöhnung, verschiedene, plötzliche Umschwünge, jedoch nicht jene ganz einfache »ateaseness« gegeben hatte.

Ich treffe oft den einen oder anderen Teil eines Paares, dem der Besuch bei mir für seine Mann-Frau-Beziehung äußerst wichtig ist und der genau das Gegenteil von dieser Einfachheit, dieser Ungezwungenheit erfahren hat. »Ich liebe ihn, dennoch muß ich leiden wegen ihm! Ich liebe sie, aber sie quält mich; ich liebe ihn, trotzdem bin ich am Ende; ich liebe sie, doch ich kann nicht mehr ...« Wie kann eine solche Beziehung, so anregend und intensiv sie auch sein mag, zur Verwirklichung jenes Ausspruchs »Sie werden nurmehr eine einzige Seele, ein einziger Körper sein«, zu einer echten Gemeinschaft, zur Überwindung des begrenzenden Egos, zur Fülle führen?

Es kann auch eine gewisse Einfachheit in der Beziehung entstehen, die sich jedoch aus der Routine, aus der Monotonie ergibt und im Herzen ein Gefühl des Mangels hinterläßt. Das war es nicht, was man sich erträumt hatte, und man bleibt empfänglich für eine neue Liebe auf den ersten Blick, gegen die man mehr oder weniger ankämpfen wird, je nachdem, wie stark man von einer religiösen Erziehung geprägt oder wie sehr man von einem väterlichen beziehungsweise mütterlichen Gefühl durchdrungen ist und die Interessen der Kinder vor seine eigenen stellt.

Wir kennen also jetzt bereits die ersten beiden Kriterien: *»Feeling of companionship«*: Ich bin nicht allein, es gibt jemanden an meiner Seite, der mich versteht, den ich verstehe, mit dem ich mich gerne austausche, mit dem ich gern Erfahrungen und Erlebnisse teile, mit dem ich gerne etwas mache, gemeinsam Dinge unternehme, und *»ateaseness«*, eine ungezwungene Beziehung, die mich nicht dazu bringt, eine große Menge an Energie in Emotionen zu verschwenden, die mich nicht zwingt, gegen die Emotionen zu kämpfen.

Wenn man sich liebt, ist man geneigt zu sagen: »Für immer, es ist für immer« – wenn nicht sogar: »Wir haben uns in all unseren früheren Leben gekannt und werden uns in allen zukünftigen Leben wiederfinden« oder: »Wir werden für alle Ewigkeit vereint sein«. Entspricht dieses »für immer« irgendeiner Realität?

Drittes Kriterium: *»Two natures which are not too different«*, »zwei Wesen, die nicht zu verschieden sein sollen«. Das ist ganz einfach, und was dieses Kriterium für mich so wertvoll macht, ist seine Schlichtheit, die ich mir nie hätte vorstellen können; und seit mindestens fünfzehn Jahren konnte ich mich immer wieder von der Echtheit seines Wertes überzeugen.

Zwei Wesen, die nicht zu verschieden sein sollen. Dies ist offensichtlich ein ganz grundlegender Gesichtspunkt. Es ist normal, daß ein Mann und eine Frau sich unterscheiden und gegenseitig ergänzen. Wir werden niemals unser alter ego finden, ein anderes Ich, das in jedem Augenblick einzig und allein die Inkarnation unserer momentanen Projektionen darstellt. Wir werden niemals eine Frau finden, die immer genau das sein wird, was wir wollen, die sich immer in der Stimmung oder in dem seelischen Zustand befinden wird, den wir uns wünschen, die immer den Gesichtsausdruck oder den Tonfall haben wird, den wir erhoffen, und immer die Worte sprechen wird, die wir erwarten – niemals. Man muß sich dessen bewußt sein. Es ist ein kindisches Verlangen, das eines Erwachsenen unwürdig ist und verheerende Folgen für das Paar hat, zu wünschen, daß der andere ein mit mir identisches Wesen ist, daß meine Frau ausschließlich Träger meiner Projektionen ist und in jedem Augenblick den mechanischen Anforderungen meines Egos und meiner Emotionen Rechnung trägt. Das ist eine Illusion, die Sie durch Bewußtsein und Wachsamkeit erfolgreich tilgen müssen. Der andere ist ein anderer Mensch. Selbst wenn »eine einzige Seele und ein einziger Körper« entsteht, so wird der andere doch niemals unserem Unbewußten, unseren *samskaras*, unseren *vasanas*, unserem Erbgut entsprechen. Es wird immer Unterschiede geben.

Man kann jedoch feststellen, daß sich bei einem echten Paar über die Jahre hinweg eine immer tiefere Gemeinschaft entwickelt, vor allem dann, wenn man alles teilt und wirklich zusammen lebt, bis hin zu jenem Zustand, wo man beinahe die Gedanken des anderen lesen kann. Und es kommt vor – vielleicht haben Sie selbst es schon beobachtet –, daß sich ein Mann und eine Frau gegen Ende eines langen ehelichen Lebens ähnlich sehen, dasselbe denken und fühlen, daß die Unterschiede zwischen ihnen sich immer mehr verringern und daß der eine jeweils eine Erweiterung des anderen ist, daß er reicher an Möglichkeiten geworden ist, den anderen zu verstehen. Aber das ist ein langer Weg, und andere Qualitäten sind dazu nötig als leidenschaftliche Liebe, die heftig, schwindelerregend, unvergeßlich vielleicht, aber von kurzer Dauer ist.

»Zwei Wesen, die nicht zu verschieden sein sollen.« Die Anziehungskraft der Liebe läßt dieses Kriterium völlig außer acht. Das Unbewußte des einen reagiert auf das Unbewußte des anderen. Ein Gesichtszug, ein Lächeln, eine Frisur, ein Blick hinterlassen einen Eindruck in der Tiefe unserer Seele, und wir fühlen uns angezogen. Es kommt sogar vor, daß ein Mann in einer Frau seinen Vater oder eine Frau in einem Mann ihre Mutter wiederfinden kann. Für das Unbewußte kann bereits eine kleine Einzelheit vollkommen beherrschend werden, gerade der Blick beispielsweise. Abgesehen von der restlichen Erscheinung und dem Gesicht haben die Augen tatsächlich nichts speziell Männliches oder Weibliches an sich.

Das Unbewußte ist also plötzlich von einer äußeren Erscheinung oder Haltung fasziniert, und wenn sich dieser Mechanismus gegenseitig vollzieht, dann nehmen die beiden Menschen an, daß sie sich lieben. Sind sie ihrem Wesen nach aber zu verschieden, dann ist ein gemeinsames Leben nicht möglich, und die Liebe wird von der Realität völlig zunichte gemacht werden. Extreme Fälle werden Ihnen völlig einleuchten. Wenn ein Mann beispielsweise lieber allein ist, lange Spaziergänge übers Land und das Leben in der Natur liebt, eine Frau hingegen nur von der großen Welt, von herrlichen Diners und Empfängen träumt, dann sind sie ihrem Wesen nach sicherlich zu verschieden. Dennoch ist dies kein Hindernis, sich zu verlieben.

Zwei Wesen, die sich nicht unterscheiden, das gibt es nicht. »Zwei Wesen, die nicht zu verschieden sein sollen.« Jetzt verstehe ich, wie sehr ich mich von Frauen angezogen fühlen konnte, die ihrem Wesen nach ganz anders waren als ich, und daß ein gegenseitiges Einvernehmen außerhalb unserer Fähigkeiten lag. Man muß auf dem Weg der inneren Freiheit schon sehr fortgeschritten sein, um mit einem Partner, der so ganz anders ist als wir, ein harmonisches Paar bilden zu können. Geben Sie das kindliche Verlangen auf, daß »die verwandte Seele« Ihnen in allem gleichen soll. Eines Tages werden Sie ganz glücklich von der Arbeit nach Hause kommen: »Ich habe mich verspätet, weil ich noch bei der Staatsoper vorbeigefahren bin und zwei Karten für das Konzert heute abend gekauft habe.« Und Ihre große Liebe wird nicht freudig überrascht ausrufen: »Wie schön!«, sondern antworten: »Ach nein, nicht heute abend, ich habe wirklich keine Lust auszugehen.« »Was!« Nun ja. Wenn man glaubt, sehr verliebt zu sein, kann es vorkommen, daß so eine unbedeutende Begebenheit wie diese eine Verletzung hervorruft. »Ich habe mich getäuscht; es ist nicht ›sie‹; wir sind nicht füreinander geschaffen.« So albern das ist, es kommt leider immer wieder vor. Ich habe das früher selbst erlebt, doch seitdem mein Leben mich dazu geführt hat, die – zuweilen verborgensten – Geheimnisse des Herzens und des Intimlebens der einen oder anderen Person zu teilen, erkenne ich die Wirklichkeit sehr wohl.

Vergessen Sie diese Wahrheit nicht: Die Anziehungskraft der Liebe ignoriert die Unvereinbarkeit zweier Menschen meisterhaft. Man ist guten Glaubens, sich zu lieben, doch besteht keine Möglichkeit für ein echtes Einvernehmen. Genausowenig können Sie zwei Maschinenteile zusammenfügen, die nicht zueinander passen. Die gegenseitige Ergänzung von Mann und Frau beruht auf deren Unterschiedlichkeit, aber auch auf der Möglichkeit einer Verbindung, eines gleichsam dachziegelartigen Übereinandergreifens, einer Komplizenschaft.

Viertes Kriterium: *»Complete trust and confidence«*. *»Trust«* und *»confidence«* bedeuten beide »Vertrauen«. Man könnte *»trust«* mit »Glauben« übersetzen, die Vollkommenheit des Vertrauens. Gibt es dieses Vertrauen? Diejenigen, die sich fragen, ob sie füreinander geschaffen sind, können sich folgende Frage stellen: »Fühle ich dieses vollkommene Vertrauen in mir? Verstand es dieser Mann, diese Frau, mir dieses Vertrauen einzuflößen?« Ich überlege, ob ich ein passendes Beispiel dafür weiß. Ich kenne Ehepaare, wo der Mann kein echtes Vertrauen zu seiner Frau oder die Frau kein echtes Vertrauen zu ihrem Mann hat. Das Vertrauen fehlt, weil sie Angst haben. Haben Sie den Mut, dies zu sehen, und begreifen Sie, daß auf dieser Basis keine dauerhafte, wachstumsfähige, sich vertiefende Liebe möglich ist.

Gewiß, viele der heutigen Männer und Frauen sind bis in die tiefsten Schichten ihres Unbewußten verletzt durch vergangene Enttäuschungen, durch Enttäuschungen, die sie schon in viel früheren Leben erlebt und durch die Geburt in dieses Leben mitgebracht haben, oder durch Enttäuschungen, die sie mit zwei Monaten, mit einem halben Jahr erlitten haben. Swamiji erzählte mir einmal den Fall eines seiner alten Schüler, der an einer Krankheit litt, deren Ursache recht unbedeutend erschien. Dieser Inder hatte als Baby beim Stillen seiner Mutter in die Brustwarze gebissen, worauf diese ihn recht schroff von sich weggerissen und ihm einen Klaps gegeben hatte. Dem Baby, das bis dahin nur die Glückseligkeit der mütterlichen Liebe und die Freude der mütterlichen Brust gekannt hatte, war dadurch ein so großer psychischer Schock versetzt worden, daß es als Erwachsener immer noch unter der unbewußten Angst dieser Enttäuschung litt.

Diese Art von Verletzung liegt sehr häufig in Ihrem Unbewußten verborgen und erschwert die Gemeinschaft, das offene Aufeinanderzugehen, die gegenseitige Hingabe in der Liebe. Deshalb ist dieses Kriterium so wichtig.

Hat diese Frau es verstanden, mir ein echtes Vertrauen einzuflößen? Aus meinem tiefsten Inneren steigt das Gefühl auf: Sie kann Fehler machen, sie kann sich täuschen, sie kann sogar etwas tun, was mir momentane Schwierigkeiten bereitet, die ich lösen muß, doch kann sie mir kein Leid antun. Diese Gewißheit ist ein grundsätzlich vorherrschendes Gefühl.

Swamijis Worte *»Complete trust and confidence«* sind sehr nachdrücklich. Im Französischen gibt es den Ausdruck: »Ich habe dir meinen Glauben geschworen.« Dies ist ein alter Ausdruck in der Sprache der Liebe. Ich übersetze »*trust*« mit »Glauben«, weil ich weiß, wieviel Gewicht, Reichtum, Ernst dieses Wort besitzt. Die Liebe enthält einen religiösen Aspekt.

Die Ehe kann kein spiritueller Weg zur Weisheit sein, wenn dieses Vertrauen, dieser Glaube nicht bestehen, wenn Sie in Angst leben. Sie müssen stärker sein als Ihr Infantilismus und dürfen sich eine kostbare Beziehung nicht durch ein Mißtrauen zerstören, das durch nichts gerechtfertigt ist. Es ist notwendig, daß die Partner ihren Infantilismus abbauen, ein gewisses Verständnis für die ihnen eigenen Mechanismen gewinnen und beschließen, diese zu überwinden und erwachsener zu werden. Dann können Sie, selbst wenn Sie Ihre Gefährtin, die große Liebe Ihres Herzens, sehr lieben, zusehen, wie sie sich während eines Empfangs mit einem anderen Mann unterhält, ihm einen gewissen Blick zuwirft, sich vielleicht, falls Sie bei Freunden sind – eine Abendgesellschaft im engen Kreise – mit ihm etwas abseits stellt, um ungestörter mit ihm reden zu können, ohne daß die Angst in Ihnen aufsteigt: »Was ist los? Worüber sprechen sie?« Vollkommenes Vertrauen ist das einzige, was die Eifersucht, das Gift der Liebe, ausmerzt.

Es kommt ziemlich selten vor, daß ein Liebender frei von Eifersucht ist. Ich behaupte nicht, daß dies ein Fehler oder eine Sünde ist. Eifersucht ist eine besonders infantile Emotion, unter deren Einfluß die Gedanken etwas erfinden, für das es keinerlei Beweise gibt. Nichts wirkt sich verheerender auf die Liebe aus als die Eifersucht. Die Frau, auf die der Mann eifersüchtig ist, fühlt sich nicht mehr geachtet. In der gewöhnlichen Dialektik der Liebenden hat die Eifersucht etwas Schmeichelhaftes an sich: »Solange sie eifersüchtig ist, bedeutet dies, daß ich der Stärkere bin, daß ich sie besitze. An dem Tag, an dem es ihr gleichgültig is, wenn ich einer anderen Frau den Hof mache, werde ich meine Macht über sie verloren haben.« Doch kann bei einem Paar, das einen spirituellen Weg geht, die Eifersucht keinen Platz finden.

Letztes Kriterium: »*Strong impulse, to make the other happy*«, »Ein starker Antrieb, den anderen glücklich zu machen«. Dies ist nicht so einfach, wie es scheint, und es erfordert ebenfalls eine erwachsene Haltung des Paares. Das Verlangen, dank eines anderen glücklich zu sein, ist natürlich, normal und legitim bei Männern und Frauen, die das Ende des Weges noch nicht erreicht haben, deren Glücklichsein noch kein reiner Ausdruck ihrer selbst ist und die sich noch unvollkommen fühlen. Doch gibt es auch eine gänzlich egoistische Art, den anderen glücklich machen zu wollen, wobei es jedoch nicht wirklich um den anderen geht: Wie ich den anderen sehe, ist von meinen Projektionen, von meinen eigenen Bedürfnissen abhängig; ich suche ihn glücklich zu machen, indem ich ihm das anbiete, was mir Spaß macht, indem ich das für ihn tue, wozu ich gerade Lust habe, ohne mir dabei seiner wahren Bedürfnisse bewußt zu sein. Das Vertrauen meiner Mitmenschen hat mich sehr häufig dazu veranlaßt, mich immer wieder auf dieses Kriterium zu besinnen.

Den anderen glücklich machen zu wollen liegt in der Dualität meiner und der anderen Person begründet. Ich muß mir also darüber im klaren sein, daß der andere etwas von mir erwartet, daß wir noch keine vollkommene Gemeinschaft des Seins jenseits aller Fragen des Habens erlangt haben. Jeder erwartet das Glück vom anderen. Dieses Glück ist aber auch eine einfache, alltägliche Realität, die sich aus einer Ansammlung kleiner Einzelheiten zusammensetzt und sich nicht allein daraus ergibt, daß der Partner, den wir lieben, zu uns sagt: »Ich liebe dich.«

Swamiji sagte: *»There is no giving without receiving«*, »Es gibt keinen Akt des Gebens ohne einen Akt des Empfangens«. Wenn Sie etwas geben, was der andere nicht empfangen hat, so ist das genauso, als hätten Sie nichts gegeben. Und wenn Sie bewußt oder unbewußt nicht das geben, was der andere braucht, dann haben Sie ihm nichts gegeben. Stellen Sie sich ein rein fleischfressendes Tier vor, dem Sie, wie einem Kaninchen, nur Salat geben; Sie haben ihm nichts gegeben, und es verhungert. Stellen Sie sich ein Kaninchen vor, dem Sie täglich die feinsten Fleischstückchen bringen – Sie haben ihm nichts gegeben, und es muß vor Hunger sterben. Sie lächeln bei dieser naiven Vorstellung, doch für mich illustriert sie in harter und klarer Weise etwas, dessen Zeuge ich allzuoft gewesen bin.

Wieviele Eltern beteuern aus tiefstem Herzen: »Aber ich habe doch nur für meine Kinder gelebt, ich habe mich für sie geopfert, ich habe ihnen alles gegeben...« Und die Kinder weinen (manchmal bricht es aus ihrem tiefsten Inneren hervor, wie ein Schrei des Herzens): »Ich habe nichts bekommen« – der Schrei der Enttäuschung. Es gibt keinen Akt des Gebens ohne einen Akt des Empfangens. Dies trifft auf die Beziehung von Eltern zu ihren Kindern zu; es trifft auf alle menschlichen Beziehungen zu; und es trifft auf das zu, was uns heute beschäftigt, nämlich das Ehepaar.

Geben bedeutet nicht, das zu geben, wozu *wir* Lust haben, dem Partner, so wie wir ihn uns wünschen, sondern dem Partner, so wie er ist, so wie wir lernen müssen, ihn zu sehen, zu verstehen und zu spüren. Hier tritt jene Intelligenz des Herzens auf den Plan, die von den Emotionen verdeckt wird. Wenn bei einem Paar nicht das Gefühl besteht, zwei Gefährten, zwei echte Freunde zu sein, wenn jenes vollkommene Vertrauen, jene Ungezwungenheit, jenes Wohlgefühl fehlen, wenn die beiden ihrem Wesen nach zu verschieden sind und ihre Beziehung recht spannungsgeladen ist, kurz gesagt, wenn zu viele Emotionen mit hineinspielen, wird die Intelligenz des Herzens verschüttet. Man glaubt, viel für seine Frau, für seinen Mann getan zu haben – und der andere hat nichts bekommen. Was für eine Qual, was für ein Leid!

Ich habe Ehefrauen getroffen, die mir all die Opfer beschrieben, die sie für ihren Mann gebracht hatten – und ihrer Ansicht nach stand dies außerhalb jeder Diskussion –, während der Ehemann selbst ein einziges Bild des Jammers und der Enttäuschung war. Umgekehrt schilderten mir Ehemänner, was sie alles für ihre Frau getan hatten, während diese wiederum auch nur enttäuscht war und immer noch die große Liebe suchte, von der sie träumte, seit sie sechzehn war.

Es gibt keinen Akt des Gebens ohne einen Akt des Empfangens; man kann nur dann fühlen, was der andere wirklich braucht, wenn die Intelligenz des Herzens erwacht ist.

In wievielen Ehen ist dieser Drang, den anderen glücklich machen zu wollen, verschwunden. Die Motivation, der Antrieb dazu sind abgestorben. Sie wollen »ihr« kein Leid antun, doch haben Sie die Bereitschaft verloren – oder sie nie besessen – zu fühlen, was ihr Freude machen kann, welche Geste Sie machen können, welche Worte Sie sagen, welche Entscheidungen Sie treffen sollen, welche Unternehmungen Sie organisieren, welches Geschenk Sie machen können. Diese Lust, den anderen glücklich zu machen, läßt sich nicht künstlich herstellen; entweder ist sie da oder sie ist nicht da. Ich möchte nochmals betonen, wie wichtig es ist, den anderen so zu sehen, wie er *ist*. »Was denken Sie, ich habe ihr einen herrlichen Ring geschenkt!« Ja, Sie hatten Lust, ihr ein sehr teures Geschenk zu machen, und in Ihrer leidenschaftlichen Liebe haben Sie ihr einen Ring geschenkt, der einem Drang aus Ihrem eigenen Unbewußten entspricht. Wenn Ihr Unbewußtes anders gewesen wäre, hätten Sie ihr statt eines Ringes eine Violine geschenkt. Nicht solche Dinge sind es, die den Schrei der Enttäuschung vermeiden, den ich so oft gehört habe, sondern die Ansammlung vieler kleiner Geschenke und kleiner Gesten. So wie jedes Wesen Sauerstoff braucht, um zu atmen, so braucht es auch täglich Liebe.

»Ein starker Drang, den anderen glücklich zu machen« ist ein permanentes Gefühl, gleich dem Gefühl, das eine Mutter für ihr Kind hat, das noch klein und abhängig ist: »Ich lebe für das Kind; was kann ich für das Kind tun?« Die Intelligenz des Herzens wird auf sehr natürliche Weise in Ihnen erwachen, wenn Ihre Emotionen nicht die Möglichkeit eines aufrichtigen Gefühls zerstören.

Diese Kriterien sind einfach, aber wenn sie miteinander verbunden werden, ergeben sich, glauben Sie mir, alle anderen daraus, die sexuelle Übereinstimmung mit eingeschlossen. Bevor ich näher auf diesen Punkt eingehe, möchte ich noch einmal wiederholen, damit es Ihnen allen deutlich bewußt ist: Ich spreche heute von der dauerhaften Ehe, nicht von der großen, leidenschaftlichen Liebe, die das Dasein einen Augenblick lang erhellt, aber nicht über Jahre hinweg anhält. Ich spreche von dieser »ewigen Liebe«, die die Verlobten sich schwören und die das Leben fast immer in Abrede stellt, weil sie entweder zu einer Trennung oder zu einer abgenutzten, öden, armseligen Beziehung führt, die nie ein Weg zum Himmelreich in uns, zur höchsten Weisheit sein wird.

Man kann darüber nachdenken, daß das Kriterium »zwei Wesen, die nicht zu verschieden sein sollen« auch den sexuellen Aspekt, zumindest teilweise, mit einschließt. Das *Kama Sutra* (das immer mit dem humorvollen Aufdruck »unzensierte Ausgabe« verkauft wird) beschreibt nicht nur die verschiedenen Stellungen des Geschlechtsaktes. Es ist eine umfangreiche Abhandlung über das Ehepaar und die Ehe, die von einem großen indischen Weisen verfaßt wurde. Man entnahm diesem Buch, als es noch keine Sex-Shops gab, ein Kapitel, das die Modalitäten des Geschlechtsaktes beschreibt und das die Antiquariatsbuchhändler entlang dem Seineufer in Paris verkauften; dies war eine wirklich zensierte Ausgabe, bei der allerdings jeglicher philosophische Inhalt herausgenommen worden war. Das Besondere am *Kama Sutra* waren die Anweisungen, die es für die von den Gurus und Astrologen der Familien bestimmten Ehen gab und nach denen man vorhersagen konnte, ob die beiden Erwachsenen, die verheiratet werden sollten, sich in sexueller Hinsicht verstehen würden oder nicht.

Es gibt hier noch einen Punkt, auf den ich, wenn ich über das Ehepaar spreche, kurz eingehen muß; ein Tatbestand, über den ich mir oft den Kopf zerbrochen habe. Wie es auch immer um meinen guten Willen hinsichtlich der hinduistischen Tradition, um meine Intelligenz oder um meine Dummheit – wenn Sie so wollen – bestellt sein mag, die abendländische Erziehung hat mir diesen für uns so schockierenden Aspekt nicht begreiflich machen können: »Wie können ein Mann und eine Frau, die sich nicht frei füreinander entscheiden durften, zusammen glücklich sein?«

Ich erinnere mich sogar an eine Zeit, wo ich, während meine Gedanken um dieses Problem kreisten, indische Frauen auf der Straße betrachtete: »Wenn man mich nun mit dieser verheiratet hätte? Oder wenn man mich mit jener dort verheiratet hätte?«, fragte ich mich insgeheim bei jenen, die mich in keiner Weise anzogen. Ich ärgerte mich über so einfältige Reaktionen und kann mich noch gut an die anstrengenden Unterhaltungen mit Swamiji entsinnen; dadurch, daß Swamiji mir unerschütterlich immer wieder versicherte, daß dies bereits seit Jahrhunderten zu sehr zufriedenstellenden Ergebnissen geführt habe, wurde es mir auch nicht klarer. Überdies hatte ich zahlreiche indische Ehepaare kennengelernt, die mit fünfzig oder sechzig Jahren noch lustvoll, glücklich und strahlend waren, obwohl sie sich nicht selbst auserwählt hatten, sondern den traditionellen Bräuchen gemäß verheiratet worden waren.

Dies sollte uns zumindest veranlassen, bestimmte Überzeugungen in Frage zu stellen und uns bewußt zu machen, wie vergänglich die Anziehungskraft der Liebe ist. Sie ist zwar stark, doch kann sie einem gemeinsamen Leben selten standhalten – was für ein Jammer!

Es gibt zwei Arten der sexuellen Anziehung. Zunächst die unmittelbare, auf die äußere Erscheinung bezogene sexuelle Anziehung. Auf der Terrasse eines Cafés, wo ich gerade einen Fruchtsaft trinke, sind zehn Frauen, von denen mir fünf gut und eine besonders gut gefällt. Ich würde gerne mir ihr schlafen, wenn die Umstände es erlaubten. Daneben gibt es eine andere Anziehung, die zur Krönung eines erotischen Lebens führen kann. Es ist eine Anziehung, die unaufhörlich wächst und die entsteht, sobald die anderen Kriterien erfüllt sind, eine Anziehung, die aus dem tiefsten Inneren emporsteigt und nicht lediglich durch den Reiz einer äußeren Erscheinung ausgelöst wird. Der Körper einer Frau oder eines Mannes ist das Sammelbecken für die Liebe, durch die man sich geliebt fühlt, und für einen wahren Reichtum an Verständnis und Gefühl. Durch die Sexualität drückt sich also nicht nur ein rein physischer, sondern auch ein affektiver und sogar spiritueller Aspekt aus.

So wie die eine Art der Sexualität sich schnell erschöpft – hierin liegt die Tragik der männlichen oder weiblichen Don Juans –, so vertieft sich die andere unaufhörlich durch das, was man gemeinsam erlebt und geteilt hat.

Jedes einzelne der fünf Kriterien, über die ich gerade gesprochen habe, regt zu einer Sexualität an, die ohne Schwierigkeiten zur Treue führt. Es gibt einen Anziehungsfaktor: Diese Frau hier hat vielleicht hübschere Schenkel und Brüste als meine Gefährtin, aber ich weiß, daß es gezwungenermaßen weniger erfüllend, daß es enttäuschend, ja sogar lächerlich wäre, wenn ich mit ihr schliefe, weil der ganze Hintergrund der Kameradschaft, des Vertrauens, des Respekts, des miteinander Geteilten, der Dankbarkeit, der gemeinsamen Erinnerungen fehlen würde. Dies sind zwei verschiedene Spielarten der Sexualität. Die eine kann sehr stark sein, bis die andere, die dauerhafte, den ersten Platz in unserem Sein und in unserem Leben eingenommen hat.

Sicher, Sie leben in einer Welt, in der die Ehen nicht bestimmt werden. Sie suchen sich Ihre Partner selbst aus. Es ist normal, wenn dabei eine gewisse körperliche Anziehung mit eine Rolle spielt; jeder hat ein subjektives Empfinden für Schönheit und Attraktivität. Doch kann dies im Sexualleben eines beständigen Paares nicht die Hauptrolle spielen. Eine Anziehung, die auf rein körperlich erotischen Attributen begründet ist, wird immer nur zu einer begrenzten Sexualität führen, während, wenn die fünf Kriterien erfüllt sind, dies die Garantie für eine immer erfülltere, tiefere Sexualität darstellt, die über die Jahre hinweg immer weiter wachsen wird.

Dies sind zwei vollkommen unterschiedliche Entwicklungswege. Sie können nicht versuchen, diese miteinander in Einklang zu bringen. Befinden Sie sich in einer psychisch schlechten Verfassung, dann haben Sie die Wahl zwischen Verdrängung, Zermürbung, Überdruß, Gewohnheit und Ehebruch – nichts von dem, was man sich einst erträumt hatte ..., doch wenn Sie ganz in sich selbst ruhen, ist die Intensität Ihres Sexuallebens durch die Erfüllung dieser fünf Kriterien gewährleistet.

Ich werde sie jetzt wiederholen, damit Sie sie noch einmal gesammelt hören, da sie Ihnen nach alledem sicherlich noch nicht sehr vertraut sind.

»Das Gefühl, nicht mehr allein zu sein«, zwei Gefährten zu sein, die ihr Leben, ihre Verschiedenheiten, ihre gemeinsamen Vorlieben, ihre Freundschaft, ihre Komplizenschaft miteinander teilen.

»Das Wohlgefühl, das Wohl-Sein«, keine Dramen, keine Tragödien. Alles entwickelt sich ganz einfach. Es liegt sogar ein Segen über gewissen Paaren: Seit sie zusammen sind, findet sich für alles eine Lösung, geht alles in Ordnung, verläuft alles gut. Während über anderen Paaren gleichsam ein Fluch zu liegen scheint: Alles ist so zäh, nichts funktioniert, sobald sie etwas versuchen, schlägt es fehl; sie verstehen sich nicht, ständig herrschen Mißverständnisse.

»Zwei Wesen, die nicht zu verschieden sein sollen«, sich gegenseitig ergänzend, ja, aber nicht zu verschieden.

»Vertrauen, vollkommenen Glauben in den anderen«: Sie kann mir kein Leid antun, er kann mir kein Leid antun. Wie ein kleines Kind, das absolutes Vertrauen in seine Mutter hat. Ich sage nicht, daß Sie Ihrem Gatten oder Ihrer Gattin gegenüber eine kindliche Haltung einnehmen müssen; doch können Sie in sich ein vertrauensvolles Kinderherz wiederfinden. Überdies hat Christus gesagt: »Wenn ihr nicht wieder werdet wie die Kinder, so werdet ihr das Himmelreich nicht betreten.« Mögen Sie ein vollkommenes Vertrauen in sich fühlen, das nie die Notwendigkeit verspürt, auf sich achtzugeben, Angst zu haben oder sich zu schützen.

Schließlich »ein starker Drang, den anderen glücklich machen zu wollen«; sein Glück im Glück des anderen finden. Wenn dieser Drang auf beiden Seiten besteht, wenn jeder sein Glück im Glück des anderen findet, dann sind die beiden ganz gewiß sehr glücklich.

Wenn Sie sich ein bißchen an diese Lehren gewöhnt haben, merken Sie, daß diese fünf Kriterien, an sich so einfach, so wahr und vollkommen, keine Kleinigkeit sind und daß gerade Gedanken, unbewußte Projektionen, emotionale Verletzlichkeit oder Angst sich diesen Kriterien widersetzen. Die Wahrheit ist, daß, bis auf wenige Ausnahmen, nur zwei hinreichend erwachsene menschliche Wesen sich zu einem dauerhaften Paar vereinen können.

Es gibt Paare, die glücklich sind, vollkommen glücklich, bei denen jedoch der Mann und die Frau nicht völlig erwachsen sind; Paare, die in anderen Bereichen Zeichen von Infantilismus zeigen, oder deren Infantilismen sich sogar gut ergänzen; neurotische Paare, deren Psychologen und Psychoanalytiker befürchten, daß eine Analyse sie zugrunde richten würde, da ihre ·Partnerschaft aus der Verbindung von zwei Neurosen entstanden ist. Solche Paare können allerdings keinen Weg des Wachstums und der Entwicklung gehen.

Um etwas zu »tun«, in welchem Bereich auch immer, muß

man »sein«. Man kann nichts tun, was über das hinausgeht, was man ist. Wenn Sie ein Schwimmer sind, können Sie schwimmen; sind Sie kein Schwimmer, dann können Sie nicht schwimmen. Das trifft auch auf subtilere Bereiche zu. Eine der großen Illusionen des menschlichen Wesens ist der Versuch, seine Handlungsweise zu ändern, ohne dabei sich selbst zu ändern. Sie können Ihre Handlungsweise nicht ändern, ohne sich selbst zu ändern, aber Sie können wenigstens, wenn auch ansatzweise, sich selbst ändern, wodurch sich Ihre Handlungsweise unvermeidlich wandeln wird. Um sich zu ändern, muß man zunächst verstehen und sich selbst verstehen. Das, was Sie nicht gesehen haben, was Sie nicht kennen und was Sie nicht verstanden haben, werden Sie nicht verändern können.

Mit anderen Worten, einsetzende Reife und Weisheit auf dem Weg, ein bißchen weniger Infantilismus, ein bißchen weniger emotionale Verletzlichkeit sind notwendig für ein erfülltes Leben zu zweit. Eine Illusion, die manche ihr Leben lang mit sich herumtragen, ist der Glaube, daß sich die Dinge, falls Sie sie nicht ändern, von selbst ändern, daß es möglich ist, zusammen ein erfülltes Leben zu führen, so wie man es sich erträumt, wobei alles fortwährend von den eigenen Gedanken und Emotionen bestimmt wird.

Diejenigen, die der Liebe immer noch Wert beimessen und bis zum jetzigen Zeitpunkt vom Leben enttäuscht worden sind, können sich ernsthaft fragen: »Hängt dies nicht davon ab, was ich bin, folglich von der Art und Weise, zu der ich gezwungen bin, mich in der Liebesbeziehung zum Ausdruck zu bringen?« Es gibt echte, durch eheliche Mißerfolge verursachte Neurosen, die dazu führen, dieselben Verhaltensweisen unbegrenzt lange zu wiederholen. Ich habe jetzt seit fast zehn Jahren Personen gesehen, die fast jedes Jahr exakt dieselben Fehler begingen: jedes Jahr einen neuen Partner; jedes Jahr ein weiterer Mißerfolg, und die Reaktionsmuster sind dieselben.

Es ist erforderlich, daß Sie die gröbsten Emotionen bereits überwunden haben, damit diese fünf Kriterien erfüllt werden können. Derjenige, der nicht von dem Wunsch nach Erfüllung im Beruf, nach Erfolg oder Geld beseelt ist, sondern von dem Wunsch, der Liebe zu begegnen, der wahren, beständigen Liebe, muß begreifen, daß zunächst eine hinreichende Veränderung seiner selbst notwendig ist, um dieser Begegnung würdig zu sein. Man muß sich darauf vorbereiten. Früher erfolgte diese Vorbereitung durch die Erziehung, durch die Gesellschaft. Die Umstände waren damals viel günstiger. Heute leben wir jedoch in einem Zeitalter der Zerstörung und der Auflösung, die vor zweitausend Jahren im *Vishnu Purana* prophezeit wurde, wo es in einer berühmten Passage unter anderem heißt: »... der Tag, an dem die Kasten sich vermischen werden und an dem die Familie zugrunde gehen wird.«

Sie müssen sich klarmachen, daß Sie schlecht vorbereitet sind, um für eine Frau ein Mann oder für einen Mann eine Frau zu sein. Solange Sie sich mit der Hoffnung zufriedengeben, die Liebe zu finden, ohne sich selbst zu ändern, werden Sie einem Irrtum nach dem anderen unterliegen. Welche Anforderungen werden denn nun an Sie gestellt? Eine größere Ernsthaftigkeit und Wachsamkeit bei Ihrem Bemühen, sich selbst zu verstehen, sowie die Befreiung von Ihren mechanischen Verhaltensweisen. Die gesamten Lehren Swamijis, die ich im Laufe der Zeit mit Ihnen teile, bereiten Sie auf das Gelingen der konkreten Verbindung von einem besonderen menschlichen Wesen mit einem anderen besonderen menschlichen Wesen vor.

Im Lichte dessen, was wir hier als »den Weg« bezeichnen, wird die eheliche Verbindung an sich zu einer Form des Yoga. Ein Yoga, der durch die Eltern-Kind-Beziehung vervollkommnet werden kann. Es gibt sicherlich einen Yoga des Vaters und einen Yoga der Mutter.

In diesem Zusammenhang gewann ein Ausspruch, den ich neben vielen anderen zu diesem Thema aus Swamijis Mund vernommen hatte, eine besondere Bedeutung für mich, nämlich *»to grow together«,* »gemeinsam wachsen«. Zunächst wächst jeder für sich, dann aber auch im Hinblick auf den anderen. Das heißt, man darf nicht vergessen, daß Mann und Frau im Grunde zwar zwei »menschliche Wesen« sind, daß in der Manifestation des Mannes als männlich und der Frau als weiblich aber dennoch ein Unterschied besteht.

Kürzlich hat mir ein Journalist einen interessanten Artikel aus der Zeitung *Le Monde* zugeschickt, der die neuesten Forschungsarbeiten über die Physiologie des Gehirns behandelte und klar herausstellte, daß eine Entdeckung derzeit in den wissenschaftlichen Kreisen Anerkennung findet, die dem widerspricht, was die letzten dreißig Jahre lang als wissenschaftlich erwiesen gegolten hatte, nämlich die Erkenntnis, daß es einen eindeutigen Unterschied zwischen dem männlichen und dem weiblichen Gehirn gibt, wobei jedoch keines von beiden dem anderen überlegen ist.

Wenn der Mann die weibliche Dimension der Wirklichkeit in sich wiederentdecken und die Frau die männliche Dimension der Wirklichkeit in sich entdecken und entwickeln muß, so ist der Mann deswegen seinem Wesen nach nicht weniger männlich und die Frau nicht weniger weiblich. Es ist ein Weg des inneren Wachstums für den Mann, *die* Frau in seiner Frau zu entdecken und zu verstehen. Das Wunderbare an der Ehe ist die gegenseitige Ergänzung. Mit einer leidenschaftlichen, doch unbeständigen Liebe hat dies nichts zu tun. Ein Yoga zu zweit braucht viel Zeit.

Durch Wachsamkeit kann man die Auswirkungen des Nicht-Verhaftetseins an das, was ist, der Ablehnung und des Urteilens erkennen, sein Wesen allmählich um die Dimension seines Gatten oder seiner Gattin erweitern und sein Verständnis bereichern hinsichtlich dessen, was eine Frau einem Mann und was ein Mann einer Frau alles beibringen kann. Es geht darum, anzuerkennen, daß ein Mann einer Frau viel beibringen und er andererseits von einer Frau viel lernen kann.

In der hinduistischen Tradition wird dieser Punkt wunderbar ausführlich behandelt. Es gibt zahlreiche mehr oder weniger technische oder allegorische Texte,die zeigen, wie der Gemahl der Guru seiner Gemahlin und die Gemahlin der Guru ihres Gemahles sein kann. Wenn die fünf Kriterien Swamijis erfüllt sind, können Sie sicher sein, daß alles weitere Ihnen dazugeschenkt werden wird. Sie werden spüren, daß Ihr Wesen sich entwickelt, sich transformiert und dank der Annahme der weiblichen – oder männlichen – Natur eines ganz bestimmten menschlichen Wesens, das Sie für ein Zusammenleben auserwählt haben, ein umfassendes Verständnis gewinnt.

Ein Mann, der die weibliche Dimension des Lebens nicht in

sich entwickeln konnte, ist ein unvollkommener Mann; eine Frau, die die männliche Dimension des Lebens nicht in sich verwirklichen konnte, ist eine unvollkommene Frau.

Es genügt nicht, sich zu überlegen: »Wir ergänzen uns, weil ich männlich bin und sie weiblich ist und wir somit die ursprünglich androgyne Einheit wiederherstellen.« Der Weg eines Paares geht noch viel weiter. Man kann nicht einfach sagen: »Ich bin ein Mann, sie ist eine Frau, und wir beide ergänzen uns gegenseitig.« Nein. Sie ist es, durch die ich die Fülle des Mensch-Seins erlange; durch sie wachse ich innerlich, begreife ich, entwickle ich in mir alle weiblichen Tugenden. Er ist es, durch den ich zu einem vollkommenen menschlichen Wesen werde; durch ihn vervollständige, vervollkommne, erweitere ich sämtliche männlichen Tugenden. Bei jedem menschlichen Wesen ist alles im Keim angelegt, befindet sich alles in einem latenten Zustand. Jedoch kommt nicht alles zur Reifung. Das ist ein Punkt, über den nachzudenken wir wenig veranlaßt worden sind in einer Welt, in der man vor allen Dingen über den Konflikt zwischen Mann und Frau, über die phallokratische Gesellschaft, über die Emanzipation der Frau spricht, viel weniger jedoch über die Fülle, die dem männlichen oder weiblichen Körper innewohnt.

Bei Ehepaaren, wie ich sie vor allem in Indien kennengelernt habe, scheint derjenige, der nach dem Tode des Mannes oder der Frau übrigbleibt, sich noch weiterzuentwickeln. Das war eine überraschende Beobachtung für mich.

Zu Beginn eines meiner alten Fernsehfilme sieht man einen Geschäftsmann in seinem Büro in Bombay, dann in einem kleinen, geheiligten Zimmer seiner Wohnung, dem *puja-room*, einer Art Hauskapelle, wo er gemeinsam mit seiner Frau einen Gottesdienst zelebriert. Sie waren weder sehr jung, noch besonders schön, und man hätte sie sicherlich nicht gewählt, um in einem Film Tristan und Isolde zu spielen, doch verkörperten sie für mich, der mindestens zwanzig Jahre jünger war als sie, die Erfüllung auf diesem Gebiet.

Manche Freunde meinten sogar: »Sie leben so osmotisch, daß Vasudeva verloren sein wird, falls seine Frau vor ihm sterben sollte.« Nun, einige Zeit nach meiner Rückkehr nach Frankreich erfuhr ich, daß diese Frau im Sterben lag, und wenige Monate später schrieb mir ihr Mann, daß er geschäftlich nach Frankreich komme. Er war ein sehr religiöser Hindu, den ich ebenso oft in Ramdas' wie in Ma Anandamayis Ashram angetroffen hatte, doch war er überdies auch ein Geschäftsmann. Ich machte mich darauf gefaßt, ihn verwundet, gleichsam abgetrennt von jener anzutreffen, die seine Seele, sein Leben gewesen zu sein schien – und sah ihn durch den Zoll von Orly gehen, mit einem ganz besonderen Lächeln im Gesicht, aufgeblüht und fast verjüngt. Im Auto sprachen wir über Ma Anandamayi, über Ramdas, über die letzten Neuigkeiten aus den Ashrams, dann, als wir in der Wohnung angekommen waren, begann ich: »Nun, Sie sind wieder in Paris ...«, und er erwiderte: »Ja, endlich kann ich zum ersten Mal meine Frau nach Frankreich mitnehmen und die Reise mit ihr zusammen machen.«

Einen Augenblick lang fühlte ich mich unbehaglich und dachte, daß er einigermaßen unsinniges Zeug redete. In seiner Fabrik ist er ja sicher ganz normal, aber was seine Frau angeht, die große Liebe, die nun zerbrochen ist, das hat er nicht ertragen können. Ich irrte mich völlig. Er fuhr fort: »Ja. Sie kennen doch diese dummen indischen Bestimmungen, die man lediglich durch Korruption umgehen kann, doch dazu werde ich mich nie herablassen. Man gibt einer Inderin kein Visum für das Ausland, es sei denn aus geschäftlichen oder gesundheitlichen Gründen. Nun benötigte ich meine Frau nicht geschäftlich, und sie brauchte sich auch nicht von einem Londoner Chirurgen operieren zu lassen; daher habe ich sie nie auf meine Reisen nach Europa mitnehmen können. Jedes Mal hatte ich das Gefühl, sie ist nicht bei mir, sie ist in Bombay geblieben. Und jetzt, nun, sie ist nicht mehr in Bombay. Sie ist »seit drei Wochen nicht mehr in Bombay, sie ist in einem Monat in Bombay, wenn ich zurückkehre, sie lebt in mir. Jetzt spüre ich zum ersten Mal, daß ich sie nach Paris mitnehme, daß ich körperlich nicht mehr von ihr getrennt bin, und dies ist das erste Mal, daß ich das Gefühl habe, die Reise mit ihr zusammen zu machen.« Seine Worte waren vollkommen vernünftig. Das, was früher in der physischen Gestalt seiner Gattin außerhalb von ihm gewesen war, hatte er nun verinnerlicht.

Ich habe Vasudeva erst an jenem Tag wirklich verstanden, als man mir im Oktober 1974 in Bost telefonisch mitteilte: »Swamiji ist tot.« Früher war Swamiji in Bengalen oder in Ranchi (wo man ihn während des Monsuns hingebracht hatte), und es hieß dann immer »letzten Juni«, »nächsten Januar«. In diesem Augenblick jedoch, als ich von seinem Tod erfuhr, war er nicht mehr in Bengalen und auch nicht in Ranchi, weder letzten Januar noch nächsten Juni. Seitdem ist Swamiji überall, wo ich bin, Swamiji verläßt mich nicht mehr. Alles, was Swamiji verkörperte und ich als außerhalb von mir empfand, spüre ich jetzt in mir. Heute könnte ich sagen: Das bin nicht mehr ich, der lebt, es ist Swamiji, der in mir lebt. Aber da Swamiji niemand anders als ich selbst war, hat dies keine Entfremdung zur Folge, im Gegenteil. Statt des Bündels von Emotionen und Projektionen bin ich es endlich, der in mir lebt.

Durch Swamijis Tod begriff ich Vasudevas Worte. Dieser Mann und diese Frau, die mit den Runzeln des Alters die Vollkommenheit eines Paares verkörperten, waren so sehr miteinander verbunden, daß Vasudeva nichts fehlte, als der Tod das Paar auseinanderriß, und alles, was sich zuvor außerhalb von ihm befunden hatte, war jetzt in ihm. Er allein war zur Gesamtheit der beiden geworden.

»Gemeinsam wachsen«, was nur dann funktioniert, da können Sie sicher sein, wenn diese fünf Kriterien erfüllt sind, gilt auch in Verbindung mit anderen Menschen. Wir allein, wir und die anderen, die anderen und wir, die anderen allein. Ein echtes Paar kann keinesfalls das verkörpern, was man als »Egoismus zu zweit« bezeichnet.

Hier liegt die Gefahr: Wenn das enttäuschte Kind in uns, das so sehr der Liebe bedarf, übermächtig bleibt, sind wir zu einem Egoismus zu zweit gezwungen. Ich möchte, daß meine Gattin sich für mich interessiert und bin auf alle eifersüchtig, mit denen sie sich beschäftigt – und umgekehrt: Ich möchte, daß mein Gatte sich mit mir beschäftigt und bin auf alle eifersüchtig, denen er sich widmet. Ein Vater, der den Zustand des Erwachsenseins nicht vollkommen erlangt hat, ist vielleicht eifersüchtig auf sein erstes Kind, vor allem, wenn es ein Sohn ist. Vorher hat seine Frau nur für ihn gelebt, und nun hat es den Anschein, als lebte sie nur noch für das Baby. Das ist für die meisten Männer unerträglich, die, ob bewußt oder unbewußt, ihr erstes Kind hassen, obwohl sie es gleichzeitig lieben. Dieser Haß nimmt manchmal so überhand, daß der Vater unter Umständen völlig ungerecht und unbegreiflich streng zu seinem Erstgeborenen ist. Swamiji bestätigte mir dies, und das Schicksal hat mir, seit ich in Bost lebe, die Möglichkeit gegeben, mich klar und deutlich von dieser Tatsache zu überzeugen.

Solange ein Mann in einem im wesentlichen infantilen Zustand verharrt, braucht er das Gefühl, alles für seine Frau zu sein, so wie das kleine Kind alles für seine Mama ist. Paare, die sich hätten entwickeln und wachsen können, sind an diesem Infantilismus gescheitert. Ich, ich, ich, ich, ich. Nicht wir und die anderen, die anderen und wir. Es ist etwas ganz anderes, über seine Frau, über seinen Mann hinaus die anderen zu lieben, diese Liebe bis zur Dimension der universellen Liebe zu vergrößern.

Ein Angehöriger unseres Ashrams hatte den Mut, eines Tages ganz ehrlich etwas von sich zu erzählen: »Solange ich versuche, die Liebe einer Frau zu gewinnen, sie zu erobern, verhalte ich mich völlig normal, wenig Emotionen, ziemlich in mir ruhend, relativ erwachsen. Doch wenn die Frau, die mir gefällt, ›ja‹ gesagt hat zu mir oder ›ich liebe dich‹, werde ich unweigerlich und wider meinen Willen kindisch und mache Fehler über Fehler. Wie ist das möglich? Ich habe, glaube ich, drei Liebesbeziehungen in meinem Leben verpfuscht und bin dabei, eine vierte zu zerstören.«

Ich konnte ihm den sehr einfachen, doch so starken Mechanismus des Kindes in uns klarmachen. Solange die Frau nicht ›ja‹ zu ihm gesagt hat, repräsentiert sie noch nicht das, was er sucht, diese ausschließliche Beziehung des kleinen Kindes zu seiner Mutter, die nur für das Kind lebt. Sie ist eine andere, sie ist eine Frau, er ist ein Mann, und er versucht, sie zu verführen, zu erobern. Im tiefsten Unbewußten jedoch lebt der Wunsch des Kindes, das die ausschließliche Beziehung zu seiner Mutter wiederfinden möchte, oder vielleicht des Erstgeborenen, der von seinem kleinen Bruder entthront worden war und nun überall das Königreich sucht, aus dem man ihn verbannt hat. In dem Augenblick oder beim ersten Mal, wo die Frau ja sagt, hat er das Ziel erreicht, und sofort gewinnt die Haltung des Kindes die Oberhand. Sie liebt mich bedeutet, sie lebt nur noch für mich. Aber natürlich hat eine Frau, die einen Mann liebt, nicht die Absicht, Mutter eines eineinhalbjährigen Kindes zu sein. *Das* geht schief, *das* schlägt fehl, *das* muß zugrunde gehen.

Ich habe viele Beispiele dafür vor Augen. Als ich mein vergangenes Leben im Licht der Lehren Swamijis betrachtete, sah ich, daß ich nicht lange nach Beispielen für diesen Mechanismus suchen mußte.

Wenn ein Mann möchte, daß die Frau nur für ihn lebt, und wenn eine Frau will, daß der Mann nur für sie lebt und man das die große Liebe nennt, so ist dies eine Liebe, die dazu verurteilt ist, binnen kurzer Zeit zu vergehen. Wenn der Mann und die Frau sich gemeinsam der Welt, anderen Menschen öffnen, wenn der Mann Freude darüber empfinden kann, daß seine Frau anderen Menschen mit Liebe begegnet, wenn die Frau darüber Freude empfinden kann, daß ihr Mann anderen Menschen mit Liebe begegnet, dann ist es dem Paar bestimmt zu wachsen, dann kann es nicht mehr von Emotionen zugrundegerichtet werden.

Das ist nicht einfach – simpel, aber nicht einfach. Ich selbst habe viele Fehler gemacht; ich habe gelitten, ich bin getäuscht worden, ich habe mich verraten gefühlt, es ist mir schlecht gegangen, aber ich habe gelernt, ich habe mich weiterentwickelt. Und dann habe ich seit zehn Jahren immer wieder Männer und Frauen gesehen, die lange Zeit hofften, glaubten, gefunden zu haben, und litten. Ich habe dieselben Gesetze am Werk gesehen – und dieselben Irrtümer. Ich werde Ihnen einfach folgendes sagen: Wenn Sie der Ehe, der Liebe Wert beimessen, sollte dies ein Anreiz mehr sein, all das, was Sie von den so vollständigen und so konkreten Lehren, die Swami Prajnanpad hinterlassen hat, gehört und verstanden haben, in die Praxis umzusetzen.

Kapitel 9

Das Ehepaar

Heute werde ich mit Ihnen über das Ehepaar und die eheliche Liebe sprechen. Falls Sie jedoch erwarten, das zu hören, was Sie in den unzähligen Eheratgebern oder in psychologischen Handbüchern lesen können, besteht für Sie keine Notwendigkeit hierherzukommen. Und wenn ich eine andere Ausdrucksweise verwende, werden Sie als Europäer Schwierigkeiten haben, sie zu verstehen, weil sie einer anderen Mentalität als der Ihren, einer anderen Welt, einer anderen Gesellschaft entspringt. Wir sind indessen so weit von ihr entfernt, daß ich mich frage, inwieweit es Ihnen wirklich möglich ist, diese Wahrheiten in den verschiedenen Abschnitten Ihres Lebens in die Praxis umzusetzen. Die jungen Menschen, jene, die ihre Ehe noch vor sich haben, machen sich unter Umständen noch mehr Sorgen darüber. Die Älteren hingegen sehen ihr Leben und die Art und Weise, in der sich ihre Ehe entwickelt hat, vielleicht klarer. Die langfristige Perspektive ist zweifellos der Weg, die Überwindung der Dualität, die Auslöschung des Egos – jene Wahrheiten, mit denen Sie, so hoffe ich, noch etwas vertrauter werden.

In Indien besitzt die Ehe eine wesentliche Funktion. Die Ehe und das Ehepaar nehmen in der hinduistischen Gesellschaft eine viel bedeutendere Stellung ein als in der gegenwärtigen abendländischen Gesellschaft, in der viele Menschen zusammenleben, ohne verheiratet zu sein, und wo die Scheidungsrate jedes Jahr zunimmt.

Jahrhundertelang ist die Hochzeit als religiöses Fest gefeiert worden. Die religiöse Gleichgültigkeit ist ein recht junges Phänomen in der abendländischen Welt. Dennoch hat die Ehe in Europa nicht denselben geheiligten Status wie in Indien. Gewiß, der heilige Paulus hat die Liebe des Mannes zu einer Frau mit der Liebe Christi zu seiner Kirche verglichen. Während wir die Ehe nicht gerade als spirituellen Weg betrachten, stellt sie in

Indien zweifellos eine Form von Yoga dar. Andererseits geht es nicht darum, daß wir die hinduistische Gesellschaft in allen Punkten nachahmen, und ich habe nicht die Absicht, heute einen akademischen Vortrag über die Liebe, wie sie im Hinduismus verstanden wird, zu halten.

Bei der Überwindung des Egos und der Dualität spielt die Wiedervereinigung des männlichen und weiblichen Elements – der beiden Polaritäten – eine fundamentale Rolle, wie Sie wissen. Ein Mann und eine Frau, die verheiratet sind, können nicht mehr »mein« Haus sagen, sie sagen »unser« Haus. Dieser Übergang von »mein« zu »unser« ist folglich der erste Schritt zu einer Erweiterung des Egos und zu einem verringerten Gefühl des Getrenntseins, denn »das Ego« ist das Gefühl, ein getrenntes, vom Rest der Welt abgeschnittenes Individuum zu sein. Oft schon haben Sie mich, was unsere Kinder betrifft, sagen hören: nicht »das ist mein Sohn«, sondern »ich bin sein Vater«; dasselbe gilt auch für Ehemann und Ehefrau. Nicht »das ist meine Frau«, sondern »ich bin ihr Mann«. Nicht »ich *habe* eine Frau«, sondern »ich *bin* ein Ehemann«. Eine solche Aussage darf aber nicht nur leere Worte enthalten! Wie können Sie sie leben?

Ein Gesichtspunkt ist die Liebe: ich bin seine Frau. Der andere Gesichtspunkt indessen ist der Besitz: das ist mein Mann, das ist meine Frau; ich habe einen Mann, ich habe eine Frau. Nun aber unterscheiden wir kaum noch zwischen Liebe und Besitz und halten im allgemeinen beides für Liebe, obwohl es zwei völlig gegensätzliche Aspekte sind. Für jene, die noch zu viele Wünsche, Ängste und einen quälenden Infantilismus in sich tragen, ist es schwierig, diesen Punkt klar zu verstehen.

Im Deutschen haben wir mehr Schwierigkeiten, uns zu diesem Thema zu äußern, weil das Wort »Frau« sowohl die Frau, das heißt ein menschliches Wesen weiblichen Geschlechts, als auch die Ehefrau kennzeichnet. Ich werde daher, wenn es Ihnen recht ist, das Wort »Frau« verwenden, um ein menschliches Wesen weiblichen Geschlechts zu bezeichnen, und das Wort »Gemahlin« für die eheliche Gefährtin und Partnerin. Dasselbe gilt für Mann und Ehemann beziehungsweise Gemahl.

Vor der Heirat haben der junge Mann oder die junge Frau – nicht, daß man nicht auch mit vierzig oder fünfzig heiraten könnte, aber ich spreche hier vom klassischen Fall –, die noch allein leben, vor allem in Beziehungen gelebt wie die von Kind zu Eltern oder zu Geschwistern, später zu Freunden, Mitschülern und Kommilitonen. Nun wird jedoch eine weitaus tiefergehende und vollkommen neue Art von Beziehung beginnen.

Der Satz »Ich *habe* einen Gemahl« oder auch »Ich *bin* ein Ehemann«, gilt für sämtliche Beziehungen. Jede Beziehung kann von meinem eigenen Standpunkt aus entweder so betrachtet werden, daß der andere meiner Erwartung entsprechen, mich zufriedenstellen muß, mich nicht enttäuschen darf oder im Gegenteil, daß ich es bin, der für den anderen da ist, der versucht, ihn zu verstehen, der versucht zu sehen, was er für ihn tun kann. Mit dem Versuch, Kinder diese selbstlose Einstellung spüren zu lassen, beginnt bereits die Erziehung. Inwieweit kann die Erziehung es einem Kind ermöglichen, gegenüber seinen Geschwistern, seinen Eltern, gegenüber der Welt, deren Kreis sich allmählich immer weiter ausdehnt, eine weniger egozentrische Haltung einzunehmen? Das Interesse eines Kindes beschränkt sich als Baby ausschließlich auf die Mutter, schließt dann Mutter und Vater, später Mutter, Vater und den Rest der Familie mit ein, und schließlich verläßt es die Familie. Nun steht ein neuer Lebensabschnitt bevor.

Im Moment ist das junge Mädchen noch eine Frau, noch keine Ehefrau, und der junge Mann ist noch ein Mann, kein Ehemann. Die Ehe müßte die Umwandlung einer Frau in eine Ehefrau und eines Mannes in einen Ehemann bedeuten. Ehegatte zu sein ist ein *dharma*, das ist aus hinduistischer Sicht gesehen vor allem eine Frage des *Seins* – und ich spreche von der hinduistischen Sichtweise, von den in ihr enthaltenen Wahrheiten, die folglich allgemeingültig sind. Ein Individuum, ein egozentrisches Wesen, wird zu einer in eine Beziehung eingeflochtenen Person, bis diese Beziehung durch die Entdeckung der Non-Dualität über sich selbst hinauswächst. Der erste Schritt ist jedoch der Übergang von einer egozentrischen Person zu einer Person, die ihre Egozentriertheit überwindet, die den Kreis ihrer intellektuellen und emotionellen Interessen erweitert und immer mehr Aspekte der Wirklichkeit begreift. Das normale Vorgehen, das große *sadhana*, besteht in diesem Fall in der Begegnung von Mann und Frau, die sich aus der Anziehung des Männlichen und Weiblichen auf allen natürlichen Ebenen ergibt und dadurch ein ausgesprochen menschliches Phänomen, einen Weg darstellt, auf dem man sich zu einem vollkommenen Menschen entwickeln kann.

Folglich werden zwei Individuen, die in der Kindheit zunächst als Bruder und Schwester und im Laufe der Jahre als Junge oder Mädchen heranwuchsen, sich jetzt von Einzelwesen zu Personen weiterentwickeln, indem sie ihr Leben und ihr Sein mit einem sie ergänzenden Wesen vereinen, nämlich mit dem Ehemann beziehungsweise der Ehefrau.

Es besteht in der Institution der Ehe sicherlich die soziale Notwendigkeit, eine unentbehrliche familiäre Ordnung für das Wachstum und die Erziehung von Kindern zu schaffen, von zukünftigen Erwachsenen, auf die man Rücksicht nehmen muß, falls man kein völliger Egoist ist. Es gibt aber auch, wie ich bereits sagte, eine heilige Institution der Ehe, vor allem in Indien, wo früher alles heilig war. Ausnahmen sind natürlich jene außergewöhnlichen Wesen, die kein Bedürfnis haben, zu heiraten, und mit zwanzig Jahren in ein Kloster eintreten; aber dies hat nichts mit dem Thema unserer heutigen Zusammenkunft zu tun.

Hier taucht nun ein Begriff auf, der heutzutage recht schwer zu verstehen ist, eine Realität, die von unserer Lebensweise und unserer heutigen Welt immer mehr in den Hintergrund gedrängt wird. Es ist die Frage der ehelichen Treue. Die Ehe beruht auf Treue, so hat man sie selbst in der westlichen Welt verstanden, so hat es uns zweitausend Jahre lang das Christentum in bestimmten Versen des Evangeliums und in einigen Aussprüchen des heiligen Paulus dargelegt. Wir wissen, daß diese Treue indessen häufig verraten worden ist. Die Literatur verherrlicht die mit einen widerwärtigen älteren Mann verheiratete Frau, die nachts ihren jungen Geliebten empfängt, oder hat umgekehrt die Eroberungen des siegreichen oder grausamen Helden gerühmt, und mittlerweile ist es so weit gekommen, daß man die Ehe gleichsam als eine Tugend des kleinen Spießbürgers betrachtet. Ich spreche nicht von Abweichungen, von Nutzehen in einer pervertierten Gesellschaft, wie jene, die Molière anprangert. Die meisten Stücke von Musset indessen beruhen auf der ehelichen Untreue. Abgesehen von jenem Traum der großen, ewigen Liebe, der Ihr Herz mit zwanzig – oder später – höher schlagen lassen kann, wird diese Vorstellung der ehelichen Treue selten gelebt und sogar selten begriffen. Wir haben entweder das Beispiel ehelicher Untreue oder aber von Paaren, die einander treu geblieben sind, worauf Sie jedoch keine Lust haben, weil es sich hierbei lediglich um zwei parallele Schicksale handelt, ohne Intensität und Tiefe.

Dennoch könnte diese Ausschließlichkeit nicht als Einschränkung, Entbehrung, Frustration im Namen einer Moral, die uns von außen her auferlegt wird, sondern als eine Bereicherung, als etwas eindeutig Klares empfunden werden. Treue ist nur dann wirklich möglich, wenn uns selbst die Vorstellung einer eventuellen Untreue unmöglich erscheint. Andernfalls schließt sie eine bestimmte Art von Disziplin, Verzicht, Aufopferung, Unterdrückung mit ein, die uns weder vereint noch glücklich werden läßt.

Ich sage nicht, daß diese Treue nur dann möglich ist, wenn Ihnen die Vorstellung oder der Gedanke, daß Ihnen ein anderer Mann gefallen oder eine andere Frau Sie bezaubern könnte, niemals in den Sinn kommt. Ich meine vielmehr, daß Ihnen der Gedanke, diese Anziehung konkrete Formen annehmen zu lassen, unvorstellbar, so vollkommen außerhalb der Ordnung der Dinge erscheint, daß gar keine Rede davon sein kann.

Ich stieß auf diesen Punkt, als ich versuchte, das, wovon Swamiji sprach, wirklich zu erfassen, weil es hier ernst wurde. Nun konnte man sich nicht mehr mit nichtssagenden Worten begnügen. Ich wollte begreifen, wie diese Liebe tatsächlich beschaffen ist, die angeblich so viele Freuden mit sich bringt und so viel Leid und Enttäuschung hervorruft. Mir ist dann ein Vergleich eingefallen, wie er nur einem Abendländer, und überdies einem Städter, in den Sinn kommen kann, der aber dennoch Swamijis Anerkennung fand. Er wird Ihnen, da bin ich mir sicher, zunächst eigenartig vorkommen, doch hören Sie erst einmal vorbehaltlos zu, bevor Sie urteilen.

Ich wohnte damals in Paris, hatte wie alle Pariser Schwierigkeiten, einen Parkplatz zu finden und suchte sämtliche in der

Nähe meiner Wohnung gelegenen Straßen nach einem Platz ab, wo ich meinen Wagen abstellen konnte. Es gibt Tausende von Autos in Paris, und trotzdem habe ich in meiner Hosentasche die Schlüssel eines ganz bestimmten Wagens, und der allein gehört mir. Manche sind luxuriöser und schneller, doch würde ich nie auf die Idee kommen – außer ich bin ein Dieb –, mich eines anderen Wagens statt meines eigenen zu bemächtigen.

In Indien werden ein junger Mann und eine junge Frau häufig von den Astrologen, von den Gurus der beiden Familien und nicht ihrer gegenseitigen Wahl entsprechend verheiratet. Die junge Frau hat sich von Kindheit an viel mehr darauf vorbereitet, eine Ehefrau zu sein als einen Ehemann zu haben; der junge Mann hat sich viel mehr darauf vorbereitet, Ehemann zu sein, als eine Ehefrau zu haben und begreift: Dies ist die Ehegattin, die das Schicksal, das Karma, für mich vorgesehen hat. Er denkt gar nicht daran, daß er eine andere haben könnte. Der junge Mann kann wohl bemerken, daß eine andere Frau besser Musik spielt als seine Gattin oder daß sie besser singt; der jungen Frau kann es wohl auffalllen, daß ein anderer Mann einen schöneren Körper hat als ihr Gatte, doch ist die Situation vergleichbar mit der eines Mannes, der weiß: Von den Tausenden von Autos, die es in Paris gibt, gehört nur ein einziges mir.

Der Gedanke an Untreue erscheint unpassend. Eine echte, tiefe eheliche Beziehung kann sich nur dann entwickeln, wenn diese Ausschließlichkeit von Anbeginn eines gemeinsamen Lebens an so klar und so gewiß ist. Falls ich den Hintergedanken habe, daß ich eines Tages vielleicht einen anderen am Straßenrand geparkten Wagen nehmen könnte, den ich schöner finde als meinen eigenen, dann ist von Anfang an etwas falsch.

Ich habe viel über diese Frage nachgedacht. Ich habe mir richtiggehend den Kopf darüber zerbrochen, weil sie auch mein eigenes Leben als inkarnierter Mann mit meinem Geist, meinen *samskaras*, meinen *vasanas* und meinem *karma* unmittelbar betraf, und es ist mir durch ein immer tieferes Verständnis allmählich gelungen zu erkennen, was Swamiji zu vermitteln versuchte.

Da ist also ein bestimmter Mann und eine bestimmte Frau, die sich zusammenfinden, um ihr Leben gemeinsam weiterzuführen und vom Ich zum Wir überzugehen. Sie sind nicht mehr Mann und Frau, sie sind Gatte und Gattin. Dies ist ein neuer Status, eine neue Art des Seins. Wenn von Anbeginn dieser Liebe an eine klare Aussicht auf Treue besteht, denkt keiner der beiden Ehegatten daran, daß er selbst jemand anderen suchen oder daß der andere dies tun könnte. Das »Fatale« an dieser Situation läßt eine Dimension zutage treten, die dann spürbar wird, wenn Sie Ihre ablehnende Haltung gegenüber dem Begriff »fatal« abgelegt haben. Es ist vollendet. Sie sind vereint, Sie können nicht mehr auseinandergerissen werden. Nicht aufgrund von Gesetzen, von denen Sie abhängig sind, *sondern damit Sie im Gegenteil die Möglichkeit haben, eine neue, noch unbekannte Freiheit zu gewinnen.* Sie begreifen nicht, daß diese scheinbaren Einschränkungen stets das Versprechen wahrer Freiheit in sich tragen, daß die angebliche Freiheit in unserer derzeitigen Lebensweise die Menschen dahin führt, immer abhängiger zu werden von ihren Emotionen, ihrem Unbewußten, ihren versteckten Neigungen, ihren Antrieben, ihren endokrinen Drüsen, von allem, was Sie sonst noch aufzählen können – und von ihren Leiden.

Diese absolute Treue verleiht der Ernsthaftigkeit des Dharmas eines Ehemannes oder einer Ehefrau eine tiefe Bedeutung. Wenn zwei ausgesprochene Egoisten geheiratet haben, die sich absolut nichts aus dem Dharma machen, so hat das, was ich heute sage, für sie keinerlei Wert. Es geht mir nicht darum, das, was ich mit Ihnen zu teilen versuche, herabzuwürdigen oder zu karikieren, ich spreche vielmehr von einer Wiedergeburt des gemeinsamen Lebens in dem Maße, in dem dieses immer noch gelebt und geachtet wird.

Schon bei der Hochzeit wird, wie Swamiji mir sagte, aus sämtlichen Überzeugungen der beiden Ehegatten heraus eine sehr tiefe Empfindung geboren: für diesen Mann hier, der mir gegeben wurde, eine Ehefrau zu sein; für diese Frau hier, die mir gegeben wurde, ein Ehemann zu sein. Wenn ich ein Egoist bin, glaube ich, daß sie mir gehört. Aber wenn ich die Bedeutung des Dharma kenne, wenn ich der großen Tradition gemäß erzogen worden bin, weiß ich, daß sie mir zugeteilt worden ist und daß ich ihr zugeteilt worden bin. »Mir ist dieses Wesen anvertraut worden, und von mir hängt sein Glück oder Unglück ab, ich bin es, der ihm hilft oder es spirituell zugrunde richtet.« Und, wie Swamiji sagte: *»At once love comes«,* »Noch im selben Augenblick kommt die Liebe.« Diesen Satz konnte ich nicht begreifen. Das Brautpaar kannte sich nicht einmal; und dennoch, wenn die umfangreichen Zeremonien des hinduistischen Hochzeitsrituals beendet sind und dieser junge Mann und diese junge Frau, die sich bis dahin vielleicht noch nie gesehen hatten, sich gegenüberstehen, kommt die Liebe, *»at once love comes«.* Sie können sich vorstellen, daß ich immer wieder über diese Behauptung gestolpert bin und ganze Stunden im Ashram damit zugebracht habe, darüber nachzudenken. Machen Sie es wie ich, denken Sie zuerst über diese Worte nach, bis das Licht des Verstehens sich in Ihnen entzündet. Swamiji fügte noch hinzu: »Jetzt gibt es für den Mann nurmehr eine Frau, die immer noch eine Frau ist« (im Sinne von *»female«*).

Für die Ehefrau gibt es nur noch einen Mann, der für sie »ein Mann« ist, nämlich ihren Gemahl; für den Ehemann gibt es nur noch eine Frau, die für ihn »eine Frau« ist, nämlich seine Gemahlin. Alle anderen Frauen und Männer ordnen sich in ein spezielles Dharma ein. Das ist »eine Schwester«, »eine Mitarbeiterin«, »eine Krankenschwester«, »eine Tennispartnerin«, »eine Reporterin, die mich interviewt«. Dasselbe gilt für die Männer vom Standpunkt der Frau aus gesehen. Wenn diese anderen Beziehungen richtig und bewußt gelebt werden, sind es eindeutige Beziehungen. Solange ein Pianist Klavier spielt, ist er Pianist, aber, so berühmt er auch sein mag, wenn er schwimmt, ist er kein Pianist mehr, sondern ein Schwimmer. Wir sind jeden Augenblick in die Zeit, in den Raum und in die Kausalität eingebunden. Die Frau begegnet in ihrem zukünftigen Gemahl und der Mann in seiner zukünftigen Gemahlin stets einem bestimmten, dem Augenblick des Zusammentreffens entsprechenden Dharma.

Wenn die Beziehung echt und nicht irgendwie unklar und trügerisch ist, kann ich zu keinem Zeitpunkt mehr in anderen Frauen »Die Frau«, das ewig Weibliche, die Anziehung, die Verlockung – und die Vagina sehen. Das ist zu Ende.

Darin ist eine erstaunliche Lehre enthalten, die es zu verstehen gilt: Das ist zu Ende. Der Blick des Mannes, der die Frau als Frau betrachtet, beschränkt sich auf eine einzige Frau, eine einzige. Und alle anderen Männer sind für die Ehefrau keine Männer mehr in diesem Sinne. Ich habe Ihnen bereits gesagt, daß wir in einen Bereich vordringen, der von uns verlangt, diese verblüffenden Aussagen zunächst anzuhören, ohne gleich darauf zu reagieren.

Was für eine Freiheit bedeutet es, und wie klar werden die anderen Beziehungen, wenn der Hintergrund von männlich-weiblich, Verführung, Anziehung, Begehren verschwunden ist. Dann wird bei jeder Vereinigung, jedem Zusammentreffen eine vollkommene Übereinstimmung, die Non-Dualität möglich. Dann empfinde ich eine Journalistin, die mich interviewt, wirklich ausschließlich als eine Journalistin, als »ein menschliches Wesen« und nicht mehr als »eine Frau«. Andererseits wird die Ehefrau für den Ehemann alle Frauen, alle weiblichen Möglichkeiten repräsentieren. Und der Mann wird für seine Gemahlin alle männlichen Möglichkeiten repräsentieren. Die Ehefrau ist für ihren Gemahl Mutter, Tochter, Schwester, Freundin, Verbündete, Geliebte, Zeugin und Ratgeberin zugleich – und sogar ein Guru, von dem er bestimmte Wahrheiten annehmen kann, auch wenn er Schwierigkeiten hat, sie zu verstehen, weil sie sein Ego, seine Welt und sein Denken immer wieder in Frage stellen.

Alle Reichtümer der Frau sind in einer einzelnen Frau, und alle Reichtümer des Mannes sind in einem einzelnen Mann enthalten. »Wir werden alles füreinander.« In der epischen Literatur Indiens oder auch in weniger bekannten Texten findet man wunderbare Geschichten von Paaren, die dem Hindu die Vollkommenheit eines Ehemannes und einer Ehefrau veranschaulichen. Wir sind hingegen mehr von Liebesromanen wie Tristan und Isolde oder Romeo und Julia und allen möglichen Erzählungen beeinflußt, die das Dharma der Ehe verherrlichen. Hier besteht ein großer kultureller Unterschied.

Dem Ehemann obliegt es, auf die Forderungen seiner Ehefrau einzugehen. Und die Erwartungen des Mannes hat seine Gattin zu erfüllen. Wenn die Ehefrau für ihren Mann Mutter,

Schwester, Tochter, Freundin, Partnerin, Guru ist, dann ist sie auch eine Geliebte. In einem Brief, der dieses Thema behandelte, schrieb Swamiji auf englisch »eine Kurtisane« und in einem anderen Brief *»and a prostitute«*. Das ist recht drastisch ausgedrückt. Selbst die keuscheste Ehefrau muß imstande sein, die verlockendste Rolle für ihren Gemahl zu spielen, die dieser sich auf dem Gebiet der Sexualität vorstellen kann. Andererseits wäre für die hinduistische Ehefrau die Vorstellung, daß sie einen anderen Mann sexuell reizen könnte, undenkbar. In Indien legt man getreu dem Dharma großen Wert auf Sittsamkeit. Ich fand dies bei meinen Begegnungen mit zahlreichen hinduistischen Ehefrauen jeder Altersgruppe bestätigt. Wohlgemerkt, das, was ich für die Ehefrau sagen will, gilt ebenso für den Ehemann.

Diese Aufspaltung der Rollen tritt im konkreten Leben zutage. In jedem neuen Augenblick kommt bei einem Paar die eine oder andere Beziehung zum Tragen. Wenn die »Bedingungen und Umstände« es dem Mann und der Frau erlauben, eine sexuelle Beziehung zu haben, so sind sie in diesem Augenblick Liebhaber und Geliebte, und zwar in jedem Sinn, den man diesen beiden Worten verleihen kann. Wenn der Ehemann über das Netz hinweg mit seiner Frau ein Tennisspiel diskutiert, sind sie Tennisspieler und Tennisspielerin und nicht mehr Liebhaber und Geliebte, weder Bruder und Schwester, noch Vater und Tochter oder Mutter und Sohn. Sämtliche möglichen Beziehungen zwischen einer Frau und allen Männern, zwischen einem Mann und allen Frauen, die in dem Paar vereint sind, werden in jedem Augenblck eines Tages konkret gelebt, und jede ist dann klar, echt und vollkommen.

Der Chirurg, der operiert, ist ein Chirurg. Der Chirurg, der schwimmt, ist kein Chirurg mehr, sondern ein Schwimmer. Der Chirurg, der spazierengeht, ist ein Spaziergänger. Man darf dies nicht vergessen, wenn man die Beziehung eines Paares verstehen will. Dies sind die verschiedenen Facetten des Lebens, unterschiedliche Arten zu sein. Genau in dieser Mannigfaltigkeit, in dieser Vielfältigkeit liegt der wahre Reichtum eines Ehelebens. Es gibt nicht eine einzige Beziehung, die Beziehung zwischen Ehemann und Ehefrau, sondern zehn Beziehungen, die sich wiederum in hundert verschiedene Möglichkeiten verzweigen. Treue oder Monogamie ist deshalb möglich, weil es weder Ärger noch Frustration, sondern eine *unbegrenzte* Fülle gibt.

Wenn Sie mit Ihrer Gattin ein Museum besuchen, sind Sie natürlich nicht Liebhaber und Geliebte. Welche Beziehung leben Sie? Sie sind zwei Kunstliebhaber, zwei Partner bei dieser speziellen Aktivität. All diese Beziehungen, all diese verschiedenen Arten zu sein, müssen auf vollkommene Weise, hier und jetzt, gelebt werden. An dieser Stelle stoßen wir erneut auf eines der großen Hindernisse auf dem Weg, nämlich niemals vollkommen im Hier und Jetzt zu sein und die Vergangenheit mit der Zukunft zu vermischen, das, was ich heute morgen hätte machen sollen, das, was ich heute abend machen werde. Wenn Sie auf Ihrer Hochzeitsreise mit Ihrer Gattin ein Museum besuchen, sind Sie, auch wenn Sie jung, ungestüm und verliebt sind, dennoch Kunstliebhaber. Alles zu vermischen bedeutet, nichts mehr zu sein, bedeutet, nicht mehr zu *sein*. Jede von einem Paar gelebte Beziehung ist in jedem Augenblick etwas Besonderes, Ursprüngliches, Einzigartiges. Jede Situation des Lebens, die Sie gemeinsam als Gefährten, hier und jetzt, erleben, kann ohne Einmischung des Geistes und ohne ein Durcheinander von Dharmas gelebt werden. Gerade durch das Vermengen von Situationen gehen die Beziehungen eines Paares zugrunde, einmal abgesehen von neurotischen Kräften, die bewirken, daß Menschen, die unfähig sind, sich zu verstehen, sich aufgrund irgendeiner Faszination gegenseitig anziehen, abgesehen auch von der Tatsache, daß es den sogenannten Erwachsenen heutzutage an einer inneren Ordnung fehlt. Nach einiger Zeit kommt der Überdruß; die Intensität, die man sich erhofft hatte, ist abgeflaut, und jeder beginnt, sich wieder anderweitig umzusehen.

Ein junger Mann und ein junge Frau sind überzeugt, sich zu lieben. Es ist die große Liebe, es ist für immer. Sie heiraten und machen eine Hochzeitsreise. Während dieser Reise kann sich bereits ein Verfall der Ehe anbahnen, kann etwas zerstört werden, was sich in einigen Jahren vollendet und entweder zur

Scheidung oder zu einem gemeinsamen Altwerden ohne gegenseitige Leidenschaft führt – oder es kann sich im Gegenteil ergeben, daß sich zwei aufrichtige Menschen auf den rechten Weg begeben. Ein Minimum an Form, Struktur, Einigung, an Gegenwart im Hier und Jetzt erlaubt den beiden Ehegatten, anstatt von der Faszination ihrer gegenseitigen Verliebtheit überwältigt zu werden, in der Wirklichkeit eines jeden Moments richtig verankert zu sein, gemeinsam von Augenblick zu Augenblick die Dharmas des Tages zu erfüllen. Frühstückt man zusammen, was ist man dann? Liebhaber und Geliebte? Nein, sicher nicht. Man ist ein Konsument, der sein Frühstück einnimmt. »Ah! Ich habe keine Hochzeitsreise gemacht, um zu frühstücken, das werde ich noch mein Leben lang tun.« Hier irren Sie sich. Können Sie wirklich frühstücken, mit einem Gefährten oder einer Gefährtin, die Ihnen gegenübersitzt und ebenfalls auf vollkommene Weise das Frühstück zu sich nimmt? Sie sind *zusammen*, Mann–Frau, Mann–Weib, und je vollkommener dieses Frühstück von jedem eingenommen wird, desto eher wird sich ein Wunder ereignen, ja, ein Wunder im Alltagsleben der Liebenden. Eine Stunde später kaufen Sie in einem Geschäft ein (ich wähle absichtlich durchschnittliche, einfache, banale Tätigkeiten). Sie sind Kunde, die Frau neben Ihnen ist Kundin. Seien Sie wirklich gemeinsam Kunden. Wenn diese kleine Situation des Lebens jedesmal in vollkommener Weise gelebt werden könnte, wäre dies für das Ehepaar eine Offenbarung, eine unerwartete Entdeckung und innerhalb weniger Tage die Entfaltung einer dieser Beziehung innewohnenden, ungeahnten Fülle.

Unglücklicherweise bewirkt die Gewohnheit, ständig von Antrieben und Emotionen abhängig zu sein, daß all diese Momente, alle diese Rollen, aus denen sich ein Tag zusammensetzt, die die Wirklichkeit eines Lebens zu zweit bilden und die jedesmal Ausdruck der Höchsten Wirklichkeit sind, daß all diese Rollen miteinander vermischt werden. Und genau hier liegt der Fehler.

Ein Maler hat auf seine Leinwand ein wenig Karminrot, ein wenig Zinnoberrot, Kobaltblau, etwas Van-Dyck-Braun, Ocker, Sienabraun und Veroneser Grün aufgetragen. Wenn es mir nun

Spaß macht, alle Farben zu vermischen und die Leinwand grob zu überpinseln, wie kleine Kinder das oft gerne machen, dann gibt es nur noch eine einzige Farbe, die den Glanz der anderen verloren hat, ein stumpfes, schmutziges, totes Grau. Dasselbe machen allzuhäufig Paare, die glauben, sich gefunden zu haben und sich zitternd gestehen: »Ich wurde nur geboren, um dir zu begegnen, auf dich habe ich schon seit Ewigkeiten gewartet.« Nach kurzer Zeit bleiben nur noch Gewohnheiten übrig, so schnell hat diese Vermischung die ungeheure Fülle aller möglichen Beziehungen verwässert. Wenn Sie krank sind, wirklich krank sind, sehr hohes Fieber haben und Ihre Gefährtin Sie pflegt, dann ist sie Krankenschwester und umgekehrt. Wenn Sie die Rolle der Krankenschwester und des Kranken gut zusammen spielen könnten, wäre dies eine weitere Bereicherung Ihrer Beziehungspalette.

Natürlich kann ein Maler bestimmte Farben vermischen. Aber er tut dies bewußt, oder aber er ist ein Genie der abstrakten Malerei, wie der berühmte Esel Boronali, der die Leinwände mit seinem Schwanz bepinselte und in einem der Salons jener Zeit großen Erfolg hatte. Ein Maler kann sehr wohl bestimmte Farben auf die von ihm gewünschte Weise vermischen, und ein Mensch, der zu einer bestimmten inneren Haltung fähig ist, kann in der Ehe absichtlich bestimmte Rollen übernehmen, die alle ihren Wert haben.

Versuchen Sie, sich einfach einmal diese Reise zu zweit vorzustellen. Sie wird entweder von zwei Maschinen unternommen, die von ihren Triebkräften gesteuert werden, oder aber von zwei bewußten, wachsamen Menschen. Sie sehen, daß die Gesamtheit dessen, was wir »die Lehre« oder »den Weg« nennen, letztendlich eine Vorbereitung für die Begegnung von Mann und Frau ist. Was aber geschieht, wenn Sie von einem Vater und einer Mutter, die aufgrund ihrer eigenen Enttäuschungen ihre Kinder vernachlässigten, nur ungenügend und schlecht erzogen worden sind? Aus Mangel an Verständnis kennen Sie dann nur das Spiel von Aktion und Re-Aktion, das jedoch im Übermaß.

Das Paar, das ich mir auf seiner Reise vorstelle, kann sehr verliebt sein. Es ist aber auch möglich, daß diese Liebe zu einem großen Teil aus Faszination, aus Kompensation besteht oder daß sich ganz einfach zwei Neurosen gut ergänzen. »Wahnsinnig verliebt« zu sein ist nur eine Reaktion auf psychische Zustände, auf die Verkettung vorangegangener Ursachen und Wirkungen. Wenn man sich davon mitreißen läßt, ist eine umgekehrte Reaktion unvermeidlich. Sobald Sie eine Balancierstange zu weit nach rechts schwingen, wird sie durch ihren eigenen Schwung genauso weit wieder nach links schwingen. Das ist ein Gesetz, das man sich bewußt machen und nicht mehr vergessen sollte. Wenn die Balancierstange sich in die andere Richtung neigt, stellt sich bei den zwei Liebenden unweigerlich Ratlosigkeit ein. Ihr Traum der Vollkommenheit bricht auseinander. Nun prallen Enttäuschung, schmerzliche Kränkungen, gegenseitige Vorwürfe und das unerbittliche Spiel der Emotionen aufeinander, gleichsam wie Billardkugeln, die in die vom Spieler gewählte Richtung gestoßen werden – nicht dorthin, wo sie selbst hinwollten.

Sämtliche, die glücklichen wie die unglücklichen Emotionen betreffenden Gesetze finden im Leben eines Ehepaares und in der Begegnung von Mann und Frau ihre Anwendung. Bestimmte Wahrheiten dürfen nicht vergessen werden. Wie gut zwei Menschen auch übereinstimmen mögen, und selbst wenn ein Astrologe ihre Horoskope vergleicht und erklärt, daß sie füreinander geschaffen seien, so gibt es dennoch kein alter ego. Der andere ist von Natur aus, von Beginn unserer Begegnung, unserer Beziehung an verschieden von mir. Er lebt in seiner Welt, und ich lebe für mich in meiner Welt.

Wenn das Gefühl »Ich habe eine Frau, das ist meine Frau, sie ist mein« zu übermächtig ist, dann erwarte ich unweigerlich ein Verhalten von ihr, das selbst die beste Ehefrau nicht aufbringen kann. Sie kann nicht in allen Punkten mit mir übereinstimmen. Und umgekehrt. Man muß also in dieser Hinsicht sehr wachsam sein und daran denken, daß der andere ein anderer ist. Wenn es zwei gibt, so sind diese zwei verschieden. Kein einziges »Ich liebe dich, wir lieben uns« kann dieses Gesetz außer Kraft setzen. Es ist unvermeidlich, daß der andere in bestimmten

Punkten nicht den Forderungen und Erwartungen Ihres Egos entsprechen wird, aber das sollte Sie nicht beunruhigen.

Wenn Sie sich in Ihrer Ehe von Ihrem Ego bestimmen lassen und erwarten, daß dieses Ego befriedigt wird, dann ist diese Ehe von Anfang an zum Scheitern verurteilt. Erinnern Sie sich an diese Wahrheit: nicht »Das ist *meine* Frau«, sondern »Ich bin *ihr* Ehemann«. »Ich bin eins mit ihr.« So werden Sie das Gift der Emotionen, der Enttäuschungen, der Frustrationen vermeiden. Selbstverständlich gilt diese Haltung für beide Seiten. Swamijis Lehre findet hier, in der Situation des Ehepaares, eine einfache Anwendung. Doch ist dies auch eine Wahrheit, der nicht einmal der findigste Geist ausweichen kann, und es ist auch nicht der Geist, selbst der klügste nicht, der gewinnen wird.

Ich erinnere mich, wie überrascht ich einmal war, als ich mich mit einem kleinen, typisch hinduistischen Mädchen in einer typisch hinduistischen Familie unterhielt. Dieses Kind sprach gut Englisch und nannte mich »*uncle*«, wie das in Indien üblich ist, wo jeder Mann, der in eine Familie eingeführt wird, von den Kindern Onkel genannt wird, damit diese zu dem Neuankömmling sofort eine persönliche Beziehung herstellen. Nun gut, dieses kleine zehnjährige Mädchen, das der »*uncle*« gefragt hatte, was sie später machen wolle, fing an, mir zu erklären: »Später, wenn ich eine Ehefrau sein werde *(when I shall be a wife)* ...« Ich kannte Swamiji zu diesem Zeitpunkt noch nicht, dennoch hatte ich damals bereits ein eigenartiges Gefühl. Sie sagte nicht: »Später, wenn ich einen Ehemann *haben* werde, wird er mich in ein Restaurant mitnehmen, wird er mich in seinem Auto mitnehmen«, sondern »*when I shall be a wife*« (wenn ich eine Ehefrau sein werde). Und sie begann mir ihre Träume zu erzählen, und daß sie ihrem Mann, wenn er müde wäre, die Beine massieren würde ... Ich war verstört und erschüttert. Was bin ich selbst denn eigentlich? Das Produkt welcher Welt bin ich? Was empfinde ich selbst neben diesem kleinen Mädchen, das mir erklärt: »Wenn ich eine Ehefrau sein werde, wenn ich Mutter sein werde«. Das ist eine andere Vorbereitung als zu träumen: »wenn ich einen Ehemann haben werde, was dieser Mann alles für mich tun wird«.

Dieses Gefühl des Seins und nicht des Habens, das nicht

Besitzen, sondern Liebe bedeutet, muß sich bei zwei Erwachsenen allmählich vertiefen, um den Mann und die Frau darauf vorzubereiten, eine echte Beziehung zu leben. Nicht immer wollen, daß der andere eins mit mir ist, sondern versuchen, selbst eins mit dem anderen zu sein. Auf diese Weise kann *die* Beziehung, die sich aus *den* Beziehungen jedes Augenblicks zusammensetzt, wirklich harmonisch werden.

Die meisten indischen Ehefrauen folgen einem religiösen Weg und kennen bestimmte Wahrheiten hinsichtlich der inneren Umwandlung, der Suche nach dem Atman oder nach Gott. Ihre Beziehung ist nicht nur vom menschlichen Standpunkt aus betrachtet richtig, sondern wird zusätzlich auch noch durch die spirituelle Dimension bereichert. Die Ehe wird als ein wichtiger Aspekt des religiösen Lebens betrachtet, und die Frau ist berufen, eine bedeutende Rolle im rituellen Leben eines hinduistischen Paares zu spielen. Eine der zahlreichen Bezeichnungen im Sanskrit für Ehemann und Ehefrau ist »Partner im Dharma«. Was ist dieses hinduistische Dharma? Die Gesamtheit eines Lebens, die Dimension des Heiligen, das Zelebrieren häuslicher Riten, den Aufenthalt bei Heiligen, die Wallfahrt, den *satsang*, das heißt die Gesellschaft der Wahrheitssuchenden, mit eingeschlossen. Die tiefste Beziehung zwischen Gemahl und Gemahlin kann nur in diesem religiösen Rahmen gelebt werden, der nichts mit Frömmelei zu tun hat, sondern inneres Wachstum, Erwachen, Vertiefung, den Weg zu mystischem Erleben und zur Befreiung bedeutet.

Wenn diese religiöse Dimension und die Unterscheidung der Dharmas in jedem Augenblick richtig gelebt wird, gewinnt die Beziehung des Paares sehr schnell an Fülle, Qualität und Tiefe, und jeder der beiden Ehegatten hat schließlich das Gefühl, daß diese Fülle sich nicht verringern, diese Qualität sich nicht schmälern kann und daß diese Tiefe nie enden wird. Eine derartige Beziehung, die weit davon entfernt ist, auf die Eintönigkeit, die Gewohnheit, die langweilige Vertrautheit zuzusteuern, kann sich nur immer weiterentwickeln, und zwar sowohl in die eine als auch in die andere Richtung. Entweder läßt die Liebe nach, zerbricht oder sie wird stärker. Nichts ist statisch in der Welt der Erscheinungen, in der Welt des Werdens. Ehemann und

Ehefrau empfinden mit dem Gefühl, zwei Gefährten zu sein, die Fülle des gemeinsam geführten Lebens sehr stark. Ein Leben setzt sich Tag für Tag, von morgens bis abends aus einer ununterbrochenen Reihe von Situationen zusammen. Etwas anderes gibt es nicht. Als Weg der Weisheit erlebt man die Liebe nur im besonderen und niemals im allgemeinen, beim Frühstück, das man zusammen einnimmt, oder bei den Kursen, die man zusammen besucht.

Ich werde auf den für Indien typischen rituellen Aspekt, auf die Bedeutung, die in Indien Riten an sich und den berühmten, von den Ehegatten gemeinsam vollzogenen Riten beigemessen werden, nicht näher eingehen. Doch können Sie mit fortschreitender innerer Entwicklung sogar hier in Europa begreifen, welche Hilfe Ihre Gattin oder Ihr Gatte für Sie in dem Maße darstellen kann, in dem er oder sie für Sie die Rolle des Guru spielt. Herrscht uneingeschränktes gegenseitiges Vertrauen, dann wird es möglich, sich dem anderen ohne unbewußte Schutzmechanismen oder Angst vollkommen zu öffnen. Abgesehen von der Beziehung zum Guru kann nur die Beziehung zwischen Mann und Frau ebenso ergiebig und vollkommen sein oder es allmählich werden. Außer dem Guru gibt es nur die Gefährtin, vor der ein Mann den Mut haben kann, sich so zu zeigen, wie er ist, nur den Gatten, vor dem die Gattin den Mut haben kann, sich so zu zeigen, wie sie ist, mit dem Wissen: »Ich werde nicht kritisiert, ich werde nicht zurückgestoßen, ich werde geliebt, verstanden und unterstützt.«

Swamiji hat mich darauf aufmerksam gemacht, daß der Ehemann und seine Frau selbst in einem so prüden und sittsamen Land wie Indien sich körperlich vollkommen voreinander entblößen. Sie verbergen nichts mehr, einschließlich jener Körperteile, die in Indien verhüllt sind, wo eine Frau niemals ihre Beine, höchstens ihre Füße und kaum ihre Knöchel zeigt, außer wenn sie sich in einem Fluß oder an einem Wasserbecken wäscht, wo eine Frau ausschließlich für ihren Gatten, niemals für einen anderen Mann, ihr Haar löst. Wenn es wichtig ist, sich vor seinem Mann oder seiner Frau völlig nackt zu zeigen, muß auch der subtile Körper gänzlich entblößt werden. Ein wirkliches Ehepaar entblößt sich nicht nur körperlich, sondern auch seelisch voreinander. Und ein wahrhaftiger Ehemann muß die emotionale Welt seiner Frau liebevoll annehmen können.

Haben Sie das Gefühl, »das ist meine Frau« oder »das ist die Frau, die ich liebe«, dann ist es unerträglich für Sie, daß sie Emotionen hat. Wenn Sie aber das Gefühl haben »ich bin ihr Ehemann« oder »ich bin der Mann, der sie liebt«, dann können Sie diese im Gegenteil akzeptieren. Und umgekehrt. In einer echten Beziehung brauchen Sie das, was Sie bedrückt, was Ihnen Kummer bereitet, nicht zu verbergen, und selbst wenn Sie Ihrem Ehegatten gegenüber ein Gefühl verspüren, über das Sie nicht gerade glücklich sind, kann er oder sie es verstehen. Solange Sie keinen permanenten Infantilismus an den Tag legen, können Sie von Ihrem Gatten oder Ihrer Gattin, so wie Sie sind, vollkommen angenommen werden, genauso wie Sie sich von Ihrem Guru angenommen fühlen. Das Paar, das Wir anstatt dem Ich, das Heim, wird zu dem Ort, der es Ihnen erlaubt, dem Rest des Lebens die Stirn zu bieten, der Ort, an dem Sie eine Emotion haben können, ohne daß Sie dies auf die eine oder andere Weise aus der Bahn wirft. Gatte und Gattin können beide füreinander ein Guru sein. Und anstatt mich zu verschließen und mich zu verteidigen, lasse ich mir den Panzer des Egos und des Geistes durchbohren und höre auf den Guru.

Die Gleichheit der Geschlechter wird heutzutage ziemlich falsch verstanden. Die glückverheißendste Methode für ein von Freude erfülltes Leben ist die klassische Ehe, nicht die Art und Weise, in der heutzutage das Leben verstanden wird. Überdies wird im Namen der Befreiung der Frau ein großer Fehler gemacht. Es ist ein bißchen schwierig für mich, dies zu sagen, weil ih ein Mann bin und man mich als Phallokrat beschuldigen wird, aber eine genaue Untersuchung, die sich auf Jahrhunderte, Jahrtausende, und nicht nur auf die abendländische Geschichte stützt, wird Sie veranlassen, einen Großteil der gängigen Vorstellungen über die Emanzipation der Frau in Zweifel zu ziehen. Wenn Sie das, was ich heute gesagt habe, akzeptieren können, werden Sie vielleicht ahnen oder auf neue Weise fühlen, daß das Eheleben, die Ehe, nicht als legale Institution, sondern als ein

Zeitraum von fünfzig gemeinsam verbrachten Jahren betrachtet, eines der wichtigsten Dinge im Leben ist – was in der heutigen Zeit immer mehr verkannt wird. Verfehlen ein Mann oder eine Frau ihre Ehe, so verfehlen sie damit das Wichtigste, selbst wenn sie in ihrem Beruf erfolgreich sind, selbst wenn sie hervorragende Leistungen in ihrem Leben vollbringen. Spirituell gesprochen ist es ein ungleich größeres Dharma, ein ungleich größerer Yoga, Ehemann und Ehefrau, anstatt Ingenieur, Direktor, Künstler oder Arzt zu sein. Heutzutage ist ein Mann jedoch wesentlich stolzer, wenn er sagen kann, daß er im Beruf Erfolg hat, als daß er eine glückliche Ehe führt. Es ist ein Unglück für uns, jawohl, für uns alle, daß man einen Mann ernst nimmt, der erklärt: »Ich war Leiter der Ehrenlegion, ich habe vier Gesellschaften gegründet, ich war Ministerialdirigent und anschließend Senator.« Und man lächelt über den, der glaubt, daß seine gelungene Ehe ihn ehrt. Schlimm für uns Abendländer, die wir so intelligent und so brillant sind, über eine so ausgereifte Technologie verfügen und dennoch so unglücklich sind. Das Leid herrscht überall in unserem Land. Es herrschte nicht überall in Afghanistan, bevor die sowjetischen Truppen einmarschierten und auch nicht in Indien, abgesehen von dem Elend in den Randbezirken einiger Großstädte.

Das Leben eines Paares besteht nicht allein aus überströmenden Gefühlen. Es ist ein *sadhana*, das bewußt gelebt werden muß, damit ein Mann zu einem Ehemann und eine Frau zu einer Ehefrau wird. Die Frau kann dem Mann helfen, ein Ehemann zu werden, und der Mann kann der Frau helfen, eine Ehefrau zu werden. Dies erfordert Verständnis, Wachsamkeit, Geduld und Treue. Dies erfordert Liebe.

Das Ziel ist der gemeinsame Weg zur Befreiung. Eines Tages wird die Beziehung von zwei Menschen durch das transzendente Bewußtsein der Non-Dualität überschritten werden. »Wir bilden eine Einheit« wird dann zu einer Wahrheit, einer Wirklichkeit. Der Ehemann ist innerlich von seiner Frau, und die Frau ist von ihrem Mann erfüllt. Wenn die getrennten Dharmas, von denen ich vorhin im Zusammenhang mit der Leinwand des Malers sprach, richtig gelebt werden, offenbart sich die Einheit. Ein indischer Ausspruch hat mich wegen seiner Schönheit sehr beeindruckt: »Jetzt weiß ich nicht mehr, ob sie eine Frau ist und ich ein Mann bin oder ob ich ein Mann bin und sie eine Frau ist. Ich erinnere mich nur noch an eines: Da waren zwei Seelen; die Liebe kam, und es gab nurmehr eine.« Das getrennte Individuum kann sich diese Einheit nicht vorstellen, bevor es sie nicht selbst erlebt hat.

Wenn Sie diese Botschaft vergangener Zeiten verstehen, erfährt Ihre innere Einstellung eine Veränderung. Dann wird Ihnen die Vorstellung der Treue in der Monogamie nicht mehr als ein gesellschaftlicher Zwang erscheinen, der einzig und allein dazu bestimmt ist, den Kindern ein sicheres Zuhause zu gewährleisten (was übrigens richtig ist), sondern als ein Segen, der Ihnen eine tiefere Erfüllung der gewöhnlichsten Befriedigungen erlaubt – auch wenn Ihnen bis jetzt aufgefallen ist, daß es nicht nur eine einzige interessante Frau auf der Welt gibt, sondern viele, blonde, braune, fröhliche, tiefsinnige, Musikerinnen, Verführerinnen, und umgekehrt, wenn Sie bemerkt haben, daß es viele Männer auf der Welt gibt, Intellektuelle, Sportler, Künstler.

Welchen Standpunkt wird jeder von Ihnen in bezug auf das heute Besprochene einnehmen? Junge Liebende oder jung Verheiratete können es auf ihre Weise verstehen. Jene, die bereits einige Jahre hinter sich haben, können sehen, was sie gewesen sind, ihre Fehler erkennen und sich ihre Bestimmung klar vor Augen führen. Verständnis wirkt immer befreiend. Andere, die sich nach einer Scheidung oder Trennung immer noch die erfüllte Ehe erhoffen, die ihnen in jungen Jahren fehlgeschlagen ist, können die Einsicht gewinnen, daß ein Neubeginn nicht auf dieselbe Weise, nach denselben unerbittlichen Gesetzen und denselben emotionalen Mechanismen erfolgen darf. Wenn Sie schon älter sind, wenn es Ihnen nicht bestimmt ist zu heiraten, wenn Sie sich entschieden haben, allein zu bleiben, werden Sie auf Ihrem Weg jüngeren Männern oder jüngeren Mädchen begegnen, die sich mit so vielen Illusionen, mit so viel Unverständnis und mit so wenig Vorbereitung ins Leben begeben. Wenn wir eine Ahnung gewonnen haben, was ein erfülltes Eheleben sein könnte, entsteht in uns ein Mitgefühl für all jene, die leiden und in der Liebe Enttäuschungen, wenn nicht gar ein gebrochenes Herz davongetragen haben.

Im Vergleich zu den in einem traditionellen Eheleben möglichen Reifeprozessen stellen das Casanovatum der Männer und
Frauen, die unzähligen Eroberungen, keine reichhaltigen, wertvollen Erfahrunen dar. Die Geliebte eines Künstlers, eines Ge-
schäftsmannes, eines Diplomaten gewesen zu sein, bedeutet lediglich eine Bereicherung auf der horizontalen Ebene, nicht jedoch auf der Ebene des Ergründens und der geistigen Größe.
Es erfolgt eine Bereicherung auf der Ebene des Habens – vielfältige Erfahrungen haben –, nicht jedoch auf der Ebene des Seins
und ist letztendlich nur ein Zeichen von Infantilismus.

Diese Wahrheiten sind schwer zu verstehen und hart auszusprechen. Vielleicht hätte ich nicht dieselbe Unterhaltung mit
Ihnen geführt, wenn ich nicht selbst den Mut aufgebracht hätte,
mich diesem Aspekt von Swamijis Lehre zu öffnen und zu
sehen, wie groß meine Unwissenheit, mein Infantilismus, wie
stark ausgeprägt meine Emotionen waren. Das, was nicht vollendet worden ist, bleibt als unterdrückte, jedoch nicht überwun-
dene Forderung weiter bestehen.

Ich habe in Europa nur sehr wenige wirklich harmonische
Ehepaare kennengelernt. Es waren zumeist aufrichtige und
wahrhaftig religiöse Paare. Wie romantisch die Ehegatten auch
sein mögen und wie ihr Traum von der Liebe auch immer
aussehen mag, so ist diese Liebe dennoch zu einem allmählichen
Abstumpfen verurteilt, wenn man die religiöse Dimension nicht
in das tägliche Leben mit einbezieht. In Indien ist die Ehe eben-
sosehr ein spiritueller Weg, wie Eremit in einer Höhle oder ein
umherziehender Mönch zu sein, ein Weg zur Befreiung, zur
Überwindung des Egos, zur Zerstörung des Mentalen, zur Vereinigung. Als Swamiji mit mir über die Ehe sprach, so tat er dies
als Guru und stets im Hinblick auf das große Ziel.

Kapitel 10

Die Vereinigung der Geschlechter

Das heutige Thema, die Sexualität, ist mir schon viele Male vorgeschlagen worden, dennoch habe ich es häufig verschoben. Ich verstehe vollkommen, daß man mir dieses Thema nahegelegt hat, aber ich weiß auch, wie schwierig es ist, sich von den Abgedroschenheiten über das Recht der Frau auf den Orgasmus zu lösen und die Sexualität als einen Weg der Befreiung zu erörtern.

Trotz der sexuellen Revolution, über die in Zeitschriften so viel gesprochen wird, fühlt sich der moderne Mensch in dieser Hinsicht gewiß nicht wohl. Meine, wenn auch quantitativ begrenzte, Erfahrung hat mir gezeigt, wie wenig entwickelt das Sexualleben der meisten Männer und Frauen ist. Es ist zwar fast normal und trotzdem immer noch weit von dem entfernt, was es sein könnte, wenn keine verdorbenen Mechanismen mit im Spiel wären.

Ich sage »verdorben«, doch hat dies nichts mit dem zu tun, was man allgemein als Laster bezeichnet und leicht mit der Sexualität in Verbindung bringt. Ich verstehe darunter gestörte geistige, emotionelle und körperliche Mechanismen, Mißverhältnisse, Verwicklungen, Verständnislosigkeiten, die in einem Bereich, in dem man vollkommen glücklich sein müßte, im Gegenteil so viel unnötiges Leid hervorrufen. Wie kommt es, daß diese Funktion, deren Ziel Entfaltung, Freude und Vergnügen sind, so viele Enttäuschungen, Verletzungen und so große Unzufriedenheit mit sich bringt?

Erinnern Sie sich, daß die gesamte Schöpfung auf einer Bipolarität begründet ist: positiv und negativ, aktiv und passiv, männlich und weiblich, einatmen und ausatmen, empfangen und geben. Wenn es »zwei« gibt, haben diese zwei eine bestimmte Verbindung: Verlockung und Angst oder Anziehung und Abstoßung.

Die Tatsache, daß es zwei gibt, bestimmt den Raum, weil diese beiden sich aufgrund ihrer gegenseitigen Verbindung in einer bestimmten Situation befinden. Andererseits bestimmt die Tatsache, daß es zwei gibt, die Bewegung, die wiederum aus der Zeit hervorgeht. Jede Bewegung beinhaltet eine auf ein angestrebtes Ziel hin gerichtete Spannung, und jegliche Bewegung kann nur in der Zeit erfolgen. Die einfache Tatsache zu sagen, daß es »zwei« gibt, weist bereits auf Raum und Zeit hin, jene Kategorien, innerhalb derer sich die Schöpfung entfaltet, so wie wir sie mit unseren fünf Sinnen wahrnehmen und mit unserem Gehirn begreifen. Die Mittel, die uns die Natur zur Verfügung stellt, erlauben uns nicht, Atome und Partikel direkt wahrzunehmen.

Ein menschliches Wesen, ob Mann oder Frau, ist diesem natürlichen Gesetz unterworfen und trägt diese beiden Pole, positiv und negativ, statisch und dynamisch, in sich. Sie müssen die männlichen und weiblichen Werte, die über die menschliche Spezies und Geschlechterteilung hinausreichen, in ihrer universellen, kosmischen Bedeutung verstehen.

Das Ziel des Yogis besteht darin, das ursprüngliche Bewußtsein in sich wiederzufinden, das Ausgangs- und Endprodukt zugleich ist, oder, um es mit dem bekannten Ausdruck von Teilhard de Chardin wiederzugeben, das Alpha und das Omega oder, wie es in Indien allgemein bezeichnet wird, *aviakta*, das Nicht-Manifeste: ein Zustand des Gleichgewichts, ohne irgendeine Spannung, ein Zustand des Friedens, den der Mensch in tiefer Meditation oder in den verschiedenen Stufen des *samadhi* finden kann. Eine Dekonditionierung darf nicht wie Meditation erfolgen, in die man sich versenkt und die man wieder beendet, sondern muß als eine endgültige Entdeckung realisiert werden, die unsere gesamte Wahrnehmung erhellen wird. Die Welt, die uns umgibt, wird in der Tat relativ und verliert ihre Macht der Faszination oder Angst, der Anziehung oder Abstoßung.

Der Asket kehrt, gleichgültig, welchem Weg er folgt, innerlich zum Ursprung zurück, zum Jenseits, das richtiger das Diesseits der Schöpfung genannt werden sollte, diesseits der Dualität, diesseits der Spannung, die hervorgerufen wird, sobald es zwei Pole gibt. Die hinduistischen Meister sprechen von *balance, equilibrum*, vom Zustand des Gleichgewichts, den wir uns als Ruhe, als die Fülle, die sich selbst genügt, als die Rückkehr zur Non-Dualität vorstellen können.

Aus der ursprünglichen Bewegung vom Nicht-Manifesten zum Manifesten trat die Dualität, die Bi-Polarität, in Erscheinung. Dies ist ein metaphysisches und theologisches Prinzip, das aber auch sämtliche Naturphänomene beherrscht. Nun aber manifestiert sich diese Bi-Polarität für uns menschliche Wesen in offenkundiger Weise durch die Unterscheidung der Geschlechter, um auf der physischen Ebene zu beginnen. Die Frau hat eine Vagina, der Mann einen Penis. Dies ist offensichtlich und einfach. Warum verursachte diese Zweigeschlechtlichkeit der menschlichen Rasse so viele Ängste, Urteile, Verurteilungen, ein so großes Übermaß sowohl an Freiheit und Ausschweifungen als auch an Unterdrückung und Qualen, die manche sich auferlegt haben, um eine falsch verstandene und falsch übernommene Enthaltsamkeit zu leben? Das Geschlecht ist das allem zugrundeliegende natürliche Prinzip. Es hat eine kosmische, metaphysische Bedeutung, und in eben diesem Sinne müssen wir es betrachten. Es stellt die Manifestation eines universellen Gesetzes dar, das sowohl den Makrokosmos und die Galaxien, als auch das unendlich kleine Atom regiert.

Dennoch trachtet der Yogi danach, diesem natürlichen Gesetz der Schöpfung zu entkommen, zum Ursprung, zum Nicht-Manifesten zurückzukehren. Die menschliche Sexualität ist eines unter vielen anderen Anwendungsgebieten für dieses Verfahren, die Fülle, die Vollkommenheit, das Gleichgewicht in sich wiederzufinden.

Wir müssen uns der vollständigen Bedeutung der Sexualität bewußt werden, schon allein deshalb, weil wir aus zwei geschlechtlichen Zellen, dem Ovulum und dem Spermium, geboren wurden, die sich vor ihrer Verschmelzung abgesondert, spezialisiert und verteilt hatten. Da alle unsere Körperzellen von einem Ei abstammen, gibt es in diesem Sinne folglich keine einzige Zelle in unserem Körper, die keinen sexuellen Ursprung hat. Versuchen Sie völlig unvoreingenommen zuzuhören, wenn ich von der Bedeutung der Sexualität spreche, andernfalls tauchen aus Ihrem Unbewußten wieder Bilder, Erinnerungen,

Stimmungen in bezug auf die geschlechtliche Vereinigung von Mann und Frau auf. Diese Funktion ist so häufig mißverstanden, unterdrückt und entstellt worden, daß sie die Ursache fast aller Neurosen ist.

Bleiben wir in einem natürlichen, gesunden Bereich und akzeptieren wir es, uns ohne Zwang und Unbehagen mit den esoterischen Gedanken und den höheren spirituellen Erfüllungen näher vertraut zu machen.

Es gibt zwei Wege, zwei Möglichkeiten, um wieder zu dem ursprünglichen, non-dualistischen Zustand in sich zurückzufinden und dabei die sexuelle Bi-Polarität der menschlichen Spezies vollkommen zu berücksichtigen. Ein Weg ist die Umwandlung der sexuellen Aktivität, was Yogis, Mönche und Asketen versucht haben; diese Unterdrückung der normalen sexuellen Aktivität darf allerdings nicht als eine besondere moralische Tugend angesehen werden. Wahre Heiligkeit bedeutet Selbstlosigkeit und Nächstenliebe. Die Enthaltsamkeit muß als eine Wissenschaft, eine Technik, eine Methode betrachtet werden. Sie kann nicht aufs Geratewohl gelebt werden. Im Gegensatz dazu ist der andere Weg die vollkommen normale und gut entwickelte sexuelle Aktivität – vollkommen im Sinn von vollendet, erfüllt.

Es besteht kein Zweifel darüber, daß im Christentum, so wie wir es kennen, das Geschlecht immer etwas darstellt, das Unbehagen hervorruft. Bestimmte Aussprüche des heiligen Paulus waren Ausgangspunkt für ein strenges Urteil über die Sexualität, die als eine menschliche Schwäche, als Hingabe an die Flescheslust betrachtet wurde, die nur dann zulässig war, wenn sie durch das Sakrament der Ehe geheiligt wurde und häufig allein dem Zweck der Zeugung diente. Ich bin jedoch nicht hier, um ein grundsätzliches Urteil über das Christentum zu fällen – ich möchte lediglich eine Tatsache feststellen.

In Indien hingegen gab es diesen Argwohn i bezug auf die Sexualität nicht. Zwar haben sich die Hindus schon immer zu dem Ideal der Keuschheit oder der Enthaltsamkeit hingezogen gefühlt; dies wurde jedoch als ein besonderer Weg der inneren Umwandlung, des Erwachens angesehen. Es ist mittlerweile auch hinreichend bekannt, daß sich an den Außenfassaden vieler hinduistischer Tempel neben zahlreichen anderen auch erotische Skulpturen befinden, die westliche Betrachter als anstößig empfinden und die man sogar pornographisch nennen könnte. Dennoch zieren sie die Wände ehrwürdiger Tempel und sind nicht Erbe irgendeiner kleinen religiösen Gemeinschaft, wie es so viele in Indien gibt, wo alle möglichen Wege der Selbsterfahrung erforscht worden sind.

Ich möchte Ihnen kurz vier Abschnitte aus den Upanishaden übersetzen. Sie stammen aus den beiden umfangreichsten Upanishaden, der *Brihadaranyaka Upanishad* und der *Chandogya Upanishad*, die keine nur von bestimmten Schulen anerkannten tantrischen Texte sind, sondern die Grundlage des gesamten hinduistischen Vedanta bilden. Sie werden sehen, mit welcher Ungezwungenheit die Upanishaden, diese spirituellen, mystischen Texte, auf das Geschlecht und auf die Sexualität anspielen.

Zunächst ein Abschnitt, den man als grundlegend ansehen kann und der zeigt, wie das Eine »zwei« geworden ist: »In Wirklichkeit empfand Er kein Glück. Aus diesem Grund empfindet derjenige, der allein ist, kein Glück. Er wünschte sich einen zweiten. Er wurde ebenso unermeßlich wie ein Mann und eine Frau in innigster Vereinigung. Er bewirkte, daß sich das Selbst in zwei Teile spaltete, aus denen der Ehemann und die Ehefrau geboren wurden. Folglich ist dieser Körper, wie Yajnavalkya (einer der großen Weisen der Upanishaden) es ausdrückte, nur die Hälfte einer Frucht, die man in zwei Teile auseinandergeschnitten hat. Deshalb wurde dieser leere Raum von einer Ehefrau ausgefüllt. Er vereinigte sich mit ihr, und durch diese Vereinigung wurden die menschlichen Wesen erschaffen.«

Sie sehen, daß dieser Text, der Wort für Wort kommentiert werden könnte, sich sowohl auf das höchste Thema der Erschaffung der Welt, auf das Erscheinen der Bi-Polarität aus dem Nicht-Manifesten, als auch auf Mann und Frau bezieht. Ich möchte jedoch keine ausführlichen Erklärungen zu diesem Text abgeben, ich führe ihn lediglich an, um eine bestimmte, den Upanishaden eigene spirituelle Atmosphäre zu schaffen.

In einem anderen, ebenfalls sehr bekannten Abschnitt geht es um den höchsten Zustand, der frei von Leid, Verlangen und

Angst ist. »So wie der Mann, der inniglich mit seiner über alles geliebten Ehefrau vereinigt ist, kein Innen oder Außen mehr kennt, so weiß das menschliche Wesen, das in inniger Verbindung zum höchsten Selbst steht, weder was Innen noch was Außen ist. Dies ist seine wahre Natur, in der jegliches Verlangen gestillt ist, in der es nur noch den Wunsch nach dem Selbst gibt und kein anderer Wunsch mehr existiert, die frei ist von allem Schmerz, frei von allem Leid.«

In der *Brihadaranyaka Upanishad* befindet sich ein Abschnitt, der fast wortwörtlich auch in der *Chandogya Upanishad* zu finden ist: »Die Frau, Gautama, ist in Wahrheit das Feuer, das Sexualorgan ist der Brennstoff, das Schamhaar ist der Rauch, die Vulva ist die Flamme, das Eindringen des Penis ist die Kohle, die angenehmen Empfindungen sind die Funken. In diesem Feuer bieten die Götter den Samen dar; aus diesem Samen wird die Person geboren.«

Auch dieser Text kann wörtlich genommen werden als eine Beschreibung des Geschlechtsaktes, oder er kann als eine bildliche Darstellung der prinzipiellen Wirklichkeiten betrachtet werden. Die hinduistische Lehre verbindet die verschiedenen Ebenen der Wirklichkeit möglichst oft und bestätigt, daß die gleichen Prinzipien auf all diesen Ebenen wirken, von den subtilsten bis hin zu den grobstofflichsten.

Schließlich zitiere ich noch einen bekannten Ausschnitt aus der *Chandogy Upanishad*, der sich auf die berühmte Silbe »Om« bezieht: »Zwei sind zusammen vereinigt in der Silbe Om. Jedesmal, wenn zwei sich vereinen, erfüllen sie in Wirklichkeit das Verlangen des einen und des anderen.« Wenn wir uns den Sanskrittext ansehen, stellen wir fest, daß sich das Wort *maithuna*, das eindeutig die geschlechtliche Vereinigung bezeichnet, zweimal in diesem kurzen Zitat vorkommt, was aus der mir vorliegenden englischen Übersetzung nicht sofort hervorgeht. Es ist klar, daß auch die Silbe »Om« mit dem Zustand der sexuellen Vereinigung verglichen wird. Es ist jedoch nicht meine Absicht, eine Unterhaltung über die Upanishaden zu führen; ich will mich lediglich auf diese Zitate beziehen, da es sich um die beiden wichtigsten Upanishaden handelt und nicht, ich wiederhole nochmals, um Texte, die von geringerer Bedeutung sind oder nur einige bestimmte Denkschulen in Indien betreffen.

Wie können diese Texte verstanden werden? Damit in der Schöpfung eine Bewegung erfolgen kann, muß es einen Zustand des Ungleichgewichts geben, andernfalls würden wir in die Reglosigkeit zurückfallen. Wenn die Reglosigkeit vollkommen wäre, wenn der Tanz der Partikel in den Atomen aufhören würde, wenn die Planeten nicht mehr um die Sonne kreisen würden, wenn die Bewegung verschwände, dann verschwänden auch Zeit und Raum. Jegliche Energie schließt dieses Spiel von Anziehung und Abstoßung mit ein. Wenn zwei Waagschalen unbeweglich sind, ist keine verborgene Energie in dieser Balance enthalten. Hebe ich eine der Waagschalen an, senkt sich die andere, und nun wirkt eine verborgene Energie auf die beiden Waagschalen ein, die durch eine Auf- und Abbewegung, eine Aktion und Reaktion wieder zum Stillstand kommen.

Die Natur neigt unaufhörlich zur Ruhe und zur Reglosigkeit und ständig werden durch die Gesetze von Ursache und Wirkung, von Aktion und Reaktion, neue Impulse ausgelöst, die diese Ruhe und Reglosigkeit erneut unterbrechen. Auf diese Weise setzt sich der Prozeß der Schöpfung fort, von welcher Ebene auch immer Sie dies betrachten. Das spirituelle Wesen strebt danach, gleichgültig, welcher Tradition es angehört, das in sich zu finden, was von dieser Bewegung, dieser Unbeständigkeit, dieser Unvollständigkeit unberührt bleibt, um jenseits der Zeit die Ewigkeit oder das gegenwärtige Ewige und der Vielfalt eingedenk, das in sich zu entdecken, was von sich selbst erfüllt und in sich selbst vollständig ist.

Es ist das höchste Bewußtsein, das im Vedanta allgemein das Atman – das Selbst – genannt wird.

Die Sexualität kann für sich allein gesehen ebenfalls als ein spirituteller Weg betrachtet werden, nicht nur als eine beglückende Erfüllung (was sämtliche Psychologen und Psychotherapeuten bestätigen würden), sondern als ein Weg, auf dem man das von Wünschen, Ängsten, Unzufriedenheit bestimmte, begrenzte menschliche Bewußtsein überschreiten kann.

Sehen wir uns das einmal etwas genauer an. Die Aktivität eines jeden menschlichen Wesens ist eine doppelte und im allgemeinen eine ständig wechselnde Aktivität. Die Aktivität eines jeden menschlichen Wesens setzt sich jeweils aus zwei, sich normalerweise abwechselnden Tätigkeiten zusammen. Wir atmen beispielsweise ein und aus, aber wir können nicht gleichzeitig ein- und ausatmen. Deshalb schließen die Atemübungen im Yoga, wie Sie wissen, auch jene Zeitabschnitte mit ein, während der man, sei es nach dem Einatmen oder nach dem Ausatmen, den Atem zurückhält, in denen also kein Ein- und Ausatmen erfolgt und die zuweilen noch weiter ausgedehnt werden.

Hier ist zumindest ein Punkt, ein physiologischer zwar, aber dennoch ein sehr bedeutsamer, an dem dieser rhythmische Atmungsvorgang, der das Leben selbst ist, aufhört. Er stellt eine Art Rückkehr zum Nicht-Manifesten dar. Andererseits hat man beobachtet, daß während des Atemstillstandes auch das Denken aufhört. Dies ist eine Tatsache, von der Sie sich alle selbst überzeugen können. Die Zeit, in der Ihnen ein Anhalten des Atems möglich ist, ist eine Zeit, in der es Ihnen leicht fällt, nicht mehr zu denken, während jene, die auf die eine oder andere Weise zu meditieren versuchen, von unzähligen Gedanken bestürmt werden.

Die menschliche Existenz geht aus dieser doppelten Bewegung von Geben und Empfangen hervor. Beim Geschlechtsakt sind in Wirklichkeit diese beiden Aspekte der Schöpfung, der eine, den man als den aktiven, und der andere, den man als den passiven Aspekt betrachten kann, sowohl beim Mann als auch bei der Frau, mit einbezogen. Wenn Sie das, was ich mit Ihnen zu teilen versuche, verstehen möchten, dann müssen Sie sich auf eine offensichtliche, doch häufig in Vergessenheit geratene Wahrheit zurückbesinnen, nämlich daß wir zunächst, bevor wir Mann oder Frau sind, ein menschliches Wesen sind. Im Französischen wird der Mensch mit dem Wort »*homme*«, im Englischen mit »*man*« bezeichnet, was etwas verwirrend ist, weil dasselbe Wort auch Mann bedeutet. Man betont den Unterschied zwischen Mann und Frau so sehr – was ist ein »*wahrer Mann*«, was ist eine »*wahre Frau*« –, daß man das, was viel wichtiger ist, vergißt, nämlich daß wir alle zunächst »*Menschen*« sind. Erst dann kommt der wesentliche, nie zu leugnende Unterschied zwischen einer männlichen und einer weiblichen Inkarnation. Die spirituellen Lehren, die Upanishaden, wenden sich an den Menschen.

Spricht man von *koshas*, so handelt es sich um die *koshas* des Menschen; sie beziehen sich nicht speziell auf den Mann oder auf die Frau. Spricht man vom höchsten Selbst oder dem *Atman*, dann geht es um das höchste Selbst oder das *Atman* des Menschen.

Die für uns alle geltende Aufgabe besteht darin, ein vollkommener Mensch in seiner ganzen Fülle zu werden. Unter den gewöhnlichen Umständen sind wir nur das Samenkorn eines menschlichen Wesens, ein unvollkommenes, unvollendetes menschliches Wesen. Dies ist der fundamentale Gedanke sämtlicher spiritueller Lehren, die Evangelien mit eingeschlossen.

Wir werden auf einer bestimmten Ebene in diese Welt geboren, und die Natur läßt uns zu einem Erwachsenen reifen, der unter anderem die Möglichkeit zur Befruchtung und Fortpflanzung besitzt, doch macht die Natur uns nicht zu einem vollkommenen Menschen, zu einem Weisen. Diese *Vollkommenheit im Relativen* wird die Frucht unserer eigenen beziehungsweise der verschiedenen spirituellen Wegen entsprechenden Bemühungen sein. Diese Erfüllung wird, auch wenn sie mit Hilfe eines Führers, eines Gurus, erreicht wurde, der Lohn unserer Ausdauer sein. Dies ist ein Gedanke, den wir niemals aus den Augen verlieren dürfen und begreifen müssen, wenn wir versuchen, über die Sexualität zu sprechen.

Wir müssen klar erkennen, daß es zwei bedeutende Kategorien von Menschen gibt. Da sind zunächst jene, die sich damit zufrieden geben, ihr Leben so zu leben, wie die Natur es sie leben läßt, voll von Ängsten, Wünschen, manchmal voller Großzügigkeit oder Mut, die jedoch nicht von dem festen und bewußten Wunsch belebt werden, sich zu verwandeln, sich zu befreien und jene Vollkommenheit des Menschen, Weisheit, Erwachen und Befreiung zu erlangen. Dann gibt es jene wesentlich geringere Anzahl von Menschen, die sich ihre eigene Entwicklung und Vervollkommnung zur Aufgabe gemacht haben, jene, die einem bestimmten Weg folgen, ob sie nun Moslems, Christen, Buddhisten sind oder sogar keiner der bekannten Religionen angehören. Diese wesentliche Unterscheidung läßt sich auch auf das Sexualleben anwenden: ein natürliches, mehr oder weniger entfaltetes, mehr oder weniger neurotisches Sexualleben, mit dem sich die Psychologen und Psychotherapeuten beschäftigen, und das Sexualleben eines Schülers, der dem Weg der Weisheit folgt.

Bis jetzt gilt das, was wir zu sagen haben, gleichermaßen für Mann und Frau. Es gibt keine Upanishaden speziell für Männer oder speziell für Frauen. Ein vollkommener Mensch hat diese beiden Modalitäten der Schöpfung in sich entfaltet, das Männliche und das Weibliche, die Art und Weise des Empfangens, Aufnehmens, Sichöffnens und die Art und Weise des Handelns, des Einwirkens. In ihm befinden sich diese beiden Bewegungen in einem vollkommenen Gleichgewicht. Er verspürt als Individuum kein Bedürfnis, mehr zu empfangen oder zu geben. Er hat das Recht zu sagen: »Ich habe getan, was ich in mir trug zu tun, ich habe empfangen, was ich in mir zu empfangen trug, ich habe gegeben, was ich in mir zu geben trug.« Das Handeln dieser Person ist nunmehr ein spontanes, unpersönliches Handeln, das der Notwendigkeit des Augenblicks entspricht, das nur noch abhängig von den Erfordernissen einer Situation oder aus Liebe zu den anderen vollzogen wird.

An diesen Punkt gelangen wir jedoch nicht sofort. Es dauert sogar sehr lange, bis wir jenen Zustand erreicht haben, in dem wir uns selbst vollkommen genügen, einen Zustand völliger Spannungslosigkeit, in dem es kein Verlangen, keine Angst mehr gibt oder zumindest keinen Wunsch mehr, dessen Nichtverwirklichung schmerzlich sein könnte, und keine Angst mehr, die, wenn sie zutage tritt, Leid bedeuten könnte. Das ist die Freiheit, die Offenbarung des Unzerstörbaren in uns, das unberührte höchste Bewußtsein, das, worauf die gesamte vedantische Lehre begründet ist.

Bei einer sexuellen Handlung gibt es zwei Bewegungen: eine Bewegung, bei der man vom anderen empfängt, und eine Bewegung auf den anderen zu. Diese beiden Modalitäten der Schöpfung kommen hier besonders klar und sogar noch deutlicher zum Ausdruck als in anderen Lebenssituationen. Das, was zunächst als Unterschied zwischen den Geschlechtern in Erscheinung tritt, ist, daß die Frau auf physiologischer Ebene den Samen des Mannes empfängt. Die Frau besitzt ein empfangendes, der Mann ein aussendendes Geschlechtsorgan. Niemand, mit welcher philosophischen, sozialen oder politischen Einstellung auch immer, kann diese Tatsache leugnen.

Es gibt in der Sexualität also normalerweise von Natur aus eine Seite des Empfangens, die bei der weiblichen Partnerin, und eine aktive Seite, die beim männlichen Partner vorherrscht. Doch kehren wir zu der Vorstellung des menschlichen Wesens zurück, die wesentlicher ist als die Unterscheidung zwischen Mann und Frau. Der Mann muß auch aufnehmend und empfänglich, die Frau muß auch aktiv sein. Die gesamte die Sexualität betreffende Literatur, die von physiologischen Gegebenheiten ausgehend die passive Seite der Frau und die aktive Seite des Mannes zu sehr betont, ist irreführend. Obwohl die sexuelle Aktivität offensichtlich das Ergebnis dieser Unterscheidung in zwei Geschlechter ist, erlaubt die tatsächlich entwickelte Sexualität der Frau, die männliche Dimension der Wirklichkeit in sich zu entfalten, und dem Mann, die weibliche Dimension der Wirklichkeit in sich zu entfalten. Dies ist ein grundlegender Punkt, dem die gängigen Vorstellungen über Sexualität wenig Bedeutung beimessen beziehungsweise den sie völlig außer acht lassen.

Nur wenn Sie diese beiden Ebenen gleichzeitig erfassen, können Sie die richtige Sicht gewinnen: einerseits die Unterscheidung zwischen Mann und Frau, andererseits die Möglichkeit für Mann und Frau, die einem menschlichen Wesen innewohnende Fülle zu erlangen. Dies bedeutet für den Mann, immer mehr Frau zu werden, und für die Frau, immer mehr Mann zu werden, aber sicherlich nicht durch Veränderungen körperlicher Merkmale, sondern durch die Entfaltung sämtlicher, verborgen in uns enthaltenen Möglichkeiten. Der Mann oder die Frau findet sodann jenes ursprüngliche Merkmal der Vollkommenheit, der Vollständigkeit wieder, jenen androgynen Zustand, den Plato beschrieben hat und der in den Zitaten aus den Upanishaden, die ich vorhin übersetzt habe, angedeutet wird, wo die Gottheit wie ein Mann und eine Frau in innigster Vereinigung dargestellt wird.

Der Weise, sei es nun Ma Anandamayi oder Ramana Maharshi, verspürt kein Bedürfnis nach einem Sexualleben, weil er in sich selbst vollkommen ist. Mit Ausnahme dieser absolut außergewöhnlichen Personen ist der Mensch jedoch zu einem Sexualleben berufen, das aber nicht als Zugeständnis an die Schwächen des Fleisches, sondern als Teil des Weges, als Teil eines echten Weges betrachtet wird. Ich betone dieses Wort »echt«, weil ich nicht möchte, daß sich Ihrem Geist eine falsche Interpretation des Tantrismus einprägt, ein sehr in Mode gekommener Begriff, der dazu benutzt wird, sexuelle Ausgefallenheit und Zusammenhanglosigkeit, die ohne irgendein wirkliches Verständnis gelebt wird, mit den zerschlissenen Lumpen der Spiritualität lächerlich herauszuputzen. Ich wollte mich daher auf vier Verse der bedeutendsten Upanishaden und nicht auf diesen oder jenen tantrischen Text stützen, den man das sagen läßt, was man will und was unseren unkontrollierten Antrieben, unserer fehlenden Selbstbeherrschung und unseren verschiedenen Schwächen dienen kann.

So dreht sich das, was ich Ihnen heute zu sagen habe, um folgende zwei Wahrheiten, die Sie versuchen müssen, miteinander in Einklang zu bringen: einerseits der klare Unterschied der Geschlechter, andererseits die Aufforderung an jeden, zur vollen Größe eines vollkommenen Menschen zurückzufinden, ohne deshalb die Karikatur dessen zu werden, was allzu häufig von den Befürwortern der »Befreiung der Frau« propagiert wird.

Diese beiden Wahrheiten sollen gleichzeitig gelebt werden, und Sie können versuchen, sie gleichzeitig zu spüren. Eine Frau muß wirklich Frau und ein Mann muß wirklich Mann sein, damit sich die Sexualität voll entfalten kann. Dieser erste Punkt fällt in das Gebiet der Psychologie oder der Sexualwissenschaft. Was aber bedeutet es, wirklich Frau zu sein? Es bedeutet die vollkommene Verkörperung jener Werte des Sichöffnens, Empfangens und Aufnehmens. Die Natur lehrt uns, daß die Frau das Sperma des Mannes aufnimmt und daß das die Essenz des Geschlechtsaktes ist.

Allzu häufig – daran ist größtenteils unsere moderne Zivilisation schuld – hat die Frau diese Werte nicht in sich entfalten können und sie statt dessen abgelehnt, als minderwertig betrachtet und sich in eine unausgewogene Maskulinisierung hineinziehen lassen, wodurch alles, was mit Schweigen, Meditation, Kontemplation zu tun hat, abgeurteilt und alles, was mit Handlung, um nicht zu sagen Aufregung, alles was mit Produktion und Produktivität zu tun hat, förmlich in den Himmel gehoben wird. Ich könnte es in einem Satz zusammenfassen: »Wenn Sie zuhören, verhalten Sie sich weiblich; wenn Sie sprechen, verhalten Sie sich männlich.« Für eine sexuelle Harmonie ist es gleichermaßen notwendig, daß der Mann die ganze Fülle seiner Männlichkeit in sich entwickelt hat, die Fähigkeit, auf die Welt einzuwirken, um sie zu verändern oder zu transformieren. Die Schwierigkeit für die Frau, wirklich Frau zu sein und für den Mann, wirklich Mann zu sein, erklärt bereits, warum es so viel sexuelle Unbefriedigtheit, so viele Enttäuschungen, Fehlschläge und sicherlich auch so viel Leid gibt.

Man tendiert heutzutage dazu, die sexuellen Schwierigkeiten lösen zu wollen, ohne dabei das restliche Leben genügend zu berücksichtigen. Man fragt sich lediglich, warum eine Frau frigide, ein Mann impotent ist, oder wie ein Mann und eine Frau die Art und Weise des Beischlafs ändern könnten, welche psychologischen Vorarbeiten notwendig sind, inwiefern liebevolle Worte, Zärtlichkeiten, Küsse die Frau auf die Penetration vorbereiten könnten. Es gibt eine Fülle von Literatur zu diesen Themen, die jedoch nicht zu den erhofften Ergebnissen führt. Die Psychologen haben mit sehr vielen Schwierigkeiten zu kämpfen, um die sexuellen Neurosen zu heilen und den Paaren die Harmonie zurückzugeben, die sie nicht mehr kannten.

Gestatten Sie mir, Ihnen einen einfachen Hinweis zu geben, der aber vielleicht schwer in die Tat umzusetzen ist. Der Mann erwartet von seiner Gefährtin, Gattin, Geliebten, daß sie ganz allgemein, und nicht nur beim Geschlechtsakt, die Frau für ihn verkörpert. Ebenso erwartet die Frau vom Mann, daß er die männlichen Werte ständig verkörpert, und nicht nur beim Geschlechtsakt. Solange Sie diese Worte »ganz allgemein, ständig« nicht begreifen, werden Sie Ihre Schwierigkeiten nicht überwinden. Der Mann könnte sich immer bemühen, den Männlichen im Bett zu spielen, die Frau könnte immer versuchen, sehr weiblich im Bett zu sein, wobei jedoch weder der eine noch der andere seinen Partner oder sich selbst verstehen wird.

Die Sexualität gründet sich entweder auf eigene Vorstellungen – und was man sich vorstellt, das glaubt man – oder auf einer realen Sicht des anderen. Wenn sich eine Frau eine falsche Vorstellung von einem Mann macht und an dieser Vorstellung festhält, so ist das, was sie empfindet, anscheinend wahr; und solange sich ein Mann eine falsche Vorstellung von einer Frau macht, so ist das, was er glaubt, anscheinend wahr. Nur wenn man sich etwas länger kennt, wenn man zusammen lebt, wenn man ein Paar bildet, verflüchtigen sich die falschen Vorstellungen und die gröbsten Illusionen, und es bleibt eine mehr oder weniger unverzerrte Sicht der relativen Wirklichkeit bestehen.

Die natürlichen Mechanismen können sicherlich überwunden, aber keinesfalls verleugnet werden. Im Menschen befinden sich verborgen oder mehr oder weniger deutlich erkennbar sämtliche fundamentalen Gegebenheiten der Evolution, selbst bei den zivilisierten, höher entwickelten Menschen, die wir heutzutage zu sein behaupten. Vergessen Sie das nicht. Diese Behauptung trifft besonders auf die Sexualität zu. Die Sexualität ist eine natürliche Aktivität, die bereits bei den Tieren existiert und die heute immer noch dieselbe fundamentale Bedeutung hat, die sie für den Menschen der Vorgeschichte hatte, unabhängig davon, was Zivilisation und Kultur hinzufügen konnten. Im Bereich der Sexualität kann man nicht betrügen, schwindeln oder verfälschen, ohne daß sich nicht sofort negative Auswirkungen zeigen würden.

Versuchen Sie zu begreifen, was für den Menschen, in welcher Gesellschaft, Kultur oder geschichtlichen Epoche auch immer, wesentlich ist, was für den prähistorischen Menschen ebenso gilt wie für den »Wilden« in Australien oder in Zentralafrika, was im Mittelalter genauso gültig war wie heute. Folgende unvernünftige Forderung ist von verschiedenen Einflüssen zwar häufig unterdrückt worden, konnte jedoch weder zerstört noch mechanisch umgewandelt werden: Der Mann verlangt, daß die Frau weiblich, und die Frau verlangt, daß der Mann männlich sein soll. Zu welcher Einsicht gelangen wir, wenn wir uns von den abgedroschenen Phrasen über das ewig

Weibliche oder das starke männliche Geschlecht lösen? Daß die Frau wahrhaftig die Fähigkeit offenbart, zuzuhören, zu empfangen, zu verstehen, anzunehmen, und der Mann die Fähigkeit zu handeln, zu erschaffen, einzugreifen, zu fördern.

Im Moment lasse ich einmal beiseite, was ich gerade darüber gesagt habe, daß wir alle in erster Linie menschliche Wesen sind, und stütze mich auf den offensichtlichen Unterschied von männlich und weiblich. Die sexuellen Schwierigkeiten eines Paares könnten zumindest teilweise durch eine Umwandlung der Partner gelöst werden, die nicht allein im erotischen Bereich, sondern auf eine umfassende Weise erfolgen muß.

Ich werde mir eine Bemerkung erlauben, die Ihnen auf einer Zusammenkunft, die mit der Übersetzung einiger Passagen aus den Upanishaden begann, wahrscheinlich unpassend erscheinen wird, die aber dennoch ihre eigene Bedeutung hat.

Man hat festgestellt, daß Handwerker oder Arbeiter, die handwerkliche Arbeiten in Wohnungen oder Häusern verrichten, bei Frauen, die sich weder auf derselben intellektuellen Ebene befinden, noch derselben sozialen Schicht angehören, einen gewissen Erfolg haben. Dies ist eine Tatsache, von der ich mich einige Male selbst überzeugen konnte, da ich früher durch meine Arbeit beim Fernsehen Männer und Frauen verschiedenster Herkunft und mit allen möglichen Berufen kannte. Es kommt vor, daß ein Maurer, der einen Kamin hochzieht, oder ein Klempner, der einen defekten Heizkörper repariert, bei der Herrin des Hauses, deren Gatte allzu häufig abwesend ist, Chancen hat.

Einige Frauen haben mir gestanden: »Es ist seltsam, ich verstehe es nicht; ich bin gerührt, verwirrt, ich erkenne mich wirklich nicht mehr; ich verspürte manchmal ein Verlangen nach den Handwerkern, die in unserem Hause arbeiteten.« Und ein Handwerker, den ich gut kannte, hat mir erzählt: »Es ist unglaublich, mit was für vornehmen Damen aus der Oberschicht ich ins Bett gegangen bin. Dennoch habe ich den Beruf des Klempners und Heizungsinstallateurs nicht zu diesem Zweck erlernt!«

Wie läßt sich diese Reaktion, dieser Trieb erklären, der zunächst überraschend erscheinen mag? Auf der ebenso tiefen wie gewöhnlichen Ebene eines primitiven Instinkts bei der Frau bringt dieser Handwerker, der zu ihr kommt, auf deutlich sichtbare Weise den männlichen Pol der Wirklichkeit, das Einwirken auf die Materie zum Ausdruck. Die Heizung funktioniert nicht mehr, der Wasserhahn tropft, die Wasserleitungen sind verstopft. Der Mann kommt, wirkt erfolgreich auf die Materie ein und verkündet: »Sehen Sie, gnädige Frau, es kommt wieder warmes Wasser, der Hahn tropft nicht mehr, es ist repariert.« Diese einfache Handlung ist tatsächlich von tiefer Bedeutung, weil sie dieses essentiell männliche Verhalten, das darin besteht, auf die äußere Welt einzuwirken und sie zu meistern, deutlich veranschaulicht.

Erschaffen, fördern, hervorbringen, beschützen, sind männliche Verhaltensweisen, und eine Frau kann einen Mann bewundern, der eine Tätigkeit erfolgreich ausübt. Viele Männer verstehen jedoch nicht, warum es ihnen nicht gelingt, ihre Gefährtin zu überzeugen, ein Verlangen in ihr zu wecken, warum sie leer und gefühlskalt ist. Sie versuchen, sie empfänglich zu machen, vielleicht, indem sie sie anders umarmen, auf neue Weise liebkosen, mehr nachmittags statt abends mit ihr schlafen, sie zuerst in ein Restaurant einladen; aber sie irren sich, weil sie, genau gesagt, einzig und allein im sexuellen Bereich herumsuchen. Erst wenn sich ihre gesamte Einstellung hinsichtlich des Lebens verändert und sie die auf die Welt einwirkende Kraft verkörpern, wird dies einen unmittelbaren Einfluß auf die Sexualität ihrer Gattin haben. Ich bin überzeugt, genügend Beweise hierfür gesehen zu haben, und ich verstehe vollkommen, daß diese Bemerkung in gewisser Weise überraschend sein kann.

Ein Mann kann äußerlich verführerisch aussehen, einen brillanten Intellekt besitzen, sich gut ausdrücken – lauter Trümpfe im Sexualleben –, dennoch verspürt die Frau, die an seiner Seite lebt, einen Mangel, einen ziemlich schwerwiegenden Mangel, so daß sie sich nicht öffnen und auf vollständige, vollkommene Weise mit ihrem Mann vereinigen kann, während eine andere Art und Weise, sich außerhalb des sexuellen Bereichs dem Leben zu stellen, die Situation verändern würde.

Selbst jene Frauen, die sich für intellektuell halten, können nicht umhin, für diesen konkreten Aspekt menschlichen Handelns empfänglich zu sein, da die Menschheitsgeschichte zu Anfang von hauptsächlich männlichen Aktivitäten bestimmt war: Steine transportieren, um eine Mauer zu bauen, eine Höhle bewohnbar machen, Tiere und Früchte mit nach Hause bringen. Diese rohe Grundstruktur menschlichen Handelns bleibt weiter bestehen, unabhängig von den Verfeinerungen, die die nachfolgenden Kulturen unseren Sitten aufzwingen konnten. Die essentielle Natur des Mannes hat sich nicht verändert und kann auch nicht verändert werden. Wir können uns lediglich mittels einer methodischen, bewußten Entwicklung verwandeln.

Die körperlichen Attribute, die man heutzutage betont, wie beispielsweise die Schönheit bei den Frauen, sind nicht ausschlaggebend, im Gegenteil. Sie sind wichtig für eine erste oberflächliche Anziehung, aber sie sind nicht das, was ein entfaltetes oder nicht entfaltetes Sexualleben regelt und regiert. Dasselbe gilt für die Männer. Sehen Sie sich um, machen Sie Ihre eigenen Beobachtungen, betrachten Sie Ihre Umgebung, blicken Sie vollkommen ehrlich in Ihr Herz, versuchen Sie, sich an bestimmte Dinge zu erinnern, und Sie werden sehen, daß dies wahr ist.

Das, was eine Frau von einem Mann erwartet, um sich ihm, wie es in den heiligen Schriften ausgedrückt wird, wirklich schenken zu können, ist, daß er sich als echter Mann erweist, daß sie sieht, wie er sich der Welt stellt, wie er sich wirklich mit der Welt auseinandersetzt. Die Vorstellung, daß dieser Mann den ganzen Tag nur mit Zahlen zu tun hatte, ist nicht gerade erregend.

Umgekehrt besteht für einen Mann die Möglichkeit für eine dauerhafte Sexualität mit ein und derselben Partnerin, statt einer vorübergehenden Anziehung, eines Strohfeuers, eines kurzlebigen Verlangens darin, daß seine Gefährtin die weiblichen Werte des Lebens offenbart. Das ist jedoch nur selten der Fall. Nun, die Frau kann sich jederzeit einer Behandlung gegen Zellulitis unterziehen, abnehmen, die Haarfarbe oder ihren Kleiderstil ändern, schwarze oder durchsichtige Unterwäsche tragen, das wird keine grundlegenden Veränderungen bewirken. Außer den rein sexuellen Gegebenheiten gibt es noch eine *andere* Forderung, die unbefriedigt bleibt, ohne daß man sich dessen recht bewußt wäre – und dies ist die Hauptursache für die sexuellen Schwierigkeiten bei Paaren. Man weiß es sehr häufig nicht, versteht es nicht. Wie viele Male habe ich Männer sagen hören: »Aber ich finde meine Frau sehr hübsch; sie ist intelligent, und dennoch ist es ein Mißerfolg; wir haben kein glückliches Sexualleben. Ständig sehe ich anderen Frauen nach, wenn sie attraktiv sind.« Und wieviele Male haben mir Frauen gestanden: »Ich kann meinem Mann nichts vorwerfen; aber ich habe keine Lust, mit ihm zu schlafen, ich mag es nicht, ich empfinde nichts oder nur sehr wenig dabei.«

Bemühen Sie sich nicht, die eine oder andere Streicheltechnik zu vervollkommnen. Das ist nicht das Entscheidende. Versuchen Sie vielmehr zu begreifen, inwieweit Sie für Ihren Gefährten wirklich die Frau und für Ihre Gefährtin wirklich den Mann verkörpern.

Kehren wir nun zu einem für einen neu Hinzugekommenen weniger einsichtigen Gesichtspunkt zurück. Nehmen wir an, daß der Mann wirklich Mann und die Frau wirklich Frau ist, daß zwischen ihnen eine vollkommen befriedigende sexuelle Harmonie herrscht und daß beide in der sexuellen Vereinigung Erfüllung finden, was bei einem Paar normal sein müßte. Ein glückliches, voll entfaltetes Sexualleben zu haben ist ein Recht, das uns zwar von der Natur verliehen, vom Verstand jedoch abgesprochen wird.

Sie wären überrascht, wenn ein Gelehrter Ihnen die Bedeutung vor Augen führen würde, die das voll entwickelte Sexualleben in der indischen Literatur einzunehmen vermochte, im *Mahabarata*, in den Puranas, in den Kama Shastras und in anderen Texten, die zu den heiligen Schriften Indiens zählen. Dies erscheint jenen ungewöhnlich, die vom Christentum geprägt sind und für die der Weg der Heiligkeit einen Verzicht auf jegliche sexuelle Aktivität bedeutet, um Gott allein zu lieben und den Weg des Mönchs zu gehen. Ich spreche heute nicht vom Yogi, der in absoluter Enthaltsamkeit lebt und der sich nicht vergeblich abquält, da er die notwendige Kontrolle, Selbstbeherrschung und Freiheit als Mittel zur Verfügung hat, um diese

Enthaltsamkeit zu leben. Es geschieht leicht, daß man sich zerstört, während man glaubt, Fortschritte zu machen. »Wer den Engel spielen will, spielt in Wirklichkeit den Narren« ist ein Sprichwort, das Swamiji, als ich es ihm einmal ins Englische übersetzt hatte, sehr gut gefiel.

Nehmen wir also ein zutiefst beglückendes Sexualleben an, das im Leben eines Mannes und einer Frau eine wichtige Rolle spielt. Wenn ich Ihnen sage: »Die Meditation muß einen wichtigen Platz in Ihrem Leben einnehmen«, stimmen Sie sofort zu. Wenn ich Ihnen aber sage: »Die sexuelle Vereinigung muß einen wichtigen Platz in Ihrem Leben einnehmen«, oh, das ist doch keine spirituelle Lehre! Jedenfalls ist es eine spirituelle hinduistische Lehre, vom Tantrismus einmal ganz abgesehen. Auch in der spirituellen Lehre eines Teils des tibetanischen Buddhismus spielt die Sexualität eine wichtige Rolle.

Ich spreche ausdrücklich von der Bedeutung der sexuellen Aktivität. Das Desinteresse der meisten Männer und Frauen an ihrem Sexualleben, abgesehen von vorübergehenden Affären, unvermittelt aufsteigendem Verlangen und den körperlichen Bedürfnissen, macht unserer Zivilisation keine Ehre. Ich bestreite nicht, daß es sexuell glückliche Paare gibt, aber es sind nur wenige. Meist schwächt sich das Einvernehmen nach einiger Zeit ab. Seit fünfzehn Jahren habe ich Männern und Frauen aufmerksam zugehört. Sobald die Gespräche tiefer gehen, »Ich würde gern Weisheit erlangen«, und ich frage »Seien Sie ganz ehrlich, wo liegt denn das Problem?«, stößt man früher oder später immer auf eine mehr oder weniger enttäuschende, mehr oder weniger unvollkommene, mehr oder weniger verklemmte Sexualität.

Was verleiht der Sexualität ihren Stellenwert und ihre Bedeutung in einem von Spiritualität geprägten Leben? Die Möglichkeit, das ursprüngliche, höchste Bewußtsein wiederzuerlangen. Die Sexualität kann als eine Form der Askese, der Meditation, als ein Weg der Transzendenz verstanden werden, weil in der sexuellen Vereinigung die beiden Bewegungen von innen nach außen, von außen nach innen, die beiden Bewegungen des Annehmens und Eingreifens, des Empfangens und Gebens, die beiden Pole der Manifestation in Einklang gebracht, wiedervereinigt, zusammen erlebt werden können. Das zu begreifen ist sehr wichtig.

Können wir dem Rhythmus des Ein- und Ausatmens entgehen, das heißt gleichzeitig ein- und ausatmen? Das ist sicherlich unmöglich. Der ständige Wechsel des Ein- und Ausatmens bindet uns jedoch an die Zeit, folglich an die Geburt, den Tod, die Veränderung und versagt uns die Entdeckung des formlosen, höchsten, nicht-manifesten Bewußtseins. Viele Yogis haben ihre Askese in dieser Richtung verfolgt: der Zeit entkommen, indem sie diesem Rhythmus, diesem Wechsel ausweichen, obwohl dies, selbst wenn einigen Yogis die großartige Leistung gelungen ist, mehrere Stunden lang nicht zu atmen (eine Tatsache, die von englischen Ärzten bezeugt wird), nicht immer zur Befreiung führt, im Gegenteil.

Können wir die beiden Aspekte der Schöpfung, männlich und weiblich, gleichzeitig und in ihrer größten Intensität erleben? Ja, in der sexuellen Vereinigung. Wenn die Sexualität vollkommen entfaltet ist, wenn es keine unbewußten Ängste gibt, sondern wahre Freude und echte, tiefe Begeisterung, wie Sie sie für die Meditation oder jede andere Askese, die für Sie von tiefer mystischer Bedeutung ist, verspüren können, wenn Sie die sexuelle Aktivität als spirituelles Handeln betrachten können – was praktisch nie der Fall ist –, wird es bei beiden Partnern zu einer völligen Verbundenheit und zur vollkommenen Wiedervereinigung der weiblichen und männlichen Dominanten der Schöpfung kommen. In der sexuellen Vereinigung werden die beiden Partner vollständig Mann und Frau: die Frau wird vollständig Mann, weil auch sie eingreift; und der Mann wird vollständig Frau, weil auch er empfängt.

In einer vollkommenen sexuellen Vereinigung hat der Mann deshalb nicht mehr das Gefühl, ein Mann zu sein, und die Frau hat nicht mehr das Gefühl, eine Frau zu sein. Der geschlechtliche Unterschied wird transzendiert. Man empfindet sich vielmehr als *seiend*, jedoch jenseits der Form, die indessen den Ausgangspunkt der Anziehung bildet. Ein hinduistischer Text, ich zitiere ihn aus dem Gedächtnis, sagt ungefähr folgendes: »Und nun weiß ich nicht mehr, ob er ein Mann ist und ich eine Frau bin, oder ob ich ein Mann bin und er eine Frau ist.« Ein Ausspruch, der erstaunlich erscheinen mag und dennoch einen wichtigen Gedanken vermittelt.

Der körperliche Geschlechtsakt, der Gegenstand für pornographische Filme, für Sex-Shops, Vergewaltigungen und Prostitution ist, enthält eine reale metaphysische oder spirituelle Möglichkeit, und sicherlich ist aus diesem Grunde die Ehe in sämtlichen Traditionen als heilig betrachtet worden, als Weg, der die Sexualität mit einschließt. Ein für das Abendland tragisches Unverständnis hat die Sexualität im Namen des Christentums verunglimpft, während das usprüngliche Christentum eine vor allem befreiende und nicht die unterdrückende Lehre war, zu der es sich weitgehend entwickelt hat.

Zurück zur Fülle. Der Mann und die Frau erlangen jeweils durch den anderen den Zustand der Transzendenz, der Meditation, der Überwindung der Welt der Formen und Begrenzungen. Zu Beginn des Sexuallebens oder des Geschlechtsaktes ist es wichtig, daß der Mann wahrhaftig Mann und die Frau wahrhaftig Frau ist, aber wenn die Sexualität voll und ganz gelebt wird, tritt dieser anfangs so grundlegende Unterschied in den Hintergrund: der Mann wird ein vollkommenes menschliches Wesen, weder Mann noch Frau; die Frau wird ein vollkommenes menschliches Wesen, weder Frau noch Mann. Dies ist der Sinn jener Aussprüche aus den Upanishaden, die ich eingangs übersetzt habe. *»They fulfill each other's desire«,* »sie erfüllen gegenseitig das Verlangen des anderen.«

Das höchste Verlangen ist das Verlangen, zur Fülle, zum Unendlichen, zum Unbegrenzten zurückzukehren, die Welt der Formen zu überwinden, der Wunsch nach Befreiung, im Vergleich zu dem alle anderen Wünsche lediglich ein trügerischer Ersatz sind. Keine Aktivität kann dem tiefsten Wunsch nach Vollkommenheit wirklich entsprechen. Genau aus diesem Grund heißt es in der mystischen Literatur: »In der erschaffenen Welt werden Sie niemals finden, was Sie suchen; in Gott allein werden Sie den Frieden des Herzens finden, die Vollkommenheit, die vollständige Befriedigung, die Auflösung aller Ängste, die Schönheit.«

Die Aktivität jedoch, die normalerweise am wenigsten enttäuschen dürfte, die ihre Versprechen noch am ehesten halten müßte, ist genau gesagt die sexuelle Aktivität, vorausgesetzt, daß sie in vollkommener Weise gelebt wird und folglich jegliche Angst, Neurose, Ablehnung, unbewußte Rachsucht und Frustration in anderen Lebensbereichen ausschließt. Eine Frau, die ihren Gatten nicht als Mann betrachten kann, und ein Mann, der seine Gattin nicht als Frau betrachten kann, werden niemals eine vollkommene Sexualität erleben.

Man weiß, daß es in der hinduistischen Tradition Abhandlungen über die Erotik gegeben hat, wie beispielsweise das *Kama Sutra* des Weisen Vatsayana und die Kama Shastras, und daß an den Außenfassaden von Tempeln erotische Darstellungen zu sehen sind. Sexualität wurde nicht ausschließlich als animalischer Instinkt, sondern als eine heilige Handlung betrachtet, als menschlicher Ausdruck kosmischer Prinzipien. Man weiß auch, daß alles, was mit erotischen Techniken, mit Raffinesse, mit der Kunst des Liebens zusammenhängt, wichtig ist, und daß es einen Mann ebenso ehrt, wenn er vier Stunden am Tag der Meditation widmet, wie es ihn ehrt, sich statt zwanzig Minuten vier Stunden lang dem Liebesakt hinzugeben.

Ich bin überzeugt, daß dies einige unter Ihnen verwirren kann, doch steht die Autorität einer dreitausend Jahre alten indischen Tradition dahinter. Alles hängt davon ab, wie Sie den Geschlechtsakt gerade verstehen. Genauso wie ein Mann jeden Tag meditieren kann und niemand ihm einen Vorwurf daraus machen wird, wie ein Mönch jeden Tag beten kann und niemand ihm dies vorwerfen wird, genauso können ein Mann und eine Frau sich jeden Tag lieben – und warum tadelt man sie dafür?

Wenn die Sexualität voll entfaltet ist, was leider so selten der Fall ist, führt sie sogar über den Orgasmus hinaus, den die Sexualforscher zu beschreiben und sogar zu messen versuchen. Es ist für die Menschen bedauerlich, daß die Sexualwissenschaft eine Richtung eingeschlagen hat, in der die Physiologie eine so beherrschende Rolle spielt. Sie wissen vielleicht, daß in den Vereinigten Staaten die Studien über die physiologischen Eigenschaften des Orgasmus sehr weit vorangetrieben worden sind.

Es ist sogar gelungen, künstliche, mit einer Mikrokamera versehene Penisse in die Vagina von Frauen einzuführen, die es ermöglichen, während des Orgasmus Farbaufnahmen von den Scheidenwänden zu machen, während eines rein mechanischen Orgasmus, da die Penetration nicht durch einen menschlichen Partner, sondern durch einen perfekten Apparat vollzogen wurde. Ich behaupte nicht, daß diese Art von Forschung in einem streng medizinischen Rahmen nicht einige notwendige Informationen liefern kann für das, was wir »die Wissenschaft« nennen; aber wenn man von dem ausgeht, was seit zweitausend Jahren in den Upanishaden geschrieben steht, ist dies von keinerlei Interesse. Es gibt einen Sanskritspruch, den Swamiji oft zitierte: »Der Weise lebt in einem ewigen Orgasmus.« Wie kann man es wagen, eine ähnliche Behauptung wie die des »ewigen Orgasmus« auszusprechen, wenn es sich einfach um rein physiologische Erscheinungen handelt, die durch Blutbildung und das Studium endokriner Sekretionen gemessen werden können?

Was zum Beispiel den Mann angeht, so stellt der Samenerguß fast immer einen Abschluß dar. Nach einer Periode des Verlangens, der Spannung, der wachsenden Erregung und des Höhepunkts schwindet das Verlangen. Wenn die Sexualität aber auf einer anderen Ebene erlebt wird, ist das, was normalerweise als das Ende erscheint, vielmehr ein Anfang, eine Öffnung auf einer anderen Seinsebene, wo das eigene Bewußtsein erweitert und bereichert wird, wo es viel stärker und für den Moment frei von den gewöhnlichen Beschränkungen ist. Ebenso kann eine Frau einen Orgasmus haben – der weibliche Orgasmus ist anders als der männliche –, der zwanzig Minuten, eine halbe Stunde lang anhält, was einigen unter Ihnen erstaunlich vorkommen mag, und dabei denselben Zugang zu dieser anderen Bewußtseinsebene finden.

Wenn der Geschlechtsakt auf eine spontane, schlichte, beglückende, innige Weise erlebt wird, hat dies auch den Ausschluß des »Mentalen« zur Folge. Beim Liebesakt ist ein Mann kein Fachschulingenieur mehr, weder Maurer noch Chirurg, eine Frau ist beim Liebesakt keine Buchhalterin oder Sekretärin mehr. Man vergißt die üblichen Gedanken und Identifikationen. Wenn zu große Ängste vorhanden sind, bleibt man sich seiner körperlichen Mängel bewußt, weil man sich so, wie man ist, nicht vollkommen geliebt, anerkannt, angenommen fühlt. Bei einer echten Vereinigung jedoch verschwindet das Mentale praktisch, die Identifikationen mit den verschiedenen *koshas* treten in den Hintergrund; das Bewußtsein »Ich bin ich, Paul Dupont, Martine Durand«, löst sich auf. Ich bin schön, ich bin häßlich, ich bin reich, arm, jung, alt – all das wird ausgelöscht. Es gibt nurmehr das reine Bewußtsein und die Vollkommenheit des einen durch den anderen, wie es in den Upanishaden geschrieben steht.

Die Bedeutung der sexuellen Aktivität auf dem Weg ergibt sich durch diese Möglichkeit, über das Mentale, die Gedanken, die alltäglichen Identifikationen hinauszugehen und dabei vollkommen bewußt zu bleiben, weil es sich um keine gewöhnliche Erfahrung handelt, sondern um eine Erfahrung, die uns im höchsten Maße motiviert und belebt. Die sexuelle Energie ist die stärkste, die fundamentale Energie.

Hinsichtlich der Wiedervereinigung habe ich heute, wie ich bereits eingangs zu verstehen gab, Realitätsebenen miteinander verknüpft, die man für gewöhnlich nicht miteinander verbindet. Es ist in gewisser Weise bezeichnend, daß ich in bezug auf dieselbe Wiedervereinigung zum einen berühmte Passagen aus den Upanishaden zitiert und zum anderen die Geschichte des Heizungsinstallateurs erzählt habe. Ja, es ist ein für die Sexualität typisches Merkmal, mehr als für jede andere menschliche Aktivität, die verschiedenen Wirklichkeitsebenen zu vereinen.

Sie können große Freude empfinden und spüren, wie das Denken aufhört, wenn Sie eine Partie Tennis spielen. Es ist sehr schwierig, Tennis zu spielen und dabei gleichzeitig seine Alltagsprobleme zu wälzen. Keine Aktivität jedoch kann so reichhaltig und so umfassend sein wie die sexuelle Aktivität, vorausgesetzt, man entstellt sie nicht, betrachtet sie nicht als etwas Schlechtes, denkt nicht, daß man einerseits von einem sexuellen Instinkt angetrieben wird, der einem so viel Leid und Mißerfolg beschert hat, während man andererseits den vollkommenen Gleichmut der Weisen verehrt.

Mit derartigen Gedanken im Hintergrund Ihres Verständnisses über die Sexualität werden Sie niemals jene Sexualität erleben können, auf die in den hinduistischen Abhandlungen angespielt wird. Die Bedeutung des physischen, erotischen Geschlechtsaktes und alles, was darin inbegriffen ist, geht weit über das hinaus, was Sie sich vielleicht bis heute träumen ließen, und hat praktisch nichts mit dem zu tun, was beispielsweise in der pornographischen Literatur beschrieben wird.

Ich kann mich in diesem Zusammenhang auf ein weiteres Zeugnis stützen, und zwar auf einen Vergleich – der in der hinduistischen Tradition gezogen wurde – zwischen den Yogastellungen und den verschiedenen Stellungen, die während einer sexuellen Vereinigung von Mann und Frau eingenommen werden können. Mit diesen Positionen wurden oftmals die unterschiedlichsten Scherze getrieben, doch in Indien nimmt man sie sehr ernst. Die Yogastellungen verlagern die verschiedenen *Chakras* oder subtilen Zentren in den Raum. Wenn ich senkrecht sitze, liegen die *Chakras* in bestimmter Weise übereinander; nehme ich eine umgekehrte Stellung ein, mit dem Kopf nach unten und den Füßen in der Luft, befinden sich die *Chakras* in einer entgegengesetzt senkrechten Richtung. Wenn nun die Skulpturen der hinduistischen Tempel so erstaunliche, zuweilen direkt akrobatische Stellungen der sexuellen Vereinigung darstellen, so soll damit ihre yogische Bedeutung gezeigt werden.

Wenn man keine Hemmungen, keine unbewußten Ängste hat, wenn man versucht, wahrhaftig sich selbst zu sein, wenn man eine latente Verachtung für die Sexualität nicht unterdrückt, wenn man sich in seiner Gesamtheit hingeben kann, treten beim Geschlechtsakt spontane Veränderungen in der Atmung ein, die mit den verschiedenen Arten des *pranayama* verglichen worden sind. Dies ist ein Thema, das ebenfalls einen Teil des ungeheuren Wissens bildet, das Indien uns überliefert hat und das bis heute zwar nicht geheim, jedoch jenen vorbehalten war, die geeignet waren, dieses Wissen zu empfangen.

Es ist paradox, auf diese Weise abzuschließen, in einer Welt, wo Sex in Zeitschriften auf fast jeder Seite zur Schau gestellt wird, aber ich möchte heute gerne wenigstens einige Männer und Frauen unter Ihnen mit der Sexualität versöhnen und versuchen, sie zu überzeugen, daß es für einen spirituellen Menschen in diesem Bereich keine unwürdige Aktivität gibt.

Daß die Sexualität oftmals durch Angst, Neurosen, durch das Mentale gefährdet wird, ist sicher richtig. Wie hart es auch für einige unter Ihnen sein mag, der Wahrheit ins Gesicht zu blicken, so können wir sie trotzdem nicht verleugnen, und die Wahrheit ist, daß die erotische Aktivität wertvoll ist auf dem Weg und daß es nicht einträglich ist, sich belügen zu wollen.

Oder aber, und diese Möglichkeit steht Ihnen ebenfalls immer offen, Sie gehen einen anderen Weg, und zwar den der wahren Freiheit: Ramana Maharshi hatte überhaupt kein Sexualleben, und wer käme auf den Gedanken zu sagen, daß ihm etwas fehlte? Ma Anandamayi hatte überhaupt kein Sexualleben, und wer würde zu behaupten wagen, daß es ihr an etwas mangelte? Ich bestreite nicht, daß es möglich ist, die Gipfel der Weisheit auch ohne Sexualität zu erreichen, vorausgesetzt, daß diese Enthaltsamkeit einer echten Spiritualität entspringt und daß die sexuelle Energie wirklich für die Meditation und die Transformation verwendet wird. Das ist möglich. Ich würde niemals sagen, daß Therese von Avila oder der heilige Johannes vom Kreuz stark neurotisch waren, wie es viele Psychoanalytiker behaupten. Ich sage einfach nur folgendes: Man kann mit der sexuellen Energie nicht spielen – und wer den Engel spielen will, spielt allzu häufig den Narren.

Kapitel 11

Die absolute Liebe

Ich schlage vor, daß wir gemeinsam betrachten, wie die Liebe, mit sämtlichen Bedeutungen, die Sie diesem Wort verleihen können, selbst in ihrer schrecklichsten Wirklichkeit aussieht. Die gesamte menschliche Existenz dreht sich um die Liebe, die Dramen, Tragödien und Leiden mit eingeschlossen, weil das, was wir im allgemeinen Liebe nennen, nur das andere Gesicht des Hasses ist, so wie der Haß wiederum nur das andere Gesicht der Liebe ist. Betrachten Sie mit offenen Augen, was dieses Wort alles umfaßt, das wir so oft verwenden, schon von klein auf, als wir zu unserer Mutter »Ich liebe dich« oder »Ich liebe dich nicht mehr« sagten.

Ich muß darauf hinweisen, wie dürftig unsere Sprache in dieser Hinsicht ist, da sie nur ein einziges Wort anbietet, während die meisten Sprachen, auch die afrikanischer Volksstämme, mindestens zwei, wenn nicht mehr Begriffe für Liebe enthalten: im Griechischen »*Eros*« und »*Agape*«, im Sankskrit »*Moha*«, das mit Zuneigung, und »*Prem*«, das mit Liebe übersetzt wird. Sie spüren sicherlich, daß ein gewaltiger Unterschied besteht zwischen dem »Ich liebe dich« zweier Liebender, die sich sechs Monate später hassen, und der Liebe Buddhas oder Christi. Allein die Tatsache, daß dasselbe Wort zur Bezeichnung so verschiedener Realitäten dient, erzeugt einiges Durcheinander in unserem Denken, und das bereits von Kindheit an. »So sehr hat Gott die Welt geliebt, daß Er ihr Seinen Sohn geschickt hat, damit derjenige, der an Ihn glaubt, nicht mehr stirbt, sondern das ewige Leben erlangt« (Evangelium des heiligen Johannes). So sehr hat Gott die Welt geliebt, und ich kleiner Junge liebe die Süßigkeiten so sehr.

Von welcher Liebe sprechen wir? Von einer Liebe, die Ausdruck des dualistischen Empfindens ist, oder von einer Liebe, die Ausdruck der Überwindung des dualistischen Empfindens ist? Sie, die hierher kommen, wissen, obwohl es sich um eine Vorstellung handelt, die kein Bestandteil unserer modernen abendländischen Kultur ist, daß das gewöhnliche Bewußtsein – des Egos, der Begrenzung, des Unterschieds zwischen mir und den anderen – überwunden werden kann und daß Sie ein nondualistisches Bewußtsein entdecken können, in dem es keine Trennung gibt und der andere uns als Ausdruck unser selbst erscheint. Erinnern Sie sich an den Vergleich, den ich bereits in meinem Buch *Chemins de la Sagesse* verwendet habe: ein unermeßlicher Ozean und verschiedene, getrennte Wellen. Wenn die Welle sich ihrer selbst als Welle bewußt ist, empfindet sie sich als völlig verschieden von der ihr vorangegangenen und der ihr folgenden Welle, ist sie sich jedoch als Ozean bewußt, stellt die andere Welle nichts anderes als eine Form ihrer selbst dar.

Der gewöhnliche Zustand ist der Zustand der Trennung, der Dualität, ich und der andere. Und eine der Upanishaden bestätigt: »Wenn es zwei gibt, herrscht Angst.« Das ist bereits ein Punkt, über den wir nachdenken können. Wenn es zwei gibt, oder wenn ich den anderen und mich als zwei empfinde, findet unvermeidlich das Spiel von Anziehung und Ablehnung statt, anders ausgedrückt, das Spiel von »Ich liebe, und ich liebe nicht«, »ich will, ich lehne ab«, »ich begehre, ich habe Angst«, bis wir schließlich fest in einem neutralen Zustand verankert sind. Der andere kann mir entweder schaden, mir Schlimmes zufügen, sei es der Vater, der mich bestraft, sei es ein Feind aus dem gegnerischen Lager, wenn ich erwachsen bin, oder er kann mir Gutes tun. Fügt er mir Gutes zu und schenkt mir somit eine Gelegenheit zur Freude, so mache ich dennoch ziemlich bald die Erfahrung, daß diese Freude nicht von Dauer ist und daß derselbe, der mich glücklich macht oder glücklich gemacht hat, mich auch leiden lassen kann, und sei es nur dadurch, daß er stirbt. Selbst die vollkommenste Liebe, auf die niemals ein Schatten fällt, kann großes Leid verursachen, wenn einer der beiden Partner – das Kind oder die Mutter, der Ehemann oder die Ehefrau – plötzlich bei einem Unfall ums Leben kommt.

In einem tiefen, unterbewußten Gedächtnis bewahren wir Erinnerungen auf, die auf eine Zeit vor unserem jetzigen Leben zurückführen und die Vergänglichkeit des Glücks beweisen, das auf der Verbindung zweier Menschen begründet ist. Wenn es zwei gibt, werden diese früher oder später getrennt werden, auch das ist ein Gesetz. Wir werden unsere Befreiung nicht finden, indem wir die Augen schließen, um das Wirken der universellen Gesetze nicht mehr zu sehen. Allein auf der metaphysischen Ebene tritt jedes Gesetz außer Kraft. Hier herrscht das reine Bewußtsein, die höchste Wirklichkeit, grenzenlos und unteilbar, außerhalb unserer Einteilungen in Zeit, Raum und Kausalität, die höchste Wirklichkeit, zu der wir in unserem Innersten, durch unser eigenes Bewußtsein, Zugang finden können. Diese Verwirklichung ist jedoch keine gängige Erfahrung, und die meisten Menschen werden durch das Spiel der Dualität oder der Trennung bestimmt. Die Empfindung des Egos, ich und die anderen, jene, die ich liebe, jene, die ich nicht liebe, erzeugt Sympathie und Antipathie, Liebe, Streit und Haß, womit die Psychologen sich beschäftigen und wovon die Weisen sich befreit haben. Dies ist das Gesetz des Lebens, dies ist es, was Sie in Bewegung hält. Wo Liebe ist, gibt es unvermeidlich Haß, wo Anziehung ist, gibt es auch Ablehnung.

Die Tatsache, daß wir nur ein einziges Wort für die Liebe haben, hat Sie verwirrt, weil Sie die Liebe Christi oder die Liebe des Weisen mit dem durcheinanderbringen, was Sie selbst als Liebe bezeichnen. Sie müssen noch viel genauer sein, um zu begreifen, welche Liebe gemeint ist. Das, was Sie üblicherweise als Liebe bezeichnen, ist Ausdruck einer egoistischen Empfindung, der Trennung, der individuellen Begrenzung, folglich des Bedürfnisses, geliebt zu werden. Wenn derjenige oder diejenige, die wir zu lieben behaupten, uns nicht so sehr liebt, wie wir es gerne hätten, wird unsere Liebe zu ihm oder zu ihr dadurch sofort beeinträchtigt und von Emotionen durchdrungen. Man kann in dem Sinn, den Sie dem Wort Liebe heute geben, nur dann wirklich lieben, wenn man nicht mehr das Bedürfnis hat, geliebt zu werden.

Bitte verstehen Sie richtig, was ich damit sagen will. Ich spreche nicht von der transzendenten Liebe Ramana Maharshis oder Buddhas, von der metaphysischen Liebe, die Sie durch Zeugnisberichte oder die Lektüre von Büchern erahnen können. Ich spreche von der Liebe, der großen Liebe, die wir, ob berechtigt oder nicht, Romeo und Julia oder Tristan und Isolde zuschreiben, oder von der Liebe des Kindes für die Mutter und der Mutter für das Kind, von der Liebe, die Sie sich sehnlichst wünschen und von der Sie träumen. Ich behaupte: Man kann nur dann wirklich lieben, wenn man nicht mehr das Bedürfnis hat, geliebt zu werden. Die Liebe des anderen wird uns zusätzlich geschenkt, aber sie ist keine Notwendigkeit mehr. Wenn wir die Liebe eines anderen nicht mehr *brauchen*, können wir erstens endlich selbst lieben und sind zweitens wirklich imstande, die Liebe des anderen zu spüren, weil die im Hintergrund lauernde Angst verschwunden ist. Dies muß Ihnen klar sein, denn sonst werden Sie immer einem Trugbild, einem Traum hinterherjagen, der sich in Wirklichkeit zwar realisieren läßt, jedoch nicht unter jeder beliebigen Bedingung, und der sich für die meisten Menschen, so wie sie ihn sich in ihrer Jugend ausgemalt haben, niemals verwirklicht.

Das menschliche Wesen wird von dem Bedürfnis geliebt zu werden bestimmt. Swamiji sagte einmal zu mir: »Sie sind ein Bettler.« Diejenigen, die in Indien waren, können mit dem Bild des Bettlers, der uns anfleht, der sich an uns klammert, der uns eine halbe Stunde lang verfolgt und uns immer wieder inständig um ein Almosen bittet, wesentlich mehr anfangen als jene, die nur Europa kennen. Swamiji sagte zu mir: *»You are a beggar, you are begging for love«*, »Sie sind ein Bettler, Sie betteln um Liebe.« Wenn Sie ehrlich sind, werden Sie erkennen, daß Sie alle Bettler sind, die unaufhörlich um Liebe flehen, gleichgültig, welche Erfolge Sie in beruflichen oder weltlichen Angelegenheiten oder sogar beim Verführen oder Erobern haben.

Wenn wir uns geliebt fühlen oder glauben, geliebt zu werden, und sei es auch nur für einen Augenblick, dann spüren wir die fundamentale Angst vor der Zukunft nicht mehr. Wir leben in der Angst, weil wir wissen, daß wir uns auf nichts verlassen können, daß uns alles möglicherweise einmal im Stich lassen kann: unsere Gesundheit, unser physischer Körper, unsere berufliche Situation, unser bester Freund, unser Gatte oder unsere Gattin; alle können uns im Stich lassen, und sei es, daß sie in einem Krieg oder durch einen Unfall plötzlich verschwinden. Wir können uns auf nichts verlassen. Wenn man sich aber wirklich geliebt fühlt, nimmt man diese Angst nicht mehr wahr. Das ist Ihnen vielleicht nicht aufgefallen, vielleicht war es Ihnen nie deutlich bewußt, aber es ist so. Wenn man sich geliebt fühlt, sind die Gefahren eines Atomkriegs, die Gefahren eines Unfalls, die Gefahren der Arbeitslosigkeit und einer Wirtschaftskrise nicht verschwunden, die Bedrohungen, die auf uns allen lasten, sind deshalb nicht verschwunden, und dennoch ist die Angst verflogen. Wenn ein Mann und eine Frau einander wirklich lieben, ob diese Liebe nun von Dauer ist oder nicht, wenn sie – zumindest für den Augenblick – vollkommen und aufrichtig ist, verschwindet die Angst, sogar in bedrohlichen, tragischen Situationen. Selbst wenn es von allen Seiten Bomben hagelt, hat ein Kind keine Angst mehr, einfach, weil es von seiner Mutter in den Arm genommen wird und sich aufs neue geliebt fühlt. Unser fest in der Dualität, in dem Gefühl des Getrenntseins verwurzeltes Bewußtsein ist momentan ausgelöscht.

Sie wissen aber auch, daß selbst eine vollkommene Liebe ein plötzliches Ende nehmen kann. Das Leben vereint und trennt. Der eine gerät in Gefangenschaft und sieht seine Frau fünf Jahre lang nicht, ein anderer stirbt und läßt seine Frau mit vier Kindern zurück. Die Liebe ist mit größter Tragik verbunden. Sie ist die Quelle der »göttlichsten« Freuden, die der Menschheit zugänglich sind, ruft aber auch tiefstes Leid und größte Auflehnung hervor: »Wenn es Gott gäbe, hätte Er es nicht zugelassen, daß ich meinen Sohn so jung und unter solchen Umständen verliere« oder »Er hätte nicht zugelassen, daß meine Frau bei diesem Unfall ums Leben kommt«.

Alle Menschen haben das Bedürfnis geliebt zu werden, nicht nur jene, die allein sind oder deren Leben eine einzige Enttäuschung ist. Auch der Präsident einer Republik bettelt um Liebe, und dieses Bedürfnis wird offensichtlich nur durch den Erfolg ausgeglichen: Ein Politiker fühlt sich von jenen geliebt, die ihn gewählt haben. Beobachten Sie einmal, mit welchem Gefühl Politiker ihren Erfolg oder ihre Niederlage aufnehmen, wenn die Wahlergebnisse bekanntgegeben werden. Dieses Gefühl ist viel weitreichender als ihre Karriere, ein Gefühl, das besagt

»Man liebt mich«, »man liebt mich nicht« oder »man liebt mich nicht mehr«. Wenn Sie die Aufrichtigkeit und den Mut haben zu erkennen, wie sehr Sie um Liebe betteln, werden Sie bereits einen Schritt weitergekommen sein. Urteilen Sie nicht, haben Sie keine Angst, sondern beginnen Sie, den Dingen klar ins Auge zu sehen.

Diese Forderung nach Liebe ist absolut, fundamental. Sie möchten nicht nur ein wenig oder mit Einschränkungen geliebt werden, sondern auf eine vollkommene Weise, ohne Schatten, ohne Fehl und für immer. Sie berufen sich bei all Ihren Erfahrungen in der Liebe auf genau dieses Kriterium der Absolutheit, und daraus läßt sich auch ein Großteil des Leids erklären. Sie haben geglaubt, diese absolute Liebe bei einem Mann oder bei einer Frau zu finden, der Sie begegnet sind, und nach den ersten von Träumen und Projektionen erfüllten Monaten entdecken Sie, daß diese Liebe nur relativ ist. Sie haben ein anderes Wesen vor sich, das ebenfalls das Bedürfnis hat, geliebt zu werden, und das seinerseits das Unmögliche, die absolute Liebe, von Ihnen fordert. Der Traum von der absoluten Liebe zerplatzt, Sie finden sich in der relativen Welt wieder und können sie nicht akzeptieren. Dieser Anspruch, dieses dem Menschen innewohnende Bedürfnis nach Absolutheit, ist ein typisch menschliches Merkmal. Warum auf dem Weg anhalten, warum sich mit wenig zufriedengeben? Wir verlangen, wie man Kinder oft sagen hört, mehr und mehr und mehr, mit anderen Worten, das Unendliche.

Diese Forderung nach Liebe kann verstärkt werden durch Enttäuschungen in der Kindheit, durch ungenügende Mutterliebe oder den frühen Tod der Mutter, sie kann durch viele verschiedene Bedingungen und Umstände hervorgerufen werden, sie kann ihren Ursprung sogar in jenen erstaunlichen *samskaras* früherer Leben haben, in der Sehnsucht nach einer großen Liebe, die wir erlebt haben und die durch den Tod unterbrochen worden ist, und was weiß ich nicht alles. Das Bedürfnis, geliebt zu werden, entspringt jedoch in erster Linie dem begrenzten Bewußtsein des Egos, dem Gefühl, vom anderen getrennt zu sein, vom anderen, der sich seinen eigenen Antrieben entsprechend verhält, auf den ich mich nicht verlassen kann, der niemals ein meinem Dirigentenstock gehorchender Musiker sein wird, wie Swamiji sich ausdrückte. Er gibt mir vielleicht unermeßliche Freuden, aber auch Faustschläge, die ich um so schmerzhafter empfinde, da ich doch so viel Hoffnung in diese Liebe investiert habe. Sie wissen es alle, Sie haben es alle gewußt, aber Sie vergessen es, es ist eine Lektion, die Sie schlecht gelernt haben. Man kann fünfmal in seinem Leben das erleben, was man für die große Liebe hält, und fünfmal dieselben Irrtümer begehen und denselben Fehlschlag erleiden.

Es besteht eine Verbindung zwischen dem Wunsch nach Liebe, den wir normalerweise in einer Beziehung zwischen Mann und Frau (oder vielleicht zwischen zwei Männern oder zwei Frauen, wenn es sich um Homosexuelle handelt) hegen, und dem Wunsch, einfach und aufrichtig geliebt zu werden, wie das Kind von seiner Mutter geliebt wurde. Und ich bleibe dabei: Sie können nur dann wirklich lieben, wenn Sie es absolut nicht mehr nötig haben, geliebt zu werden, und solange Sie das Bedürfnis haben, geliebt zu werden, können Sie die Liebe des anderen nicht wirklich spüren, weil Sie Angst haben, zum einen, daß Sie vielleicht einen Fehlschlag erleiden, zum anderen, daß diese harmonische Beziehung durch tragische Umstände auseinanderbrechen könnte. Die Emotionen, die Neurosen treten ohne Ihr Zutun ständig dazwischen, und Sie verfolgen einen Traum, der fast immer enttäuscht wird. Was diesen Absolutheitsanspruch betrifft, so ist niemand wirklich zufriedengestellt. Trotzdem ist es für ein Paar nicht unmöglich, glücklich zu sein. Man darf jedoch nicht mehr das Bedürfnis haben, geliebt zu werden, folglich darf man auch keine Angst mehr haben, keine Angst mehr vor Verrat, keine Angst mehr vor Trennung, keine Angst mehr vor der Zukunft, man muß vollkommen und gänzlich im Augenblick, im »Hier und Jetzt« leben können.

Geliebt zu werden heißt nicht, auf mechanische, emotionale Weise geliebt zu werden, sondern mit jener anderen Liebe, für die wir in unserer Sprache kein bestimmtes Wort haben. Ich habe nach und nach begriffen – an dieser Stelle erzähle ich Ihnen ein wenig von meinen persönlichen Erfahrungen als Europäer, die nicht besser oder schlechter sind als die des Durchschnitts –, wie sich dieser Wunsch nach absoluter Liebe, den ich, genau wie andere auch, auf die ideale Frau projiziert hatte, durch meine Begegnung mit Weisen immer mehr erfüllte. Es mag erstaunlich anmuten, aber diese Liebe, nach der ich mich, seit ich zwanzig war, im Grunde meines Herzens gesehnt hatte, ist mir von alten Männern geschenkt worden. Ich sage das nicht, um Ihnen ein Lächeln zu entlocken, obwohl man sich darüber amüsieren kann. Mein Bedürfnis, geliebt zu werden, ist allmählich gestillt worden. Ich war mir dessen nicht sogleich bewußt gewesen und hatte jahrelang das Gefühl, nie genug zu bekommen. Der Guru hätte am liebsten nur für mich leben sollen. Trotz alledem habe ich mich geliebt gefühlt, geliebt von Ma Anandamayi, geliebt von Kangyur Rimpoche, geliebt von dem Sufi Saheb de Maïmana, von Wesen, deren Sprache ich nicht sprach und die einer anderen Rasse angehörten. Ich habe mich vollkommen, absolut geliebt gefühlt.

Etwa 1970, zu einer Zeit, als ich beim Fernsehen einen gewissen Bekanntheitsgrad erreicht hatte, wurde ich in einer Sendung zu meiner Filmreihe über Weise und ihre Schüler interviewt. Der Reporter stellte fest, daß ich mich eindeutig auf eine bestimmte Art von Filmen spezialisiert hatte, und sagte: »Kurz gesagt, Sie werden also niemals Liebesfilme drehen«, womit er sagen wollte, »Sie haben sich von Filmen mit Drehbüchern losgesagt«. Meine Reaktion hat viele, die sich die Sendung angesehen und mit mir darüber gesprochen haben, überrascht. Ich mußte höchst erstaunt dreingesehen haben: »Was! Aber ich drehe doch nur Liebesfilme!« Es war gleichsam ein Aufschrei meines Herzens. Nachdem ich diese Frage vernommen hatte, erkannte ich, um wieviel mehr noch die von Abenteuer, Mysterium, Schönheit, Esoterik und Spiritualität durchdrungene Atmosphäre, in der ich gelebt hatte, von Liebe erfüllt war.

Menschen, die wie die Sonne, die wärmt und erhellt, zu lieben imstande sind, gibt es in unserer Gesellschaft leider nur selten, und das ist ein großer Verlust. So wie einst in Europa ist heutzutage die Begegnung mit einem Weisen im Osten eine der wertvollsten Gegebenheiten im Leben. Die Leute legen Hunderte von Kilometern zurück, um einen Weisen zu treffen, an seinem *darshan*, wie es in Indien bezeichnet wird, teilzuhaben, stillschweigend einfach in seiner Nähe zu sein, weil er ein Wesen ist, das uns augenblicklich liebt, mit einer Liebe, die keine Schwankungen kennt, selbst wenn es uns zum ersten Mal in seinem Leben sieht, weder unseren Namen kennt noch weiß, woher wir kommen, ob wir verheiratet oder ledig sind.

Man kann sich nur dann selbst lieben oder die Liebe eines anderen spüren, wenn man nicht mehr das Bedürfnis hat, geliebt zu werden. Man hat das Bedürfnis, geliebt zu werden, nur dann nicht mehr, wenn man sich wahrhaftig geliebt gefühlt hat. Ich habe mich wirklich geliebt gefühlt, auch von jenem Mann, dem ich heute meine dankbare Verehrung ausspreche und dessen Namen Sie alle kennen, nämlich Sensei Taisen Deshimaru, der kürzlich in Japan gestorben ist. Ich habe Sensei als einen Meister anerkannt, nicht aufgrund seiner beeindruckenden Haltung oder der von ihm ausgehenden Kraft, sondern aufgrund seiner Fähigkeit zu lieben. Sensei liebte, und ich werde immer bereit sein, dies zu bezeugen. Ich kann nur darüber lächeln, wenn man mir erzählt, daß er trank oder Wutausbrüche hatte, denn er besaß so viel Mitgefühl. Ich habe drei Monate meines Lebens Tag und Nacht bei Deshimaru in Japan verbracht, und ich habe seine Liebe gesehen: zu Kindern, Studenten, einfachen Leuten, zu reichen Bürgern aus Tokio, zu Politikern. Seine unerschütterliche Zärtlichkeit, dieselbe Liebe hinter jenem Antlitz, das sich so sehr von den feingeschnittenen Zügen Ramdas' unterschied, hat sich am tiefsten in meine Erinnerung an ihn eingeprägt.

In der Begegnung mit einem Weisen, die im Islam, im Hinduismus, im Buddhismus eine so große Rolle spielt, liegt die Antwort auf unseren unstillbaren Durst nach Liebe. Doch sicher reicht der häufige Umgang mit Weisen allein nicht aus, um ein Leben zu verwandeln, dazu sind auch unsere eigenen Bemühungen notwendig. Der Weg umfaßt alles.

Dann habe ich begriffen, daß die Liebe eines Mannes, nämlich Swami Prajnanpads, sich als etwas ganz Besonderes für mich erwiesen hatte. Ich weiß, daß Ramdas mich ebenso geliebt hat wie Swami Prajnanpad mich geliebt hat und daß Ramdas Tausende und Abertausende von Menschen ebenso sehr geliebt hat, daß Khalifa-Sahib-e-Sharikar mich, einen Franzosen, der kein

Moslem war, ebenso liebte wie Swamiji, doch Swamijis Liebe hat sich durch eine unermüdliche Geduld und Aufmerksamkeit auf ganz konkrete Weise gezeigt. Dieser alte Mann hat mir viel von seiner Zeit und seiner Energie geschenkt, selbst als er schwach und krank war und von einem Moment zum anderen an einem Herzanfall zu sterben drohte. Seine Liebe war so unerschütterlich, daß meine Zweifel, meine Ängste, meine Projektionen, all das, was ich mir in bezug auf ihn vorgestellt hatte, allmählich wie Wachs in der Hitze dahinschmolz. Eines schönen Tages hatten sich die letzten Widerstände in mir aufgelöst, und es stieg etwas auf, das ich als Siegesgesang bezeichnen könnte – wie der Siegesgesang Buddhas, als er dem gesamten Universum seine Befreiung verkündet hatte – »Ich bin geliebt worden«.

Die Liebe dieser Weisen für uns ist eine Liebe, die nicht urteilt. Sicher, sie kann hart und offensichtlich streng sein, um uns bei unserer Entwicklung zu helfen, aber in Wirklichkeit urteilt sie niemals. Es ist eine absolute Liebe, der Ausdruck ihrer Verwirklichung der Non-Dualität, ihrer inneren Neutralität. Verstehen Sie es bitte nicht falsch, dieser Begriff der Neutralität ist ein Synonym für die unendliche Liebe, so erstaunlich Ihnen das zunächst anmuten mag. Der Weise liebt uns so wie wir sind.

Nun aber hat uns niemand auf absolute Weise so geliebt, wie wir sind. Das wissen wir sehr wohl, bereits von den ersten Wochen unseres Lebens an, in denen unsere Mutter es sich bieten lassen mußte, daß wir nachts aufwachten und unser Bettchen besudelt hatten; niemand hat uns so geliebt, wie wir sind. Man liebte uns entsprechend den Wünschen und Vorstellungen, den Anforderungen, wie wir sein sollten, und dadurch trat die Angst in unser Leben. Wie hätten wir als Kind jenen Vollkommenheitsanspruch unserer Eltern erfüllen können? Der Weise hingegen liebt uns absolut, *so wie wir sind*.

Ehren Sie Gott zumindest insofern, als Sie glauben, daß Er zu derselben Liebe fähig ist wie ein Guru und dasselbe psychologische Verständnis besitzt wie die größten Psychotherapeuten. Der Weise liebt uns wie Gott uns liebt, ohne zu urteilen. Hier kommt nun, vor allem für uns vom Christentum geprägten Menschen des Abendlandes, noch ein fundamentaler Aspekt zu jenen Karten hinzu, die wir in der Hand halten, um das Spiel unserer Befreiung zu spielen und zu gewinnen. Ich sagte vorhin, daß die Liebe mit zu den furchtbarsten Dingen zählt. Nun werde ich über das Schrecklichste sprechen, das es gibt: sich selbst nicht zu lieben.

Sich selbst nicht zu lieben, sich nicht so zu akzeptieren wie man ist, sich zu verurteilen, sich schuldig zu fühlen und sich zu verdammen, ist sicherlich nicht das Ziel, für das Christus auf die Erde gekommen ist, Er, der die Liebe und das Heil lehren wollte. Gerade das aber wurde im Christentum allzu häufig so interpretiert, als ob Gott imstande sei, nicht mehr zu lieben. Nur wir selbst können uns durch unsere Irrtümer zur Hölle verdammen. Gott ist unerschöpfliche, unendliche Liebe. Aber weil uns unsere Eltern, wann immer wir ihr Mißfallen erregten, nicht mehr liebten, weil sich die Vorstellung von Gut und Böse tief in uns verwurzelt hat, weil wir den Erwartungen jener, die wir bewunderten – den Großvater, die Großmutter, den Vater, die Mutter, den Paten, den Freund oder was weiß ich, wen alles –, nicht entsprechen konnten, leben oder lebten wir in jener Tragödie, uns selbst nicht zu lieben.

Dies ist vielleicht eine der schönsten Definitionen, die man über das Ego abgeben kann. Sie glauben, Egoismus oder Egozentrismus bedeute, daß man sich selbst liebt, anstatt die anderen zu lieben. Aber das ist falsch, das Ego bewirkt nämlich, daß man sich selbst nicht liebt, und gerade weil man sich selbst nicht liebt, kann das Ego weiterbestehen und sich behaupten. Ich sprach vorhin von den beiden Bedeutungen des Wortes Liebe, von zwei Arten von Liebe, von zwei verschiedenen Realitäten, die sich auch auf die Liebe anwenden lassen, die Sie für sich selbst hegen. Sie verfügen über eine in der Tat egozentrische Eigenliebe, Eitelkeit und Empfindlichkeit, Sie sind in diesem Egoismus oder Egozentrismus gefangen, das steht fest, aber es ist eine ziemlich mittelmäßige Liebe, weil diese Eigenliebe Sie unaufhörlich verurteilt und verdammt. Denken Sie immer an diese Formel: Egoismus ist nicht die Liebe zu sich selbst, sondern die Nicht-Liebe zu sich selbst. Sie täuschen sich selbst und verzeihen sich nicht, daß Sie das sind, was Sie sind. Wenn Sie als Kind leiser gewesen wären – doch Sie sind laut gewesen –, wenn Sie vergnügter, freundlicher, besser erzogen gewesen wären, hätten Sie sich mehr geliebt gefühlt, doch statt dessen haben Sie sich dafür gehaßt, daß Sie nicht all die Begabungen, den Charme, all die Qualitäten besaßen, die Sie bei Ihrer Familie oder bei anderen Personen in Ihrem Umkreis in den Mittelpunkt des Interesses gerückt hätten.

Selbst wenn ich als Kind mein Haar einmal etwas länger trug, weil ich eine Zeitlang nicht beim Friseur gewesen war, hatte ich dennoch keine schönen blonden Locken; und eines Tages hörte ich, wie jemand vor mir in Lobeshymnen ausbrach über ein kleines Kind mit schönem, lockigem Haar. Ergebnis – ich weiß nicht mehr, wie alt ich war –: Ich versuchte, mir abends Lockenwickler in die Haare zu drehen, weil ich glaubte, daß man davon Locken bekommen könne. Die Großen entdeckten mich und waren sehr ärgerlich. Ich begriff, daß ich durch meinen Versuch, mit lockigen Haaren geliebt zu werden, die Situation nur noch verschlimmert hatte. Sie als Erwachsene amüsieren sich darüber, für mich als Kind war es ein entsetzliches Erlebnis.

Vergessen Sie nicht, wie sehr die großen metaphysischen Begriffe tatsächlich mit den ungewöhnlichsten Dingen des Lebens verbunden sind. Und vergessen Sie auch nicht, daß sich die Sensibilität eines Kindes nicht in denselben Bereichen bewegt wie die eines Erwachsenen. Sicher, die sogenannten Erwachsenen haben kindliche Emotionen, und sie zeigen sie beispielsweise beim Kauf eines Sportwagens oder bei der Diskussion mit einem Nachbarn über eine Grenzmauer. Das Kind verlangt jedoch nur eines, und das ist das Gefühl, daß alle Welt es liebt. Mit dem Kind wächst auch das Denken, das immer mehr von Vergleichen durchwoben wird. Es tut einem Kind weh, wenn es hört, wie die Locken seines Cousins gepriesen werden, wenn es in aller Öffentlichkeit kritisiert wird oder wenn es nachteilige Vergleiche über sich hört. Umgekehrt gewinnen die für das Kind günstigen Vergleiche eine ungeheure Bedeutung und lassen seine Eitelkeit wachsen. Es fügt immer mehr davon hinzu, weil es sich dadurch beruhigt fühlt.

Sie leben in der merkwürdigen Situation, daß Sie einerseits das fundamentale Bedürfnis in sich tragen, auf eine absolute Weise geliebt zu werden, durch die allein Sie Ihre Angst überwinden könnten, und andererseits überzeugt zu sein, daß Sie so, wie Sie sind, nicht geliebt werden können, weil Sie nicht schön genug, nicht brillant genug, nicht gewandt genug, nicht intelligent genug, nicht bewundernswert genug sind. Wie könnten Sie sich selbst verzeihen? Folglich besteht Ihr Leben lediglich aus recht traurigen, erbärmlichen Kompensationen.

Ich kann mit einem Gefühl absoluter, unendlicher Dankbarkeit sagen, daß ich mich, wie relativ unvollkommen ich auch bin, von all jenen Weisen geliebt gefühlt habe, denen meine Filme und Bücher gewidmet waren. So unbeholfen, kindisch, fehlbar und überheblich ich auch bin, so bin ich dennoch liebenswert, weil Ramdas mich mit so viel Liebe angesehen hat. Ich habe auch gesehen und erkannt, was diese Weisen alles für mich getan haben, um mir auf meinen Reisen zu helfen, um mir Gefälligkeiten zu erweisen, die es mir ermöglichten, diese Filme zu drehen. Ihre Liebe bestand nicht allein aus schönen Worten, und ich gewann allmählich eine der von Kindheit an in mir verwurzelten genau entgegengesetzten Anschauungen. So unvollkommen ich auch war: ich wurde geliebt. Nach und nach lernte ich, mich selbst zu lieben.

Sie fühlen sich nicht geliebt, solange Sie sich nicht selbst lieben. Erinnern Sie sich: Man kann nur dann lieben, wenn man kein Bedürfnis hat, geliebt zu werden. Man kann nur dann die Liebe, die einem geschenkt wird, wirklich spüren, wenn man nicht mehr geliebt zu werden braucht, weil keine Angst mehr im Hintergrund lauert. Man hat es nicht mehr nötig, geliebt zu werden, wenn man sich selbst wirklich liebt. Hier ist die Sackgasse, in der sich fast alle Männer und Frauen abquälen: Ich träume davon, geliebt zu werden, ich scheitere, weil meine Liebesbeziehungen immer emotional, um nicht zu sagen neurotisch sind. Mein Leben ist von Angst, unmöglichen Anforderungen, Projektionen, Ungeschicklichkeiten geprägt, weil ich mich nicht genügend geliebt gefühlt habe, um frei von dem Bedürfnis danach zu sein, und ich werde dieses Bedürfnis niemals loswerden, solange ich mich nicht selbst liebe.

Die erste Person nach dem Guru, deren Liebe Sie bedürfen, sind Sie selbst, so unvollständig und unvollkommen Sie auch sind. Keiner von Ihnen kann auf einmal das Talent des Tennisspielers MacEnroe, des Gitarristen von Segovia, des Philosophen Sartre, die Muskulatur des Cassius Clay oder den politischen Bekanntheitsgrad von Chirac haben. Dieser Held, den es niemals gegeben hat, der Sie aber in Ihrer Kindheit sein wollten, damit die ganze Familie Sie liebt und bewundert, dieser Held werden Sie niemals sein, und das können Sie sich nicht verzeihen. Sie glauben, daß Sie sich so, wie Sie sind, nicht lieben können. Dies ist die Ursache für die ganzen Verfälschungen, für diese elende Suche nach Liebe, für die Täuschungen und Illusionen des »Mentalen« *(manas)*, die dazu dienen, diese Fehlschläge zu verbergen.

Ich bin mir mittlerweile sicher, daß dies im Umgang mit den Weisen eine fundamentale Rolle spielt. Anstatt bei jenen um Liebe zu betteln, die nicht imstande sind zu lieben, weil sie es selbst so dringend nötig haben, geliebt zu werden, sollten wir lieber bei jenen um Liebe flehen, die kein Bedürfnis mehr haben, geliebt zu werden, die sich selbst völlig genügen und die folglich in der Lage sind, wirklich zu lieben. Wenn Sie aufrichtig sind, wenn Sie sich nicht schützen, werden Sie dem zustimmen, was ich vorhin gesagt habe: Es ist schrecklich. Schrecklich ist sie, diese Tragödie der Hoffnung, die wir in die Liebe setzen, die Tragödie der göttlichen Augenblicke, von denen nichts als Bitterkeit zurückbleibt, der Leidenschaften, die sich so schnell in Verletzung und Haß verwandeln, bis wir schließlich, um weniger zu leiden, die reiche Fülle unserer Empfindsamkeit am Grunde unseres Herzens zerstört haben werden.

Ich könnte das Thema Liebe in rein religiösen Begriffen erörtern: die Liebe Gottes für uns; die Liebe des Menschen zu Gott, die die Liebe Gottes erwidert, der uns zuerst geliebt hat. Wenn wir diese Ausdrücke nicht auf eine beschränkte, sondern auf eine unverfälschte, lebendige Art begreifen, können wir die Wahrheit auch im religiösen Ansatz wiederfinden, die Wahrheit, die über das Mentale und das Ego der Theologen hinausreicht.

Es genügt, den Aussagen ihre tiefere Bedeutung, ich meine sogar, ihren intelligente Sinn zu geben, die all jenen bekannt sind, die eine christliche Erziehung erhalten haben.

Wie das Wasser in jeder Welle des Meeres, so werden wir von einer höchsten Wirklichkeit bewegt, die uns innerlich belebt und uns zu einem mystischen Gesamtgebilde vereint. Es gibt nichts anderes als die Liebe, auf sämtlichen Ebenen: die leidenschaftliche Liebe, die enttäuschende Liebe, die verräterische Liebe, die schmerzliche Liebe, die faszinierende Liebe oder die höchste Liebe, die göttliche Liebe. Es gibt nichts außer der Liebe, der Liebe in der Dualität – die Liebe, die um Hilfe ruft »Ich habe Angst, allein zu sein« – und der uns innewohnenden Liebe, die Ausdruck der höchsten, unabhängigen Wirklichkeit ist.

Sie alle, nehme ich an, kennen jenen Ausdruck im Sanskrit, der eine Ahnung zu vermitteln versucht von dieser Wirklichkeit des höchsten Bewußtseins, *sat-chit-ananda*, Sein – Bewußtsein – Glückseligkeit. Geht man aber der Bedeutung dieses Begriffes noch weiter nach, so schließt er auch die Liebe mit ein, die absolute Liebe, die »alles versteht, alles verzeiht und niemals vergeht«. Eine absolute Liebe vermag alles, auch für uns selbst. *Ananda*, was man mit Glückseligkeit übersetzt, ist die Liebe zu uns selbst. Könnte es irgendeine Glückseligkeit geben, wenn wir uns selbst nicht lieben, wenn wir uns so, wie wir sind, ablehnen und wenn wir voller Schuldgefühle sind?

Gott liebt Sie so, wie Sie sind. Christus hat es immer wieder gesagt: »Ich bin nicht um der Gesunden, sondern um der Kranken willen gekommen«, »Ich will nicht den Tod des Sünders, sondern sein Heil«, »Richtet nicht, auf daß ihr nicht selbst gerichtet werdet.« Gott liebt uns so, wie wir sind, Swami Ramdas, Khalifa Sahib-e-Sharikar lieben uns so, wie wir sind, so unvollkommen wie wir sind, und ausgerechnet wir sind es, die uns nicht selbst lieben können? Ich wiederhole noch einmal, das Ego geht aus der fehlenden Liebe zu uns selbst hervor. Die Befreiung besteht in der Liebe zu sich selbst.

Sie sind auch davon überzeugt, daß alle Ihre Bemühungen, geliebt zu werden, von Ihrer »Unvollkommenheit« gefährdet werden. Falls Sie das gewesen wären, und mit dem »Falls« können wir unseren Gedanken freien Lauf lassen, falls Sie also das gewesen wären, was Sie nicht sind, wäre es Ihnen geglückt, diese Liebe, nach der Sie suchen, zu erleben. Wenn ich jener Held gewesen wäre, der ich nicht bin, hätte mich diese Frau geliebt, aber als sie mich nicht mehr durch ihre Projektionen hindurch sah, sondern so, wie ich war, war sie enttäuscht, fiel aus allen Wolken, und unser schöner Traum zerbrach. Wenn ich anders gewesen wäre als ich bin, hätten mich meine Angestellten geachtet, hätten mich meine Vorgesetzten geschätzt, wäre ich von meinesgleichen geliebt worden. Noch einmal, es ist mein Fehler, wenn man mich nicht lieben kann. Wie könnte ich mich selbst lieben? »Lieben Sie sich selbst«, das heilt die Seele!

In den Evangelien wird folgendes gelehrt: »Liebe den Herrn, deinen Gott, von ganzem Herzen, von ganzer Seele, mit deinem ganzen Denken«, dies ist das erste große Gebot, das zweite lautet ähnlich: »Liebe deinen Nächsten wie dich selbst«. Auf diese beiden Gebote stützen sich alle anderen Gesetze sowie die Propheten. Es heißt nicht: »Liebe deinen Nächsten, aber liebe dich selbst nicht.« In seiner tiefsten Bedeutung besagt dieser Satz, daß ich selbst in Wirklichkeit der andere bin. Diese Entdeckung können wir machen, wenn wir aus dem begrenzten, individualisierten, getrennten Bewußtsein heraustreten, das im Sanskrit als *ahamkar* bezeichnet wird, gleichsam wie eine Welle, die feststellt, daß sie das Meer und daß die andere Welle sie selbst ist.

Die Liebe ist wichtiger als alle technischen Aspekte der verschiedenen *sadhanas*: Kontemplation, Meditation, *asanas, pranayama, dharana, dhyana* oder die Stellung des Zeugen und die Unterscheidung von Beobachter und Beobachtetem im Vedanta. Im Westen werden wir bald eine Art von Spiritualität erreicht haben, aus der die Liebe verschwunden ist und in der sich alles nur noch um Techniken dreht, eine Spiritualität, die von einer rührseligen, mit Trugbildern und Verwirrung vermengten Liebe überschwemmt wird und die von den Psychoanalytikern leicht als Sehnsucht nach einem vollkommenen Vater, nach einer vollkommenen Mutter oder als Kompensation für die in der Kindheit erlittenen Schmerzen kritisiert werden kann. Es gibt Formen von Spiritualität, die von Liebe erfüllt zu sein scheinen, in Wirklichkeit jedoch nur Kindereien enthalten und nichts anderes als ein Versuch sind, sich in diesem Infantilismus zu wiegen, die uns in unserer Abhängigkeit bewahren, das Bedürfnis geliebt zu werden nicht erfüllen und uns nicht zur Befreiung führen.

Sie haben vielleicht religiöse Menschen kennengelernt, die das Wort Liebe oft verwenden, und deutlich gesehen, daß auch sie mit zunehmendem Alter nicht glücklich, heiter, fröhlich, frei und eins mit dem gesamten Universum sind. Diese Menschen haben das Wichtigste versäumt, nämlich sich mit sich selbst zu versöhnen. Sie haben ein auf der Liebe begründetes religiöses Leben geführt, sich selbst jedoch nicht geliebt, sie haben versucht, Gott zu lieben, sich selbst dabei aber verurteilt und ständig ein Schuldgefühl mit sich herumgetragen, das Psychologen und Psychoanalytiker gern der christlichen Erziehung zuschreiben. Wir müssen den Mut aufbringen, der Wahrheit ins Gesicht zu sehen, jene Entartungen mit eingeschlossen, die wir zu bewundern oder zu verehren geneigt sind.

Was ich aber andererseits heute sagen will, ist, daß es keinen Weg ohne Hingabe gibt – sei es der Weg des *Hinayana* Buddhismus, des Vedanta, des Yoga der Erkenntnis oder eines technischen Yoga –, der nicht wesentlich dazu dient, unsere unendliche Sehnsucht nach Liebe zu erkennen, unser Mißlingen in diesem Bereich, unsere Unfähigkeit zu lieben, uns geliebt zu fühlen oder Liebe zu erwidern. Sie werden sich niemals von dieser Sehnsucht nach Liebe lösen können und weder Frieden noch Freiheit erlangen, falls Sie versuchen, diese Sehnsucht mittels Meditations- oder Konzentrationstechniken zu verdrängen. Techniken ohne Liebe sind wie Elektrogeräte in einem Haus, in dem es keinen Strom gibt.

Swamiji war ein genialer Mann, ein Physiker, Mathematiker, Sanskritgelehrter, Psychologe, aber jetzt, nachdem ich ihn so sehr bewundert hatte, erinnere ich mich an ihn hauptsächlich als einen Menschen, der liebte. Ramdas, der in erster Linie Dichter, und Swami Prajnanpad, der vor allem Wissenschaftler war, hatten eines gemeinsam, nämlich die Liebe, einen Ozean der Liebe, eine unendliche Liebe. Liebe ist das Synonym für Brahman, das Synonym für Atman, das Synonym für das höchste Bewußtsein, für die Weisheit, für die Befreiung. Liebe ist auch die Ursache allen Hasses, aller Kriege, aller Leiden, weil man sich nicht geliebt fühlt, weil man leidet, weil man sich bekämpft und weil man versucht, dieser Angst und diesem Leid zu entgehen.

Ein Mensch, der sich wirklich geliebt fühlt, kann nicht schlecht sein, ein Mensch, der sich geliebt fühlt, kann nicht herrschsüchtig sein oder andere um seines eigenen Erfolges willen zugrunde richten, niemals, und ein Mensch, der etwas Großartiges in seinem Leben vollbracht hat, ist ein Mensch, der sich geliebt gefühlt hat – sehr wahrscheinlich von seiner Mutter. Es gibt keine schlechten Männer oder Frauen. Weder Stalin, der zwanzig Millionen seiner Landsleute in den Tod schickte – einschließlich seiner Kameraden, die für die Revolution kämpften – noch Hitler, niemand. Es gibt lediglich Menschen, die zu wenig geliebt wurden. Wäre Stalin wirklich geliebt worden, hätte er niemals zwanzig Millionen Russen umgebracht, wäre Hitler wirklich geliebt worden, hätte er niemals mehrere Millionen Deutsche und Europäer in den Tod geschickt. Und wir haben nur ein einziges Wort, um alle die verschiedenen Arten von Liebe zu bezeichnen, angefangen von den pathologischen, die uns vor Gericht bringen – »Ich liebte ihn zu sehr, also habe ich seine neue Geliebte mit Vitriol übergossen« – bis hin zu dem Mitgefühl Buddhas oder der Liebe Christi.

Tatsächlich haben alle Arten von Liebe eine gemeinsame Basis. Das sich in der Menschheit abspielende Drama ist das der Befreiung oder der Nicht-Befreiung, des begrenzten, getrennten, ängstlichen Egos und des Weisen, der Gott in sich gefunden hat, der absoluten Sicherheit, der Reichtümer, »die kein Dieb stehlen und kein Rost zerfressen kann«. Dieselbe einzigartige Tragödie spielt sich überall ab, in Hitler, in Stalin, im heiligen Johannes vom Kreuz, jedoch auf unterschiedlichen Reife- und Verständnisebenen. Die kleine begrenzte und vergängliche Welle sehnt sich danach, zu entdecken, daß sie in Wirklichkeit im Ozean begründet ist. »In Ihm liegt das Sein, die Bewegung und das Leben«, sagen die Christen.

Liebe deinen Nächsten wie dich selbst. Sie können niemanden lieben, wenn Sie sich selbst nicht lieben. Wie kommt es, daß Eltern, die davon geträumt haben, ihre Kinder zu lieben, sich diesen gegenüber so hart, so ungeschickt, so unbewußt verhalten können? Wie kommt es, daß ein Verlobter, der sich geschworen hat, seine Verlobte zu lieben, sie so schlecht behandelt, wenn sie einmal verheiratet sind, und umgekehrt? Wie kommt es, daß wir alle, die nichts anderes wollen als lieben, so wenig dazu imstande sind? Denn wenn Sie nicht in einem Traum leben, wenn Sie bewußt sind, müssen Sie feststellen, daß Sie nicht einmal in der Lage sind, Ihre eigenen Kinder zu lieben.

Sie können nicht lieben, weil Sie sich selbst nicht lieben, weil Sie sich nicht mit sich selbst versöhnt haben. Beziehen Sie die allumfassende Liebe in Ihr Leben mit ein. Die Gabe des Selbst offenbart sich in der Liebe zu sich selbst und genauso auch in der Liebe zu den anderen. Es fällt so schwer, sich in seiner Beschränktheit, in seiner Unvollkommenheit, in seiner Mittelmäßigkeit zu lieben. Sie machen sich Vorwürfe, Sie hegen ein gewollt zerstörerisches Schuldgefühl in sich, Sie sind nicht stolz auf sich, Sie schämen sich, Sie sind der Ansicht, daß das, was Sie sind, was Sie tun oder getan haben, nicht gut ist. Sie verharren in der Welt des Verurteilens, sei es Ihrer eigenen oder anderer Personen, die Sie immer wieder aufs neue kritisieren oder bewundern, wodurch Sie jene Dualität verstärken, der Sie eigentlich entgehen wollen.

Urteilen Sie nicht mehr über sich selbst, und urteilen Sie nicht mehr über andere. Versuchen Sie, die anderen so zu lieben, wie sie sind, und sich selbst so zu lieben, wie Sie sind. Versuchen Sie die anderen so zu verstehen, wie sie sind, und sich selbst so zu verstehen, wie Sie sind. Verständnis führt zu Sympathie, und Sympathie führt zu Liebe. Dies gilt für Ihre Beziehung zu anderen ebenso wie für Ihre Beziehung zu sich selbst.

Wenn Sie auch die anderen Aspekte des *sadhana*, das Ihnen angeboten wird, in die Praxis umsetzen, werden Sie die Identifikation mit dem Ego, mit dem »Ich bin so und so« überwinden, mit jenem Schleier, der Sie daran hindert, das unberührte höchste Bewußtsein in sich zu entdecken, das Ramana Maharshi mit einer Kinoleinwand verglich, auf die man einen beliebigen Film projizieren kann. Solange Sie sich mit dem Ego identifizieren, werden Sie jenes höchste Bewußtsein nicht finden, und solange Sie sich nicht selbst lieben, werden Sie mit dem Ego identifiziert bleiben. Dieses Ihnen innewohnende Bewußtsein ist in sich so vollkommen, daß es ihm an nichts mangelt und daß es auch kein Bedürfnis mehr verspürt, geliebt zu werden. Selbst wenn man Sie kritisiert, selbst wenn man Sie verabscheut, selbst wenn man Sie verleumdet, so hat dies alles keine Bedeutung mehr.

Sämtliche spirituellen Lehren versprechen, daß sich die vollkommene Fülle in unserem Innersten offenbart. Warum soll sich dieses Versprechen nicht auch für Sie verwirklichen? Dann verschwindet die Abhängigkeit von dem Bedürfnis, geliebt zu werden und die Angst, daß der andere uns ein Leid zufügt, oder daß der andere, wenn er uns gut behandelt, auf die eine oder andere Weise von uns getrennt werden könnte. Dann können wir vollkommen lieben, ohne Furcht, und hier, jetzt, augenblicklich, unsere ganze Liebe schenken. Die Tatsache, daß es keine im Hintergrund verborgene Angst mehr gibt, befähigt uns, die Liebe, die uns geschenkt wird, die vielleicht noch relativ und unvollkommen, aber dennoch kostbar ist, zu schätzen und anzuerkennen.

Wenn das Bedürfnis, geliebt zu werden, zu stark ist, gleichen Sie einem Sieb, das niemals voll wird, selbst wenn man täglich Wasser hineingibt. Die einzigen Wesen, die das Sieb auffüllen und es sozusagen in einen Topf umwandeln können, sind jene, die wie die Weisen absolut lieben. Die Liebe fast aller Menschen wird stets von der Angst überschattet, die dem krankhaften Bedürfnis, geliebt zu werden, entspringt. Damit wird alles verfälscht.

Liebe und Angst können nicht gleichzeitig existieren. Man kann verliebt sein, man kann fasziniert sein, man kann sich umbringen, morden, aber man kann nicht lieben, wenn sich im Hintergrund Angst verbirgt. Diese Angst im Hintergrund ist genau jene tiefe, unbewußte Angst, noch einmal verraten oder enttäuscht zu werden. Bei dem geringsten Anzeichen, daß der andere ein anderer ist, daß der andere von uns verschieden ist, kommen alle alten Verletzungen wieder zum Vorschein, »Er liebt mich nicht wirklich«, und die unterbewußten Mechanismen, die von Psychologen studiert werden und die ich heute nicht näher erläutern möchte, beginnen in Kraft zu treten. Warum sich mit einem oder vielleicht mehreren aufeinanderfolgenden Leben herumplagen, deren Verlauf von vornherein zum Scheitern verurteilt ist?

Ändern Sie sich, transformieren Sie sich, und wenn sich Ihr Wesen ändert, ändert sich Ihr Schicksal, *»Your being attracts your life«,* »Ihr Wesen zieht Ihr Leben an«. Eines Tages werden Sie den Partner anziehen, der Ihrem Wesen entspricht, mit dem Sie sich verstehen und auf den Sie ohne Angst zugehen können. Das Unangenehme ebenso anzunehmen wie das Angenehme, die grausame Seite des Lebens wirklich, ohne Ablehnung zu erfahren, führt Sie zu der Entdeckung, daß Leid nicht schmerzhaft ist. Wenn Sie in Ihrem Inneren wissen, daß Sie fähig sind, nicht mehr zu leiden, erhellt diese Gewißheit jede Begegnung mit einem andersgeschlechtlichen Wesen, selbst in schmerzvollen Situationen, die früher vielleicht ganz schrecklich gewesen wären. »Er kann mir Gutes tun, aber er kann mir kein Leid zufügen.«

Solange Sie Angst vor dem anderen haben, weil dieser Leid verursachen kann, werden Sie ihm in Ihrem Innersten, unbewußt, nicht verzeihen. Schon im selben Moment, wo Sie glauben, ihn zu lieben, hassen Sie ihn gleichzeitig, weil Sie wissen, daß er die Macht hat, Sie leiden zu lassen. Wenn aber die Angst verschwunden ist, riskieren Sie nichts, können Sie sich hingeben, vollkommen, hier und jetzt. Wenn der andere ebenfalls begriffen hat, daß er das Spiel spielen kann, sei es, weil Sie beständig, ausreichend gefestigt und ohne Angst sind, um in ihm das freie Bewußtsein zu wecken, das allmählich wachsen wird, dann wird die Liebe möglich.

Wenn Sie keine Angst mehr haben, nicht geliebt zu werden, können Sie lieben und sich geliebt fühlen. Andernfalls fühlen Sie sich verraten, verletzt, Sie leiden, Sie reagieren emotional und fangen an, das zu zerstören, worin Sie Ihre Hoffnung auf Glück gesetzt haben, sobald »der andere« nicht Ihren Erwartungen entspricht, selbst wenn ein Mensch bereit ist, Sie mit einer Liebe zu lieben, die mit der Erfahrung des Lebens, des Teilens, der Übereinstimmung wachsen und sich vertiefen könnte. Wenn Sie verliebt gewesen sind – und es gibt nur wenige, die es in dem einen oder anderen Augenblick nicht gewesen sind –, wissen Sie, wie verletzlich und anfällig Sie das Bedürfnis, geliebt zu

werden, macht. Sind wir einmal von der neurotischen Gewißheit, nicht geliebt zu werden, befreit, werden wir ein einfaches
Versehen nicht als Verrat empfinden, werden wir begreifen, daß
es nicht so schwerwiegend ist und nicht bedeutet, daß er oder sie
uns nicht mehr liebt, sondern daß der andere sich eben genau in
dieser Weise zum Ausdruck bringt.

Wir können nicht glauben, daß uns ein Mensch lieben kann,
wohl aber daß sein Geist anders arbeitet als der unsere. Wenn ich
mir überlege, daß »sie« mir schreiben muß und »sie« mir nicht
schreibt, so bedeutet das, daß sie mich nicht liebt, daß sie mir
Leid zufügt und ich gezwungen bin, auf dieses Leid zu reagieren. Wenn aber die Tatsache, daß sie mir nicht schreibt, keinerlei
Angst in mir verursacht, mich nicht blind macht, mich nicht in
Emotionen oder emotionsgeladene Gedanken stürzt, kann ich
sehen, daß diese Frau mich liebt, aber daß sie anders ist als ich.
Wenn ich sie wiedersehe, mache ich ihr keine Vorwürfe, spreche
nicht verletzend, voller Bitterkeit und Haß – nehmen wir dieses
Wort ruhig in den Mund – mit ihr, nur weil wir nicht umhin
können, denjenigen zu hassen, der uns Kummer verursacht hat.
Sie können sich ohne Angst wiedersehen, entspannt, mit neuen
Augen, offen, und Sie werden wissen, daß allein das Denken das
Gefühl vollkommenen Verrats, großer Enttäuschung hervor-
rufen konnte, wofür es tatsächlich jedoch keinen Grund gab.
Selbst die große Liebe meines Lebens wird niemals eine Nach-
bildung meiner selbst sein.

Wenn wir nicht mehr geliebt zu werden brauchen, um zu
spüren, daß wir sind, um der Angst zu entgehen, wird uns
immer mehr Liebe, menschliche Liebe, zuteil werden. Glauben
Sie nicht, daß Ihnen nur die transzendente Liebe des Mönchs
oder des Eremiten zugänglich sein wird, der von seiner Höhle
oder seinem Kloster aus die ganze Menschheit liebt. Sie werden
Zugang finden zu jenem heiteren Frieden, der jegliches Verstehen überschreitet, zum *sat-chit-ananda*. Das wissen Sie, das
haben Sie gehört, das haben Sie gelesen, doch Sie werden auch
Zugang haben zu jener menschlichen Liebe, von der so viele
träumen und die nur so wenige wirklich finden. Der Weg der
Wahrheit besteht nicht allein aus Enthaltsamkeit.

Be happy. Seien Sie glücklich.

Dhirendra Brahmachari · Yoga hilft heilen
2. Aufl., 234 Seiten mit 143 s/w-Abb.; kart. ISBN 3-7626-0607-2
Übungen, die starke positive Wirkung auf den gesamten Organismus haben. Dem Schüler wird die Möglichkeit gegeben, seinen ganzen Körper durchzutrainieren.

Paul Brunton · Entdecke dich selbst
2. Aufl., 349 Seiten; kart. ISBN 3-7626-0619-6
Eine Anleitung zur Meditation. Alle Probleme, deren Lösung sich der Mensch unserer Zeit ersehnt, öffnen sich jener konzentrierten Versenkung, die die Tiefenschichten der Seele aufschließt.

Paul Brunton · Karma – Kette von Ursache und Wirkung
238 Seiten; kart. ISBN 3-7626-0628-5
In dieser Sammlung bisher unveröffentlichter Essays erklärt der Autor, warum Gott das sogenannte Böse in der Welt zuläßt. Er gibt eine neue Technik, die das Meditieren erleichtert, erklärt das Gesetz des Karma und stellt die Frage, ob man die Anleitung eines spirituellen Führers benötigt.

Paul Brunton · Die Weisheit des Überselbst
618 Seiten; kart. ISBN 3-7626-0624-2
Ein Weg zu den geheimsten Tiefen in uns selbst. Brunton führt uns den Pfad entlang, der uns in Meditationen über unser geheimstes Wissen schließlich mit dem Yoga des Unwidersprechlichen vom Gipfel in die strahlende letzte Wahrheit blicken läßt.

Eknath Easwaran · Mantram – Hilfe durch die Kraft des Wortes
256 Seiten; kart. ISBN 3-7626-0629-3
Das Mantram ist eine kraftvolle geistige Formel für das Höchste, das wir uns vorstellen können. Ob wir es als Gott oder als das höchste Wesen bezeichnen: Mit dem Mantram wenden wir uns stets an das Beste und Tiefste in uns selbst. Nützliche Gewohnheiten werden gefördert, negative Gefühle abgebaut; wir finden zu einem zielbewußten Handeln.

Verlag Hermann Bauer · Freiburg im Breisgau

esotera-Taschenbücherei im Verlag Hermann Bauer

Arthur Findlay · Beweise für ein Leben nach dem Tod
2. Aufl., 288 Seiten; kart. ISBN 3-7626-0601-3
Das Phänomen der »Direkten Stimme« als Verbindungsweg zwischen Diesseits und Jenseits. Antworten auf die Fragen: Gibt es ein Leben nach dem Tod? Sehen wir unsere Verstorbenen eines Tages in irgendeiner Form von Jenseits wieder?

Dion Fortune · Die mystische Kabbala
ca. 340 Seiten; kart. ISBN 3-7626-0636-8
Die Kabbala bildet die Basis der westlichen mystischen Tradition und stellt als »Yoga des Westens« ein praktisches System der spirituellen Entfaltung für westliche Menschen dar. So, wie die Kabbala in diesem Buch verstanden wird, ist sie nicht von einer bestimmten Religion abhängig; ihr metaphysisches System kann in Verbindung mit allen mystischen System gesehen werden.

Michel Gauquelin · Kosmische Einflüsse auf menschliches Verhalten
288 Seiten mit 37 Zeichn.; kart. ISBN 3-7626-0606-4
Neue sensationelle Entdeckungen: Zwischen dem Berufserfolg eines Menschen und dem Stand der Planeten in seiner Geburtsstunde gibt es eine Beziehung. Charakterliche Tendenzen zur Geburt unter einer bestimmten Planetenkonstellation sind erblich.

Michel Gauquelin · Planetare Einflüsse auf Persönlichkeit und Lebensweg
276 Seiten mit 15 Zeichn.; kart. ISBN 3-7626-0630-7
Es gibt definitive Zusammenhänge zwischen der Stellung der Planeten bei der Geburt eines Menschen und seinem Lebensweg. Die praktische Anwendung von Gauquelins Forschungsergebnissen hilft, den eigenen Charakter kennenzulernen und festzustellen, für welchen Beruf man sich am besten eignet.

Gert Geisler (Hrsg.) · New Age – Zeugnisse der Zeitenwende
2. Aufl., 207 Seiten; kart. ISBN 3-7626-0608-0
Eine Anthologie wichtiger Beiträge aus fünf Jahren aktueller Berichterstattung der Zeitschrift *esotera*: Dokumente des Umdenkens, der Bewußtseinsveränderung, der Transformation zu einer neuen Zeit.

Gert Geisler (Hrsg.) · Paramedizin – Andere Wege des Heilens
239 Seiten; kart. ISBN 3-7626-0612-9
Eine Anthologie interessanter Berichte aus *esotera* über alternative Konzepte und Methoden zur Wiederherstellung einer positiven Gesundheit.

Verlag Hermann Bauer · Freiburg im Breisgau

esotera-Taschenbücherei im Verlag Hermann Bauer

Steven Halpern · Klang als heilende Kraft
261 Seiten; kart. ISBN 3-7626-0616-1
Eine gesunde »Diät« aus Klängen und Musik als alternative Therapie zur akustischen Umweltverschmutzung und ein Weg, durch die Kraft des Klanges Gesundheit, inneren Frieden und Harmonie zu erlangen.

Erlendur Haraldsson · Sai Baba – ein modernes Wunder
297 Seiten; kart. ISBN 3-7626-0631-5
Ein Forschungsbericht über paranormale Phänomene im Zusammenhang mit dem spirituellen Meister Sathya Sai Baba. Dieser Bericht basiert auf den Beobachtungen eines Wissenschaftlers und auf den Ergebnissen einer ausführlichen Befragung von Augenzeugen. Er beschreibt paranormale Phänomene von außerordentlicher Vielfalt um einen der bemerkenswertesten Männer unseres Jahrhunderts.

Lotte Ingrisch · Nächtebuch
199 Seiten; kart. ISBN 3-7626-0625-0
Es ist die Rückseite unseres Bewußtseins, die Welt hinter dem Spiegel, von der die Autorin berichtet. Nachtfahrten, Spuk, Geister, Dämonen – die Grenzen zu anderen Universen sind überschreitbar. Die Seele des Homo sapiens bekommt wieder Flügel.

Tom Johanson · Zuerst heile den Geist
224 Seiten; kart. ISBN 3-7626-0620-X
Ein Zeugnis für die Existenz ungewöhnlicher, über das Normale hinausgehender Möglichkeiten zur Heilung psychischer und psychosomatischer Leiden.

Allan Kardec · Das Buch der Geister
306 Seiten; kart. ISBN 3-7626-0632-3
Die Grundsätze der spiritistischen Lehre von der Unsterblichkeit der Seele, der Natur der Geister, ihren Beziehungen zu den Menschen; die Sittengesetze, das irdische und künftige Leben und die Zukunft der Menschheit. Nach Kundgebung höherer Geister durch verschiedene Medien.

Allan Kardec · Das Buch der Medien
312 Seiten; kart. ISBN 3-7626-0637-4
Ein Wegweiser für Medien und Anrufer über Art und Einfluß der Geister, die Theorie ihrer verschiedenen Kundgebungen, die Mittel zum Verkehr mit der unsichtbaren Welt und die möglichen Schwierigkeiten, denen man beim Experimentalspiritismus begegnen kann.

Hans-Dieter Leuenberger · Das ist Esoterik
3., aktualisierte Aufl., 223 Seiten; kart. ISBN 3-7626-0621-8
Eine Einführung in esoterisches Denken und in die esoterische Sprache. Dem Neugierigen wird das notwendige Grundwissen vermittelt.

Verlag Hermann Bauer · Freiburg im Breisgau

Lu K'uan Yü · Geheimnisse der chinesischen Meditation
296 Seiten; kart. ISBN 3-7626-0613-7
Selbstgestaltung durch Bewußtseinskontrolle nach den Lehren des Ch'an, des Ma-
hāyāna und der taoistischen Schulen in China.

Lothar-Rüdiger Lütge · Carlos Castaneda und die Lehren des Don Juan
2. Auflage; 171 Seiten mit 4 Zeichn.; kart. ISBN 3-7626-0614-5
Eine praktische Anleitung, die es ermöglicht, Don Juans Lehren nachzuvollziehen
und im täglichen Leben anzuwenden. Das von Castaneda beschriebene spirituelle
System wird in einen Gesamtzusammenhang mit anderen esoterischen Lehren gestellt, um so dessen Allgemeingültigkeit zu verdeutlichen.

Masahiro Mori · Die Buddha-Natur im Roboter
248 Seiten; kart. ISBN 3-7626-0622-6
Gedanken eines Roboter-Ingenieurs über Wissenschaft und Religion. Vermittlung
der Wahrheit und Prinzipien des Buddhismus in einer Sprache, die unserem modernen, wissenschaftlich orientierten Zeitalter gerecht wird.

Karlis Osis und Erlendur Haraldsson · Der Tod – ein neuer Anfang
296 Seiten; kart. ISBN 3-7626-0633-1
In den Berichten von sterbenden und wiederbelebten Patienten, die von den Autoren
untersucht wurden, werden die Erscheinungen beschrieben, die die Sterbenden vor
ihrem Übergang in ein anderes Leben hatten. Dabei hat es sich erwiesen, daß dies
keine Halluzinationen sind, sondern Visionen einer anderen Welt.

Petra A. Peick · Wiedergeburt – Eine Reise in frühere Erdenleben
128 Seiten; kart. ISBN 3-7626-0638-2
An authentischen Protokollen erleben Sie, wie Gerika, eine junge Frau, das Mensch-
sein durch viele Wiedergeburten verstehen lernt. Der Bericht ihrer Rückführung
wird ergänzt durch eine Einführung in die Reinkarnationstherapie und in die esoterische Psychologie.

Max Prantl · Licht aus der Herzmitte
335 Seiten; kart. ISBN 3-7626-0617-X
Dokumente einer Erleuchtung. Die Beschreibung mystischer Erfahrungen und zugleich ein prophetischer Ausblick auf eine Zeit der allgemeinen menschlichen Veränderungen.

Ingrid Ramm-Bonwitt · Yoga Nidra – Der Schlaf der Yogis
143 Seiten mit 17 Abb. und 8 Zeichn.; kart. ISBN 3-7626-0615-3
Ein Weg zur Bewußtwerdung des Selbst, der Körper, Seele und Geist in einer selten
vollkommenen Weise verbindet und zu bewußtseinstranszendenten Erlebnissen führen kann.

Verlag Hermann Bauer · Freiburg im Breisgau